과학기술의
사회적 수용을 위한 법체계

과학기술의
사회적 수용을 위한
법체계

●●●

발행 2017년 2월 20일

지은이 박기주
펴낸이 홍덕률
펴낸곳 열린길

주소 경북 경산시 진량읍 대구대로 201
전화번호 (053)850-5661~2 **팩스** (053)850-5669
홈페이지 http://press.daegu.ac.kr/

등록 제2007-3호
찍은곳 케이프린테크

ISBN 979-11-86257-05-0-93300
값 22,000원

과학기술의
사회적 수용을 위한 법체계

과학기술이 사회 진화의 핵심으로 등장한 시대

과학기술의 사회적 수용을 위한 바람직한 법체계는 무엇인가?

과학기술계에서 일하면서 많이 들었던 말이 있다. 그것은 "법학을 전공하고 어떻게 과학기술계에서 일하게 되었는가?"이다. 그러한 질문을 한 분들은 정말로 궁금해서 물어보신 것이지만 질문을 받는 나의 입장에서는 간단하게 대답하기 어려운 질문이었다. 농담 삼아 하는 대답은 대개 "어렸을 때 꿈이 과학자였습니다." 혹은 "과학기술계에 도움이 안 되면 떠나야지요." 등이었다. 물론 법학전공자가 할 수 있는 많은 일들이 있고 나에게도 다양한 직업선택의 가능성이 있었다. 한 개인의 결단이라는 측면에서 인문사회과학도가 과학기술계를 선택하는 것은 모험이기도 했다. 결과적으로 과학기술계에서 '과학을 업으로 하는 분'들과 함께 일하면서 많은 것을 배웠다. 그리고 많은 것을 생각하게 되었는데 그것은 '시스템'의 문제로 요약된다.

모든 직업인들이 다 그렇지만 과학자도 혼자 연구할 수는 없다. 일정한 '연구시스템'에 소속되어 연구를 하게 되고 그 시스템을 통해 경제적, 사회적 지원을 받는다. 국가나 사회도 연구개발에 막대한 돈을 투자하고 이를 통해 사회를 발전시키는 원동력을 제공받는다. 이처럼 과학과 사회는 서로가 서로를 지원하고 발전시키는 상호보완적인 관계이다. 그러나 '과학'이라는 시스템과 '사회'라는 시스템은 서로에게 궁극적으로 영향을 미치지만 이 두 시스템이 직접적으로 연결되어 있지는 않다. 정치, 경제, 종교, 법, 과학 등은 사회를 이루는 내부시스템을 구성하지만 각 자가 가진 고유의 논리와 체계로 구분되어 있다. 각 시스템은 '소통을 위한 도구'의 역할을 하고 있으며 이들은 독립적으로 기능하며 다른 시스템들과 분리되어 있다. 경제는 '경제(돈의)논리'가, 과학은 '사실'이, 정치는 '권력'이 의사소통의 도구로 기능하게 된다.

우리는 일상적으로 정치가 법에 영향을 미치거나(정치권력이 법을 만든다), 법이 정치나 경제에 영향을 주는 다양한 사회적 상황을 목격한다. 한편, 과학이 경제에 영향을 받기도 하고 법에 영향을 미치는 상황도 보게 된다. 과학 연구에 많은 돈이 들기 때문에 당연히 경제적 효율성의 관점에 경제의 영향을 받고 과학이 인간의 인식과 사실 판단에 영향을 미치기 때문에 법에도 당연히 영향을 미치고 있다(DNA테스트가 보편화되어 있지 않은 시대의 법적 판단과 지금의 상황은 완전히 다르다). 지금까지 우리 사회는 '정치'와 '경제'의 논리를 통해 사회문제를 주로 해결해 왔다. 원칙적으로 특정 사회시스템으로 모든 사회문제를 해결하는 것이 불가능하지만 정치적 결단이나 경제적 수단을 통해 사회의 문제를 주로 해결해 온 것은 부인할 수 없다.

하지만 과학기술이 고도로 발달하고 있는 현대 사회는 '정치'와 '경제'만으로 사회 문제를 해결하는 것이 한계에 이르렀다. 이 때문에 개인과 사회현실의 괴리는 점점 커지고 있다. '정치'가 가진 강력한 힘과 영향력이 축소되고 있고 '경제' 논리의 비인간성과 탐욕이 두드러지고 있다. 서구사회의 가장 강력한 시스템인 민주주의와 자본주의가 그 근본부터 흔들리고 있는 것이다. 이러한 상황에서 과학은 기하급수적인 발전을 이루고 있고 사람들은 과학의 발전이 사회를 진보시킬 것이란 막연한 기대를 가지고 있다. '과학기술만능주의'에 빠져 '기술중독사회'로 진입하고 있는 것이다.

과학기술 발전의 원동력은 효율적인 인간의 노동과 인간의 자연에 대한 순수한 호기심을 그 바탕으로 하고 있다. 따라서 변화의 가능성이 크고 매우 동태적인 사실의 영역이다. 하지만 사회제도는 규범의 영역으로 과학기술보다 관성이 크고 변화에 대해 저항력이 강하다. 한편, 제도는 사회의 현재의 요구와 요정에 대해 완전히 대응할 수 없는 한계를 가지고 있다. 제도의 발전 내지 진화는 자연 법칙이나 규범적인 법칙이 부재하여 최종적으로 어떠한 방향으로 전개될지 알 수 없다. 과학기술이 사회적 수용되는 것은 이와 같은 제도의 특성으로 인해 어렵고 힘든 과정을 필요로 한다.

과학기술의 발전이 사회적으로 수용되기 어려운 또 다른 측면은 현대 과학기술의 발전이 인간의 본질에 대한 근본적인 질문을 던지기 때문이다. 인공지능, 디지털 정보통신기술, 생명공학 등의 발전은 우리를 둘러싼 세계 자체의 변혁을 가능케 하여 현실을 재정의 해야 할 필요성을 증대시키고 있다. 이와 함께 과학기술의 발전에 따른 현실의 본질은 어떻게 변화하며, 인간은 어떻게 진화하고 사회는 어떻게 변화할 것인가 등의 근본적 질문이 제기되고 있다. 우리는 스마트폰이란 기계를 단순 도구적 관점에서 바라볼 수 없으며 스마트폰으로 변화한 사회를 이론적으로 재구성해야 할 상황에 처해 있다. 세계의 인식에 사용되는 정신과 의식의 본질로서 세계를 비추는 거울인 인간 자체의 점검이 근본적으로 필요하게 되었다.

이 책은 저자가 가진 경험을 바탕으로 새로운 과학기술의 사회적 합의를 위한 인문 · 사회과학적 접근의 과정을 법학자의 관점에서 서술하기 위해 기획되었다. 학술적인 목적을 가지고 집필되었지만 전문적인 법학의 내용이나 과학기술의 원리를 다루지는 않았다. 이 책은 인간, 법과 제도, 사회, 과학기술의 상호작용에 관한 다양한 이슈에 대해 생각해 보고 이를 사회가 어떻게 수용할 것인지를 법이라는 '시스템'을 중심으로 다루고 있다. 법학은 사회적 합의를 규범화 시키고 이를 현실적으로 작용하게 만드는 시스템을 연구한다. 이를 위해 다양한 인문 · 사회과학적 접근을 하고 좋든 싫든 일정한 결론을 도출한다. 지금 우리가 누리고 있는 과학기술의 혜택도 그 이면에는 이를 위한 제도적 뒷받침이 있었다. 우리가 누리는 과학기술기반 사회는 많은 논쟁 속에서 탄생했고 사회적 분열과 대립, 소통의 과정을 거쳐 지금의 과학기술을 뒷받침 하도록 만들어졌다. 앞으로 다가올 미래 과학기술시대에는 과학기술의 사회적 수용에 대한 논쟁과 대립이 보다 첨예해 지고 복잡해 질 것이다. 그러나 우리는 인류의 진보와 발전을 위해 결론을 도출하고 제도를 만들어 사회체계를 새로운 과학기술에 맞게 변형 · 발전시켜야 한다.

과학기술의 이해를 바탕으로 사회가 발전할 수 있는 방향으로 이를 수용하는 제도적 틀에 대한 고민은 꾸준히 지속되어야 한다. 제도는 인간 사고의 축적이다. '생각하는 인간'이 없다면 제도의 발전과 미래도 없다. 제도가 없으면 우리가 살고 있는 사회도 존속할 수 없다. 과학기술이 정치를 비롯한 사회전반을 압도하게 되어 우리 스스로 과학기술을 통제할 수 없게 되면 우리는 스스로 자멸하게 될지도 모른다. 그러한 비극을 막으려면 국가와 사회가 과학기술의 진보를 비판적으로 수용할 수 있는 시스템을 만들어야 할 것이다. 우리 사회가 눈앞의 현실 문제에 집착하기 보다는 보다 장기적으로 과학기술의 발전을 염두해 두고 사회가 궁극적으로 나아가야할 방향성을 고민하는 것이 필요하다. 그 방향성에는 다양한 견해가 있을 수 있지만 이를 고민하고 사회적 합의를 이끌어내는 것은 앞으로 우리 사회의 궁극적 과제가 될 것이다. 과거부터 현재까지 지속되어 왔고 미래에도 계속될 이러한 고민의 과정을 이 책에서 독자와 함께 나누고자 한다.

이 책은 과학기술계에서 종사하는 많은 분들의 아이디어와 연구를 바탕으로 저자의 학문적 배경인 법학의 사고 체계를 융합하여 만들어졌다. 융합의 시대에 다양한 인문사회과학과 과학기술의 융합연구가 이루어진다면 사회 문제 해결에 크게 기여하리라 확신한다. 이 책은 '과학기술을 사회적으로 수용할 수 있는 체계를 생각해 보자'라는 질문을 던진 것에서 출발했지만 명쾌한 결론에는 이르지는 못했다. 앞으로 이 질문에 대한 답을 찾는 노력을 계속할 예정이다.

차례

Part 1 과학기술의 사회적 수용을 위한 법체계

Part 2 새로운 과학기술의 사회적 수용

Part 3 과학기술과 제도의 조화

PART 1

과학기술의 사회적 수용을 위한 법체계

1장

+

과학기술의 사회적 수용을 위한 법체계

들어가며

대한민국이 한국전쟁 이후 비약적인 발전을 해 온 이면에는 과학기술을 통한 경제발전 전략이 숨어 있었다. 헌법 제127조는 국민경제의 발전을 위한 목적으로 과학기술을 수단으로 사용하는 우리 헌법의 기본적인 인식 태도를 보여주고 있다. 지금까지 받아들여진 과학기술이 헌법적 의미 내지 사회적 가치는 경제성장을 위한 과학기술에 국가가 연구개발 예산을 투입하여 신진기술과의 격차를 좁히는 이른바 빠른 추격자(Fast Follower) 전략이 숨어 있다. 현재까지 유효한 1987년 헌법이 성립될 당시만 해도 이런 전략은 유효했고 타당한 것이었다. 하지만 21세기 과학기술시대가 도래하면서 지금과는 전혀 다른 과학기술 기반의 새로운 사회시스템의 필요성이 제기되고 있다. 특히 융합기술 중심의 과학발전은 지금과는 전혀 다른 양상의 사회변화를 초래하고 있다.[1] 2016년 3월에 이루어진 이세돌 9단과 구글의 알파고와의 대결은 한국사회에 과학기술에 대한 인식을 다시하게 한 계기를 만들었다. 인공지능, 빅데이터, 무인자동차, 사물인터넷 등의 첨단기술이 직접적으로 우리의 현실로 실현될 날이 얼마 남지 않았다는 것을 사회적으로 인식하게 된 것이다.[2]

정부는 2015년을 기준으로 연구개발(R&D)예산으로 18조 8245억원을 투입하고 있다. 이 예산은 R&D투자 비율로는 4.29%로 전세계 1위이고 투자총액으로도 미국, 중국, 독일, 일본에 이어 5위권에 해당하는 예산이다. 정부의 연구개발예산 투자가 증가하고 선진국과 비슷한 투자를 하고 있다고 해서 그 성과가 만족스러운 것은 아니다. 앞서 알파고 충격에서 보듯이 우리는 미래사회의 두뇌가 될 인공지능 투자와 같은 원천기술 투자는 소홀해 왔다. 그 이유는 빠른 추격자로서 선진 과학기술 추격에만 신경을 써 왔기 때문이며 단기적인 경제적 이익에만 집착했기 때문이다. 하지만 기술과 정보의 개방과 혁신은 이러한 전략을 더 이상 무의미하게 만들었다.

지금 우리 과학기술의 위기 원인은 과학기술이 사회와 괴리되어 있고 과학기술을 왜 해야하는가의 근본적인 의문에 대한 해답을 사회적, 제도적으로 도출하지 못했기 때문이다. 과학기술의 진정한 의미는 무엇이고 어떤 가치를 추구해야 하는지에 대한 인식은 인문 · 사회 · 자연과학 지식생태계의 조화로운 융합과 성숙을 통해 가능하며 이를 위해서는 우리 사회의 기본적 가치인 헌법의 과학기술조항에 대한 재검토가 반드시 필요하다고 생각된다.[3)]

창조와 혁신이 바탕이 되는 지금의 과학기술은 과학기술 그 자체로만 성립될 수 없다. 인문학과 법학을 포함한 인문사회과학을 통해 사회적 현상을 분석하고 새로운 과학기술의 사회적 수요를 예측 · 적용하여 새로운 시스템을 동태적으로 관리할 때 그 진정한 사회적 가치와 의미가 정립될 수 있다.

과학기술 관련 법체계

●●● 현행 과학기술 관련 헌법조항

제헌헌법 제6장 경제조항 제84조는 "대한민국의 경제 질서는 모든 국민에게 생활의 기본적 수요를 충족 할 수 있게 하는 사회정의의 실현과 균형 있는 국민경제의 발전을 기함을 기본으로 삼는다. 각인의 경제상 자유는 이 한계 내에서 보장된다."고 규정하였다. 이어서 각종 천연자원과 에너지의 국유화, 농지분배, 운수,

통신, 금융, 보험, 전기, 수리 등 주요 사회간접자본의 공기업화와 대외무역의 국가통제 등 해방 후 수립된 국가의 성격이 국가주의 내지 사회주의 성격을 강하게 갖도록 규정하고 있었다. 이후 헌법에서 과학기술을 본격적으로 다룬 것은 1963년 헌법부터이다. 1987년 헌법에 이르기까지 과학기술에 대한 조항은 국가경제 성장을 위한 강력한 도구로서 대통령이 직접 간여하거나 혹은 자문을 받도록 함으로써 과학기술의 역할에 대한 정부의 강력한 개입을 요구하고 있는 것이다.[4)]

1963년 헌법

제118조 ① 국민경제의 발전과 이를 위한 과학진흥에 관련되는 중요한 정책 수립에 관하여 국무회의의 심의에 앞서 대통령의 자문에 응하기 위하여 경제 · 과학심의회의를 둔다. ② 경제 · 과학심의회의는 대통령이 주재한다.

1972년 헌법

제123조 ① 국민경제의 발전과 이를 위한 과학기술은 창달 · 진흥되어야 한다. ② 대통령은 경제 · 과학기술의 창달 · 진흥을 위하여 필요한 자문기구를 둘 수 있다.

1987년 헌법

제127조 ① 국가는 과학기술의 혁신과 정보 및 인력의 개발을 통하여 국민경제의 발전에 노력하여야 한다. ② 대통령은 제1항의 목적을 달성하기 위하여 필요한 자문기구를 둘 수 있다.

헌법상의 규정을 바탕으로 정부는 본격적인 근대화 정책 추진에 과학기술이 주요 요소라고 인식하고, 경제개발 5개년 계획을 필두로 하여 개발국가시대를 열었다. 이에 따라 외국 과학기술의 도입과 모방이 본격화 되었다. 또한 산업화를 본격적으로 추진하기 위해 1960년대부터 '과학기술 중장기계획'이 지속적으로 수립되어 왔다.[5)]

국가와 과학기술간의 관계에 관하여 헌법은 "국가는 과학기술의 혁신과 정보 및 인력의 개발을 통하여 국민경제의 발전에 노력하여야 한다(제127조), 저작자 · 발명가 · 과학기술자의 권리는 법률로써 보호한다(제22조)."고 규정하여 국가가 직접 과학기술의 진흥을 위하여 적극적으로 계획 · 형성하고, 일정한 방향으로 이끌어나가야 함을 헌법적으로 선언하고 있다. 이러한 헌법규정과 관련지어 볼 때 과학기술정책의 수립과 이행은 민주복지국가로서의 대한민국에 주어진 중대한 의무라고 볼 수 있을 것이다. 또 헌법은 "모든 국민은 인간다운 생활을 할 권리를 가진다. 국가는 사회보장 · 사회복지의 증진에 노력할 의무를 진다(제33조)"고 규정하여 대한민국이 민주국가이며 현대 복지국가의 국가관에 부합되는 국가이어야 함을 명백히 선언하고 있다. 복지국가적 국가관을 가진 국가와 과학기술 상호간의 관계가 어떠하여야 하는가라는 질문에 대한 해답은 국가가 직접 과학기술의 진흥을 위하여 적극적으로 계획 · 형성하고, 일정한 방향으로 이끌어나가야 한다는 것이다. 즉, 국가의 과학기술에 관한 각종 행정작용은 국민 모두가 일정한 수준이상의 복지를 누릴 수 있도록 적극적으로 실행되어야 한다.[6)]

한편, 과학기술 연구개발정책은 산업 및 공공부문에서 시장실패가 존재하는 영역에 대한 개입뿐만 아니라 국민 삶의 질적인 수준 및 국가위상을 제고하는 수단으로서 기능한다는 측면에서 헌법 제119조 제2항이 의미를 가진다.[7)] 즉 "국가는 균형 있는 국민경제 성장 및 안정과 적정한 소득의 분배를 유지하고, 시장의 지배와 경제력의 남용을 방지하며, 경제주체간의 조화를 통한 경제의 민주화를 위하여 경제데 관한 규제와 조정을 할 수 있다."고 선언하고 있다.

또한 과학기술 연구개발사업은 지하자원, 수산자원, 광물자원, 수력 등 다양한 자원을 개발 및 탐사하는 기술을 개발하기 위한 수단적 기능을 제공한다는 측면에서 제120조가 의미를 가진다. 즉 "① 광물 기타 중요한 지하자원 · 수산자원 · 수력과 경제상 이용할 수 있는 자연력은 법률이 정하는 바에 의하여 일정한 기간 그 채취 · 개발 또는 이용을 특허할 수 있다. ② 국토와 자원은 국가의 보호를 받으며, 국가는 그 균형 있는 개발과 이용을 위하여 필요한 계획을 수립한다." 고 선언하고 있다. 또한 과학기술 연구개발사업은 농림어업분야 연구개발, 지방과학기술 진흥을 위한 연구개발, 중소기업 지원을 위한 연구개발 등의 수단적 기능을 제공한다는 측면에서 제123조가 의미를 가진다. 즉 "① 국가는 농업 및 어업을 보호 · 육성하기 위하여 농 · 어촌종합개발과 그 지원 등 필요한 계획을 수립 · 시행하여야 한다. ② 국가는 지역 간의 균형 있는 발전을 위하여 지역경제를 육성할 의무를 진다. ③ 국가는 중소기업을 보호 · 육성하여야 한다."고 선언하고 있다.

최근 세계적으로 확산되고 있는 자유무역협정(FTA)과 관련하여 과학기술 연구개발 사업의 국가 간 상호개방에 대한 규제 및 조정의 기능을 행정부가 수행해야 한다는 측면에서 제125조가 의미를 가진다. 즉 "국가는 대외무역을 육성하며, 이를 규제 · 조정할 수 있다."고 선언하고 있다. 한편, 과학기술 연구개발 정책은 과학기술의 혁신과 정보 및 인력의 개발, 과학기술 연구개발을 위한 기술표준으로써의 국가표준제도, 과학기술 표준분류체계, 과학기술 연구방법론의 개발 및 표준화 등에 중점을 두어야 하고, 또 과학기술 정책의 수립 및 추진에 관한 대통령의 자문기구로서 "국가과학기술자문회의"가 설치되었다는 측면에서 제127조가 의미를 가진다. 즉 "① 국가는 과학기술의 혁신과 정보 및 인력의 개발을 통하여 국민경제의 발전에 노력하여야 한다. ② 국가는 국가표준제도를 확립한다. ③ 대통령은 제1항의 목적을 달성하기 위하여 필요한 자문기구를 둘 수 있다." 고 선언하고 있다.[10]

● ● ● 과학기술기본법의 지위와 한계

기본법은 법체계상 어떤 분야에 대한 정책의 기본적인 방향을 정하고 관련 정책의 체계화를 도모하고자 하는 의미가 담겨져 있다. 즉, 해당 분야의 정책목표 내지 정책이념을 제시하고 정책내용으로서 목표 · 이념 등을 실행하기 위한 시책의 기본적인 항목을 제시하고, 조직의 소속직제 설계 등을 그 내용으로 한다는 점에서 계획법내지 프로그램법으로써의 성격을 가진다.[9] 즉, 기본법은 국가의 정책입안 및 집행과정에 있어 구조적인 틀을 제공하는 역할을 수행하며, 입법 내지 법해석의 준칙으로써의 역할을 하게 된다. 따라서 기본법에 규정된 어떤 정책방향 규정이나 원칙규정을 설계하는 것은 한 국가공동체의 지배적인 가치개념에 대한 사회적 합의(consensus)를 규정화하는 데 그 의의가 있다고 할 수 있다.[10]

헌법 제127조에서 선언하고 있는 국민경제의 발전에 이바지하기 위한 과학기술 혁신의 구체적인 내용은 과학기술에 관한 국가작용 즉 입법작용, 행정작용, 사법작용을 통하여 구체화 된다. 입법작용은 과학기술혁신을 위한 적극적 입법, 행정부가 국회에 제출하는 법안에 대한 체계적인 검토와 논의, 국회의 행정부에 대한 각종 권한 등을 통하여 구체화 된다. 행정작용은 과학기술 혁신을 위한 행정조직, 행정계획 등을 통하여 구체화 된다. 사법작용은 과학기술 혁신 등에 관하여 행정부가 과학기술 행정을 추진하는 과정에서 국민이 제기하는 행정소송, 과학기술에 관한 국민 간의 다툼이 있는 경우 제기되는 민사소송 등을 법원의 재판작용을 통하여 해결할 때 과학기술에 관한 헌법조항, 각종 과학기술 관계법령을 그 목적에 맞게 해석하고 적용함으로써 구체화 된다.

과학기술 혁신을 위한 국가의 태도는 개별 국가가 가진 과학기술 역사와 연구시스템 및 제도에 따라 차이를 보이고 있다. 우리나라 · 일본의 경우는 과학기술에 대한 다소 직접적인 정책적 개입이 과학기술의 발전에 결정적으로 기여한다는 점을 전제로 올바른 정책적 개입의 방식을 탐구하는 식으로 과학기술정책이 추진된다. 과학기술 연구 전통이 오랜된 영미계통에서는 과학기술 혁신이 잘 이루어지는 조건－예를 들면 과학기술의 발전을 위해서는 과학자간의 의사소통이 중요함을 인식하고 이러한 환경을 만들어 주는 것－을 발견하여 그러한 조건을 갖추어 주는 것을 주요한 과학기술정책의 축으로 삼고 있다.[11] 우리나라는 1967년 1월 16일부터 1997년 4월 10일까지는 과학기술진흥법과 과학기술혁신을 위한 특별법을 통하여 2001년 1월 16일부터 현재까지는 과학기술기본법을 통하여 과학기술 혁신을 구체화하였다.[12]

과학기술진흥법은 과학기술진흥에 관한 기본시책 및 종합계획 수립과 그 시행을 위한 지원체제의 강화에 관한 사항을 규정함으로써 국민생활의 과학화와 경제 · 산업발전에 이바지함을 목적으로 한 법이며, 과학기술혁신을 위한 특별법은 과학기술혁신을 위하여 특별한 지원시책을 추진함으로써 국가경제의 발전과 국민의 삶의 질 향상에 이바지함을 목적으로 한 법이다. 과학기술기본법은 보다 넓은 과학기술발전을 위한 기반을 조성하여 과학기술을 혁신하고 국가경쟁력을 강화함으로써 국민경제의 발전을 도모하고 나아가 국민의 삶의 질 향상과 인류사회의 발전에 이바지함을 목적으로 제정되었다.[13] 일본에도 과학기술기본법이 있는데 일본은 법의 제정목적에서 과학기술 혁신이라는 용어는 직접 사용하지 않고 있다. 그러나 과학기술의 진흥에 관한 시책의 종합적 계획적 추진, 과학기술 수준의 향상 도모, 경제 사회의 발전과 국민의 복지의 향상, 세계의 과학기술 진보와 인류 사회의 지속적인 발전에의 공헌 등을 주요 제정목적으로 하고 있어 사실상 과학기술 혁신에 관하여 선언하고 있다고 평가할 수 있다.[14]

2001년 제정된 과학기술기본법은 과학기술 법제의 최정점에 위치하고 있으며, 기본법의 대표적인 예에 속한다. 과학기술기본법은 기본법으로서의 역할을 충실하게 하기 위해 "과학기술기본법은 과학기술에 관한 다른 법률을 제정하거나 개정할 때에는 과학기술기본법의 목적과 기본이념에 맞도록 하여야 한다."고 규정하고 있다.[15] 하지만 과학기술기본법은 과학기술 법제의 모법(母法)으로서 다른 법률보다 선행하여 제정된 법이 아니고 과학기술기본법 제정 이전의 혼란스러운 과학기술분야 법제의 구조를 재정립하기 위해 제정된 법률이다. 따라서 이러한 태생적 한계는 과학기술 기본법의 역할론에 대한 회의적인 시각을 가져오게 되었고,[16] 과학기술기본법은 기존에 산재해 있는 과학기술 법제들을 정리하기 위해 고안된 법 기술로써 현행 법체계상에서 과학기술 법제시스템의 총괄규범으로 기능하는 데에는 한계를 가질 수밖에 없었다.[17] 결국 이러한 문제점들은 과학기술기본법이 기본법의 소임을 다하지 못하는 장식적(裝飾的)인 성격의 법률로써 인식되는 결과를 가져왔으며, 그 근본적 문제는 과학기술(Science and Technology)의 개념에 대한 이해당사자의 인식수준과 과학기술의 사회적 역할에 대한 입장 등에 따라 다르게 해석된다는 점에서 찾을 수 있다.

우리나라의 법제에서 과학기술이란 개념이 널리 사용되고 있다. 현행 과학기술 법제상 과학기술에 대한 용례는 있지만 명확한 개념 정의는 없다. 따라서 과학기술 법제에서 과학기술기본법이 기본법으로서의 역할을 수행하는 데 있어 수범자(受範者)들에게 과학기술이라는 개념이 명확하지 않다는 점은 과학기술 법제의 구조 내에서 국가과학기술정책 총괄규범으로서의 지위를 약화시키는 요인으로 작용하고 있다. 즉, 과학기술 이라는 용어의 정의에 대한 이해관계가 상충되고, 개념에 대한 사회적 합의가 존재하지 않는 경우 궁극적으로는 과학기술기본법의 적용범위를 어디까지로 할 것인가에 대한 문제점이 발생하는바 시급히 이에 대한 사회적 합의의 도출이 필요하다고 본다. 왜냐하면 이는 과학기술

기본법의 적용범위와 과학기술 분야 최고규범성을 확인하고, 법제를 체계적으로 관리하는 데 있어 전제 작업이기 때문이다.

또한 과학기술기본법은 국가과학기술정책 총괄규범의 성격과 함께 주관기관의 집행규범 성격을 동시에 가지고 있다는 문제점이 있다.[18] 과거 연구개발 수행부처의 미분화 및 국가과학기술정책 총괄기능과 집행기능의 미분화 상태에서 현재의 국가과학기술정책 행정체제 및 연구개발 환경 변화를 반영할 필요성이 있는바, 과학기술기본법에는 국가과학기술정책 총괄규범 체계 관련 규정들만을 남기고 나머지 집행규범들은 적재적소의 타 법령으로 이관함으로써 국가과학기술정책 총괄규범과 연결점으로서의 기능을 강화할 필요가 있다고 본다.[19]

경제헌법으로써의 과학기술 헌법조항의 한계

●●● 경제헌법 논의의 개관

지금 우리 사회의 화두가 되고 있는 '경제민주화' 용어는 헌법 제119조 2항에서 나왔다. "국가는 균형 있는 국민경제의 성장 및 안정과 적정한 소득의 분배를 유지하고, 시장의 지배와 경제력의 남용을 방지하며, 경제주체 간의 조화를 통한 경제의 민주화를 위하여 경제에 관한 규제와 조정을 할 수 있다."는 규정이다. 이 조항은 자유주의와 시장경제의 대원칙을 천명한 제119조 1항 "대한민국의 경제 질서는 개인과 기업의 자유와 창의를 존중함을 기본으로 한다."와 함께 우리나라 경제헌법의 근간을 이룬다.[20]

1962년 제3공화국 헌법 때 생긴 제1항과 달리 제2항이 1987년 6월 민주항쟁 이후 헌법 개정 과정에서 신설된 것을 이유로, 이 조문에 당시 사회를 휩쓸던 민주화 열기가 반영된 것으로 보는 시각이 있다. 하지만 우리 헌법은 1948년 제정 당시부터 공동체의 가치를 중시했으며, "대한민국의 경제 질서는 … 사회정의의 실현과 균형 있는 국민경제의 발전을 기함을 기본으로 삼는다."고 규정한 제84조처럼, 현재의 시장경제질서가 아닌 계획주의적인 경제 질서를 인정한 것으로 볼 수 있는 조항도 있었다. 우리 헌법이 제정되기 전, 제헌의원들이 제헌헌법안을 처음으로 독회(讀會)한 1948년 6월 23일 국회 본회의 회의록을 보면 헌법 초안을 잡은 유진오 헌법기초위원은 의원들에게 "제84조는 경제문제에 관한 우리나라의 기본원칙을 게양한 것"이라며 "사회정의라는 것은 대단히 막연한 것 같지만 … 모든 국민에게 생활의 기본적 수요를 충족할 수 있게 하는 것이 사회정의다. 자유경쟁을 원칙으로 하지만 일부의 국민이 주리고 생활이 기본적인 수요를 충족시키지 못하면 그 한도에서 경제상의 자유는 마땅히 제한을 받을 수 있다. 그러므로 우리 헌법은 균등 경제의 원칙을 기본 정신으로 하고 있다고 말할 수 있다."고 설명했다.

이러한 사회국가적 경제 질서에 대한 규정은 제2차 세계대전 이후 건국한 나라 헌법에서 널리 드러난다. 제1차 세계대전이 끝난 후인 1919년 제정된 바이마르공화국 헌법은 제151조에 "경제생활의 질서는 모든 국민에게 인간다운 생활을 보장하는 것을 목적으로 하는 정의의 원칙에 합치해야 한다. 이 한계 내에서 개인의 경제적 자유는 보장된다."는 조항을 두었다.[21] 이후 여러 나라에서 정부가 사회적인 목적을 위해 개인의 경제적인 자유를 제한할 수 있도록 하는 입법이 이뤄졌다. 제헌이후 우리 헌법의 경제 조항은 개헌과정에서 여러 차례 변화를 겪지만, '사회정의의 실현' 등을 위해 경제의 자유를 '규제와 조정' 할 수 있다는 취지는 사라지지 않았다. 1987년 개헌 과정에서 제헌헌법의 '사회정의'가 '경제민주화'로 바뀐 것뿐이다.[22]

●●● 과학기술 헌법조항의 경제헌법 종속성

국가적으로 과학기술 발전을 지원하는 경우는 많으나 그러한 국가들이 모두 헌법에서 과학기술 발전에 관한 내용을 직접적으로 규정하지는 않는다. 따라서 과학기술 발전을 국가의 책무로서 헌법에 명시하는 것은 전 세계적인 보편적 현상이라기보다는 그 나라 특유의 여건이 반영된 산물임을 알 수 있다. 우리나라의 경우 헌법상 규정으로 과학기술 발전에 대한 지원을 명시하는 것은 하루빨리 선진국 대열에 합류하고자 하는 국민의 의사를 반영하여 과학기술의 중요성과 필요성을 특별히 역설하고 규범화한 것이라고 할 수 있다. 우리나라는 산업화의 출발이 늦었기 때문에 과학기술 발전에 상당한 역점을 두어 정책을 추진하였으며, 국민들도 과학기술 발전의 중요성에 대하여 인식하게 되었다.

우리나라와 중국은[23] 산업화의 출발이 늦었고 과학기술 발전을 위한 사회적 여건이 미약하였기 때문에 헌법제정자들이 국가가 적극적으로 과학기술의 발전을 이끌 필요성이 있다고 판단할 수밖에 없었다고 본다. 특히 우리나라 헌법의 경우 과학기술은 경제성장에 기여하는 주요 요소 중 하나이기 때문에 우리나라는 경제성장의 주요 수단으로서 과학기술 발전을 천명하고 추진해 왔으며, 현재 과학기술 발전에 관한 내용을 담고 있는 헌법 제127조가 제9장 '경제'편에서 규정된 것 역시 이와 무관하지 않다. 헌법 제127조는 경제 질서에 관하여 규정한 헌법 제9장에 포함되어 있다. 특히 우리나라는 비교적 늦게 시작한 산업화에 대한 일종의 만회수단으로서 과학기술의 발전을 강조해 왔으며, 이에 따라 경제성장의 수단으로서 과학기술의 발전을 바라보는 시각이 상당수 있었다. 헌법 제 127조가 헌법 제9장 '경제'에 규정된 것은 그러한 시각의 연장선상에 있다고 할 수 있다.

그러나 이제 더 이상 과학기술의 발전 및 과학기술 · 정보통신 관련 국가의 역할과 기능을 경제 분야로 한정해서는 안 된다. 예를 들어 인터넷 혁명 이후 정보사회 패러다임은 "인프라 중심, 기술 중심, 정부 주도"에서 "지식 · 정보 중심, 활용 중심, 민관 협력"으로 변화하고 있으나 아직까지 우리나라는 정부 주도의 정보화 촉진, 산업육성, 물리적 인프라 구축에 치중하고 있다. 이는 변화된 과학기술 패러다임의 수용에 한계를 드러내고 있으므로 '과학기술의 사회적 수용' 시대로 인식의 전환이 필요하다. 물론 과학기술분야나 정보통신분야에서 그동안 제정된 촉진법, 진흥법 등의 명칭으로 불리는 법률의 경우 자연발생적이고 점진적인 발전을 기다리기 보다는 법이라는 강력한 추진력을 통해 인위적으로 해당 분야를 장려하여 발전시키려는 목적을 가진다.

따라서 제한된 기간 내에 낙후된 해당 분야를 급속히 발전시키기에 좋은 수단이기는 하나, 촉진하고자 하는 목표가 달성되면 존재의의가 사라지게 되는 한시법적 성격을 가질 수도 있다. 게다가 한국식 성장우선주의에 의하여 그동안 정보나 과학기술관련 법률들을 보면 거의 대부분 "-육성"법, "-진흥"법, "-촉진"법이었지 국가사회 전체를 조감하고 이끄는 법률들을 만들지 못한 면도 있었다.[24] 과학기술이나 정보통신분야의 법제도들을 분석해 보면 결국 성장과 경제위주의 과학기술발전을 도모해온 헌법이 뒤에 버티고 있음을 알 수 있다.

이러한 국가주도형 과학기술 정책은 과학기술 관련 조직 내에 위계적, 권위적 문화를 조성시키게 되어 과학기술 영역의 다양성과 창의성이 상실되었다. 특히 과학의 대중화 운동, 과학기술에 대한 대중의 지혜를 고사시키는 부작용을 초래했다. 여러 가지 형태의 과학기술 영역의 참여운동이 도입되었지만 기존의 권위적인 과학기술 문화와의 충돌로 인해 뿌리내리지 못한 채 흘러오고 있다. 1963년 헌법부터 1987년 민주화운동으로 만들어진 헌법에 이르기까지 우리 헌법은 국가주의를 극복하지 못했지만, 지난 20년간 문민정부의 경험과 자연스런 세대교체로 인해 과학기술의 사회적 의미를 조명할 여건은 마련되었다고 본다. 과학기술의 역할을 경제 성장의 도구로 한정해서는 안 되며, 자연과 사회의 새발견과 사회 진보를 위한 과학기술의 긍정적 역할에 중섬을 두어야 한다는 성찰이 나타나고 있다. 그러나 기존의 개헌론자들은 "과학기술과 사회의 역동성"을 통한 민주주의와 사회의 지속가능성의 양립 가능성에 대한 고찰은 하지 못한 상태에서 무조건 헌법에 경제 조항을 두려고 하고 있다.

지난 18대 국회에서 2년간 국회에서 국내외 헌법전문가 110명이 참여하여 만든 개헌안인 "국민과 함께하는 개헌 이야기"[25] 에서도 경제 조항의 성격에 대한 비판과 대안이 나왔다. 그러나 법률에 의한 경제의 규제에만 관심을 두고, 경제성장을 위한 행정부의 성과 중심의 단기적 처방으로 인한 정부 실패를 염려하고 있는 선에서 그치고 있다. 그리고 과학기술에 조항에 대한 어떤 변화도 살펴보기 어렵다. 지금까지 진행되어 온 '경제 성장을 위한 과학기술=연구개발 예산투입'이라는 아주 좁은 의미의 과학과 기술을 해방시켜, 자연에 대한 이해와 공존, 사회의 다양성과 기술의 접목, 나아가 저소득층과 저개발국의 빈곤 타파를 위한 과학기술의 적정화를 통해 과학기술이 갖는 의미를 극대화시켜야 할 때가 도래했다고 본다.

이처럼 과학기술의 본질에 대한 이해를 갖게 되면, 헌법의 경제조항에 과학기술을 묶어 두어서는 안 된다. 헌법의 가장 큰 가치가 인권보장과 민주주의의 고취에 있다면 과학기술이 이러한 목적에 기여하도록 새롭게 역할을 부여해야 한다. 21세기 과학기술의 중요성이 그 어느 때보다 절실한 시기에 과학기술 조항을 경제에 예속시키는 것은 한계가 있으며 기본권의 객관적 측면을 강조하는 측면[26]에서 그 역할과 방향에 대한 다양성을 열어주는 것이 한국사회의 발전에 기여할 수 있을 것이다.

●●● 과학기술시대의 새로운 헌법체계 모색

우리헌법의 과학기술 조항이 경제헌법의 이념적 가치와 한계를 벗어나지 못하고 있음을 지적했다. 헌법이 만들어질 당시의 우리 사회는 과학기술이 진리탐구를 기본으로 하는 과학을 바탕으로 생성되었다는 인식을 하기 보다는 경제발전의 수단으로 인식했다. 이는 도구적 관점에서 일정부분 올바른 접근이었다. 하지만 그러한 접근은 21세기 과학기술시대를 살아가는 우리에게 과학기술이 사회에서 추구해야 하는 올바른 헌법적 가치와 방향을 제시하지는 못한다. 지금의 과학기술은 사회를 근본적으로 변화시킬 중요 원인이 되고 있다.

지금 우리는 인공지능, 사물인터넷, 빅데이터로 대표되는 정보통신기술과 유전자 기술로 대표되는 생명공학기술, 그리고 다양한 산업기술의 혁신을 바탕으로 하는 제4차 산업혁명의 도래로 인한 사회변화까지 준비해야 한다. 이것은 단순히 과학기술의 발전으로 인한 경제구조의 변화만을 의미하는 것은 아니며 더 큰 측면의 사회적 변혁을 의미하고 있다.[27] 따라서 헌법을 기초로 하는 사회의 규범구조에 일정한 변화와 혁신이 절실히 필요하게 되었다. 특히 헌법의 과학기술 조항은 경제헌법의 틀에서 벗어나서 사회의 변화와 발전의 측면에서 이해되어야 한다. 이는 두 가지 측면에서 접근이 가능한데, 첫 번째로 국가와 사회가 과학기술을 발전시키는 노력을 할 수 있는 법체계의 확립이고, 두 번째로 과학기술의 발전을 사회가 선택적으로 수용할 수 있는 과학기술의 사회적 수용의 법체계 확립이다.

현행 과학기술기본법은 정부의 과학기술을 거버넌스 측면에서 뒷받침하고 개별 기술개발을 위한 일정한 연구개발체계와 제도를 제공하는데 초점이 맞추어져 있다. 하지만 현재 제기되고 있는 과학기술의 이슈는 사회적 측면에서 논의가 필수적이다. 사율주행 지동치의 경우를 예를 들면, 인공지능이 인간과 독립하여 독자적 판단을 통해 운전이라는 사회적 행위를 한다. 이에 따라 기존의 도로교통체계뿐만 아니라 보험제도, 손해배상제도 등이 기존 법체계의 근본적인 손질이 불가피하다.

한편, 현행 헌법의 과학기술 조항은 과학기술을 통해 경제발전을 추구한다는 점만 명시하고 있어 우리 사회가 과학기술을 어떻게 수용해야 할지에 대한 고민이 없다. 특히 헌법 제9장의 제127조 과학기술 조항은 근본적인 인식의 변화가 필요하다. 구체적 대안으로 헌법 제9장을 "경제와 사회발전"으로 표제를 변화시키고 제127조의 제1항은 "국가는 과학기술의 혁신과 정보 및 인력의 개발을 통해 인간의 존엄과 가치가 과학기술의 발전과 조화되는 사회를 추구한다."로 개정하는 것을 생각해 볼 수 있다. 과학기술을 경제발전의 수단으로 인식하는 것은 협소한 접근법이다. 그 대안으로 경제발전을 포함한 인간과 과학기술의 조화를 통한 과학기술의 혜택이 사회에 긍정적으로 확산되고 이를 모든 국민이 공평하게 접근하고 누릴 수 있는 사회가 앞으로 헌법이 추구하는 과학기술에 대한 가치가 되어야 한다.

과학기술 법체계의 재정립

●●● 과학기술의 개념 정립과 과학기술 인권

과학과 기술은 분리된 개념이었다. 과학은 어떤 일이 왜 그렇게 되는가 하는 원인과 결과를 규명하는 체계적 지식이며, 기술은 어떻게 일을 수행하는가에 관한 지식으로 정의된다. 과학은 체계성, 방법성, 증거성, 객관성을 지닌 인간사회의 지식체계로서 고집, 권위, 직권 등에 의한 주관적인 신념체계와 구별되며, 자연과학, 사회과학, 인문과학 등으로 분류할 수 있다. 과학기술이라고 할 때의 과학은 자연과학을 의미한다. 기술이란 문제를 인식 · 파악하고 문제대상을 원하는 대로 전환시킬 수 있는 능력을 의미한다.

그러나 과학과 기술은 16세기 이후 근대 과학혁명을 거치면서 융합되기 시작하였다.[28)] 18세기 산업혁명을 거치면서 과학기술은 사회변동을 일으키는 인자로 작용하게 되었다.[29)] 산업자본과 결합된 과학기술은 20세기 중반을 넘어가면서 크게 성장하여 20세기 후반의 후기산업사회를 여는데 결정적 기여를 했다. 과학기술은 인류의 사고와 생활방식의 패러다임을 근본적으로 바꾸어 놓았다. 자연과 인간을 지배하는 능력을 갖춘 과학기술은 연구개발에 갈수록 천문학적으로 증대되는 자본과 인력을 흡입하고 있다.[30)]

일반적으로 과학기술과 인권의 관계를 논의할 때 크게 두 가지 측면이 거론된다. 하나는 '과학기술의 성과에 대한 평등한 접근권'이고, 다른 하나는 '과학기술에 대한 통제권'이다. 전자는 주로 과학기술의 긍정적인 측면을 사회구성원들이 어떻게 골고루 나누어 가질 수 있을까 하는 문제와 관련되어 있고, 후자는 주로 과학기술의 부정적인 측면을 어떻게 하면 사회적으로 제어할 수 있을까 하는 문제와 관련된다.

먼저 과학기술의 성과에 대한 평등한 접근권은 "사람은 누구나 자유롭게 사회적 문화생활에 참가하고, 예술을 감상하며, 과학적 진보와 그 혜택을 누릴 권리를 가진다."고 한 세계인권선언 제27조에서 압축적으로 표현되고 있다. 이처럼 과학기술 발전의 혜택을 누리는 데 누구도 차별받아서는 안 된다는 인권 의제는 죄수에 대한 평등한 의료제공이라는 전통적인 문제에서부터 새롭게 등장한 정보통신기술 분야의 공적 접근(public access) 문제에 이르기까지 포괄적으로 적용된다.[31] 한편 과학기술에 대한 통제권은 과학기술이 일반 시민들의 삶에 미칠 수 있는 부정적 영향을 최소화하기 위해 과학기술 관련 의사결정 과정에 대한 공공의 참여에 기반 하여 과학기술의 발전방향과 내용을 통제하자는 것을 의미한다. 이러한 과학기술에 대한 통제권에는 특정 과학기술을 회피할 권리도 포함된다.

●●● 과학기술의 사회적 수용의 필요성

과학기술은 시민들의 일상적 삶에 매우 큰 영향을 미치고 있다. 그러나 이처럼 시민들의 일상생활에 중요한 영향을 미치는 과학기술에 대한 의사결정에 일반 시민들이 참여하는 것은 매우 어렵게 되어 있는 것이 바로 현실이다. 자신의 삶에 커다란 영향을 미칠 수 있는 문제에 대한 의사결정과정에 잠재적으로 영향을 받게 될 일반 시민들이 아무런 참여도 할 수 없게끔 되어 있다는 것 자체가 이미 인권의 문제를 내포하고 있다.[32]

과학기술에 대한 일반 시민의 참여를 어렵게 만드는 데는 서로 결합되어 있는 두 개의 이데올로기가 큰 역할을 하고 있다. '기술결정론'과 '전문가주의'가 바로 그것이다. 기술결정론이라 기술은 사회의 영향과는 상관없이 그 자체의 내적인 논리에 따라 진화하고, 이렇게 진화된 기술은 사회에 일방적으로 영향을 미치게 된다는 사고방식이다. 다시 말해 기술결정론에서는 기술은 '이미 주어진 어떤 것으로 보고, 인간사회는 단지 그 주어져 있는 기술에 잘 적응'하는 것만이 문제가 되는 것으로 파악한다.[33]

이러한 기술결정론은 기술이 다양한 사회 · 정치문화적 요인에 의해 사회적으로 형성된다는 점을 간과함으로써 기술선택의 가능성을 원천적으로 봉쇄한다. 이러한 기술결정론이 이데올로기인 이유는 이것이 기술에 대한 민주적 통제의 가능성을 부정하고, 단지 엔지니어와 개발자들의 이해관계만을 대변해줌으로써 '기술관료주의(technocracy)'[34] 를 강화시키는 정치적 효과를 산출하고 있기 때문이다. 이 기술결정론은 과학기술은 전문가들만의 영역이라고 하는 뿌리 깊은 전문가주의 이데올로기와 긴밀하게 결합되어 있다.[35] 전문가주의에 따르면, 과학기술은 사회의 다른 영역과는 달리 복잡성과 난해함을 그 특징으로 하고 있기 때문에 이에 대처할 수 있는 전문적인 훈련을 받은 전문가들만이 과학기술과 관련된 결정을 내릴 수 있다는 것이다. 이러한 전문가주의 이데올로기는 전 세계적으로 보편적으로 퍼져있지만, 특히 우리나라에 널리 확산되어 있다고 판단된다.

그럼에도 불구하고 세계사적으로 볼 때 1960년대 이후에는 서구 국가들을 중심으로 과학기술 영역에서도 시민 참여가 다양한 형태로 이루어져 왔으며, 그러한 시민참여의 강도와 방법들이 더욱 심화 · 발전되고 있다고 믿을만한 근거들은 아주 많다. 그 결과 과학기술과 관련된 정책이나 이슈들도 순수하게 과학적, 혹은 기술적 문제만은 아니며, 많은 부분에서 근본적으로는 사회적 · 정치적 성격을 강하게 지니고 있다는 인식이 널리 확산되고 있다.

여기에서는 먼저 흔히 전문가들만의 영역으로 알려져 있는 과학기술에도 시민참여를 통한 사회적 통제가 필요하며, 또한 가능하다는 주장의 근거들을 제시하기로 한다. 과학기술에 대한 사회적 통제권의 근거로는 크게 보아 첫째, 과학기술은 공공적 성격을 지니고 있다는 점, 둘째, 과학기술에 대한 민주적 통제가 요구된다는 점, 그리고 셋째, 일반 시민들이 삶 속에서 축적한 '평범한' 지식(lay knowledge)의 중요성 등을 둘 수 있다.

과학기술은 기본적으로 공공적 성격을 강하게 지니고 있다. 물론 역사적으로 보면, 형식적인 측면에서의 과학기술의 공공적 성격은 과학기술의 산업화와 더불어 약화되고 있는 것은 사실이다.

실제로 20세기에 들어와 과학기술은 더욱 더 기업에 의해 조직되고 동원되는 양상을 보여주고 있으며, 그 결과 기업의 이해관계를 보호하기 위한 각종 특허권과 지적재산권의 개념이 확산되고 있다. 이렇게 본다면 과학기술의 공공성 주장은 그 근거가 희박한 것으로 치부될 수 있다. 그러나 실제적인 측면에서 볼 때, 과학기술은 여전히 공공적 성격을 강하게 지니고 있다. 과학기술의 공공성은 다음 몇 가지 점에서 지적될 수 있다. 첫째, 대부분의 과학기술은 그 영향의 범위가 국지적이지 않고, 매우 포괄적이라는 사실이다. 이는 한 사회의 대다수의 시민들은 자신이 원하건 원하지 않던 간에 특정 과학기술로부터 지대한 영향을 받게 됨을 의미한다. 예컨대 원자력[36]이나 생명공학[37] 등은 단순히 그러한 과학기술을 다루는 사람들에게만 영향을 주는 것이 아니라, 경우에 따라서는 한 사회의 모든 구성원들에게 돌이킬 수 없는 커다란 영향을 미치게 되는 것이다.

이처럼 과학기술의 영향 범위가 포괄적이라는 것은 과학기술이 누구에 의해 연구 개발되고 있건 간에 본질적으로 공공적 성격을 강하게 담지하고 있음을 말해주는 것이다. 즉, 특정 과학기술은 그 연구개발주체에 따라 연구개발 결과에 대한 소유권은 개인이나 기업, 혹은 정부에 귀속된다고 하더라도 그것이 지니는 공공적 성격으로 인해 연구개발 과정에 폭넓은 시민참여가 필요하게 된다. 둘째, 특히 정부에서 추진하는 특정 과학기술 연구개발 프로그램은 그 재원을 시민들의 세금에 절대적으로 의존하는 경우가 많기 때문에 당연히 공공적 성격을 지니게 된다. 즉, 시민들의 세금으로 추진되는 국가적 과학기술 연구개발 사업은 한정된 특정 집단의 협소한 이익이 아니라 국민 모두의 이익을 향상시키는 데 그 목적을 두어야 한다.

따라서 국민의 세금에 기반 하여 이루어지는 과학기술 활동은 공공적 성격을 기본적으로 내재하고 있다고 보아야 한다. 그렇다면 이처럼 성격상 처음부터 공공성이 강한 정부의 과학기술 활동에 납세자들인 시민들이 어떠한 형태로건 참여하여 과학기술의 형성에 일익을 담당하는 것은 당연한 일이 된다. 과학기술이 복잡하고 어려운 영역이라는 이유로 과학기술활동을 모두 전문가들의 손에만 맡겨 버리고 과학기술에 대한 사회적 통제를 방기한다면 이는 결국 민주시민으로서의 스스로의 권리와 의무를 포기하고 전문가에게 자신의 생사여탈권을 맡기는 "후견제(guardianship)"에 복종하는 것에 다름 아니다.

●●● 과학기술헌법과 관련 법체계의 재정립

기존 과학기술헌법과 관련 법체계의 문제점은 과학기술헌법 조항의 경제조항 종속성, 경제성장을 토대로 한 국가주도의 과학기술정책, 과학기술에 대한 인식부족으로 인한 사회적 의미부여 미비, 과학기술의 질적 성장 및 사회적 역할을 위한 체계 부족 등이라 할 수 있다. 앞서 언급했듯이 과학기술 시대의 새로운 헌법체계는 과학기술의 사회적 수용을 위한 법체계에 보다 중점을 두어야 한다. 과학기술에 대한 일반 국민의 접근과 과학기술의 발달로 인한 사회변화에 시민사회가 참여하고 이를 주도적으로 이끌 수 있는 법체계가 필요하다.[38)]

이와 함께 과학기술의 발전 또는 이에 수반하는 역작용으로 인한 침해에 대해 기본권 구제의 측면에서도 새로운 접근이 필요하다. 과학기술의 발전에 따른 역작용은 개인적 측면에 한하지 않고 일반적으로 광범위한 경향이 있다. 과학기술법제 분야에서 개인의 권리구제는 기본권적 접근보다는 과학기술법제의 적법성 확보 및 기본권의 객관적 성격에 가치와 비중을 두고 접근하는 것이 바람직하다고 생각된다. 과학기술에 고도화에 따라 개인이 기본권 침해에 따른 손해를 인식하거나 이를 증명하여 구제를 받는 것은 거의 불가능하기 때문에 사회 스스로 과학기술의 기본권 침해 가능성을 방지하는 법체계를 상시적으로 가동할 필요가 있다.[39)]

과학기술헌법 체계의 재정립을 위해서는 과학기술의 사회적 의미 추구, 자연에 대한 이해와 공조(기초과학 육성을 포함한다), 사회의 다양성과 기술의 접목, 공공기술을 통한 과학기술 적정화 등을 통해 과학기술을 통한 사회발전과 인간과 자연의 지속가능성을 추구해야 한다. 또한 과학기술기본법을 통해 과학기술정책을 총괄하고 연구개발성과를 확산하여 경제적 이익을 추구하는 한편, 과학기술의 사회적 수용을 위한 법률 등을 제정하여 사회가 새로운 과학기술을 수용할 수 있는 '절차적 과정' 혹은 '합리적 대화가능성'의 체계를 만드는 것이 중요하다. 헌법의 과학기술 조항은 인간의 존엄과 가치가 과학기술과 조화되는 사회를 추구하는 것이 중요하다. 이를 실현하는 수단으로 '과학기술기본법'과 '과학기술의 사회적 수용을 위한 법률(가칭)'을 두 축으로 국가와 사회가 상호 보완적으로 과학기술과 사회의 조화로운 발전을 추구하는 것이 향후 우리헌법이 추구해야 할 과학기술헌법 조항의 가치가 되어야 할 것이다.[40)]

2장

+

융합시대를 위한 사회와 제도

융합시대의 도래

'인간은 누구인가, 인류는 어디로 가는가'라는 질문은 인류 역사가 시작된 이래 끊임없이 되풀이되어 온 질문이다. 이 질문에 대한 해답은 다양한 방식으로 이루어져 왔다. 그런데 학문이 발달하고 다양한 이론의 발전과 새로운 사실의 발견이 축적되면서 인간에 대해 많은 것을 알게 되었지만 동시에 어떤 하나의 학문으로는 도저히 설명할 수 없는 존재가 인간임이 더욱 분명해지게 되었다.

이전에 인간의 마음이나 의식의 문제는 하나의 개념으로 설명되었다. 그러나 지금은 심리학, 정신분석학, 사회학, 경영학, 뇌과학, 인지과학, 신경의학, 정신분석학 등 다양한 분과학문의 분야로 세분화되었고 이러한 연구들은 각각 중요한 것이기는 하지만 어떻게 보면 점점 파편화되고 부분화되고 있다고도 볼 수 있다. 이러한 상황에서 인간의 욕구, 행위, 건강 등에 대한 중요한 문제들을 정확히 분석하고 효과적으로 대처하기 위해서는 이러한 분과학문의 경계를 넘어서고 학문적 전제들을 통합하며 융합할 수 있는 관점과 역량이 절실히 필요하게 되었다.

정보화 사회에 들어서면서 현대 사회는 유례없는 속도로 급격하게 변화하고 있으며 이전에는 예측하지 못했던 새로운 사회 현상을 만들어내고 있다. 사고와 감각의 통합, 정보기술과 통신기술의 결합이라는 정보화 사회의 특성은 시공체험의 성격 자체에 근본적인 변혁을 가져왔고 이것이 가져오는 결과는 실로 엄청나다. 다양한 요소가 결합하고 변이하고 중첩되면서 사회는 더 이상 한 가지 변인만으로는 설명할 수 없는 복잡계로 변화하였다. 이러한 상황에서 시대의 변화를 수용하고 예측하며, 발생하는 문제를 분석하고 해결해나가기 위해서는 더 이상 종래의 분과 학문적 교육만으로는 불가능하며 완전히 새로운 종류의 교육을 필요로 한다. 즉 한 가지 문제에 대해 학문의 경계를 넘어서 다양한 분과학문의 전제들을 횡단하여 적절한 정보와 자원을 취득하고, 이것들을 다시 문제 해결에 적합한 방식으로 새롭게 통합할 수 있는 역량이 요구되는 것이다.

게다가 사회의 빠른 변화는 일 혹은 직업의 개념 자체를 변화시키고 있다. 기존의 평생직장의 개념은 사라지고 인간은 100세 수명 시대에 계속적으로 직업 혹은 직장을 바꿀 수밖에 없는 시대가 되었다. 게다가 직업 자체도 끝없이 새롭게 생성되고 소멸하는 시기가 되었다. 기술과 지식의 발전은 계속 새로운 직업을 창출하기도 하지만 기존의 직업군을 소멸시키기도 한다. 수명이 연장된 인간은 이러한 변화에 부응하여 계속 스스로를 변신하여야 하며 그러기 위해서는 새로운 현상과 문제를 빠르고 유연하게 이해할 수 있는 역량이 중요하다.

새로운 지식의 발견은 한 학문 분과 안에서만 영향을 끼치지 않는다. 가령 뇌 과학의 발전은 버츄얼 리얼리티라는 새로운 현상을 가능하게 하고 이것은 다시 영상공학의 발전으로 이어진다. 이것은 새로운 인지론의 발전을 촉발시키는 한편 다른 쪽에서는 신경경제학, 새로운 마케팅 기법의 발견 등으로 이어진다. 이것은 다시 새로운 윤리적 관심사를 촉발하며 이에 따라 법학적 논의도 이루어지게 된다. 다른 쪽에서는 이러한 새로운 현상을 관찰하며 새로운 문학, 예술 형식이 발견되고 콘텐츠가 생성된다.

이와 같이 한 분야에서의 지식의 발견과 축적은 계속적으로 마치 도미노 현상처럼 인접 분야에 영향을 끼칠 뿐 아니라 예측하기 어려운 방식으로 환류한다. 이질적 학문에서 창출된 지식들이 융합을 통해 기존 학문은 변혁되고 새로운 학문이 출현하며 또다시 이것은 기존 학문의 발전을 이끌어내고 있는 것이다. 이와 같이 현대 학문의 발전에 있어서 지식은 분과학문이 경계에 머무르지 않고 학문을 횡단하고 이를 통해 이질적 요소들이 결합하면서 새로운 학문의 발전을 이끌고 있다.

융합의 배경과 성격

최근 몇 년 융합 관련 논의가 봇물을 이루었으나 정작 융합이 무엇을 의미하는지 그 정의와 각론은 다 달라 보여 정체성을 파악하기가 쉽지 않다. 먼저 융합 담론이 어떻게 시작되었는지 그 배경을 살펴보자.

융합의 태풍은 2009년 말 한반도에 상륙한 아이폰과 함께 불어닥쳤다. 소프트웨어와 문화적 생태계를 기반으로 한 아이폰의 놀라운 성공은 수직적 하드웨어 생산을 기반으로 하는 한국의 IT산업을 뿌리째 흔들었다. 아이폰의 충격은 스티브 잡스 같은 융합형 인재의 양성 없이는 한국이 IT강국의 위상을 유지하는 것이 불가능하다는 인식을 심어주었다. '황의 법칙'으로 잘 알려진 한국 반도체산업의 신화 황창규는 "더 이상 단일 제품의 경쟁력만으로는 살아남기 힘들며 융복합 산업에 경제 국운을 걸어야 한다."[41]고 까지 주장했다. 국내 산업계는 잡스 같은 융합형 인재의 양성을 대학 사회에 요구했고 대학은 융합형 인재 양성을 위해 움직였다.

국내에 아이폰이 상륙하기 10여년 앞서 미국 과학기술계에서는 이미 융합의 움직임이 보였다. 2001년 미국과학재단(NSF)은 21세기 과학기술을 주도할 새로운 틀을 모색하기 위해 세계과학기술계의 지도급 인사들을 모아 융합과학기술 워크샵을 개최했다. 그 결과가 "NBIC 융합과학기술(Converging Technologies)"이다. 이는 원자단위의 나노기술(N:nano)과 유전자단위의 생명공학기술(B:Bio), 정보화기술(I:Info), 신경세포체단위의 인지·신경기술(C:Cogno)이 결합된 기술을 말한다. 2009년 초 설립된 서울대 융합과학기술대학원(나노융합, 방사선융합의생명, 디지털정보융합, 지능형융합 시스템 전공)은 이러한 국제적 흐름을 적극 반영한 것으로 보인다.

국내에서 융합 논의에 빠지지 않고 등장하는 단어로 통섭이 있다. 이는 하버드의 생물학자 윌슨(Edward Wilson)의 책 제목인 "Consilience"를 번역한 말이다. 이 책에 담긴 통섭의 의미는 거칠게 말하면 윌슨 자신이 수립한 사회생물학 분야를 통해 사회과학, 인문학을 통합함을 의미한다. 이 책이 주장하는 환원론적 흡수통합은 책의 발간과 함께 구미에서 큰 논쟁을 불러일으켰다. 이 책은 2005년 국내에 번역, 소개되며 비슷한 논쟁이 따랐다.[42] 이 책으로 인한 논쟁은 국내에 큰 반향을 불러일으켰고 '통섭'은 한국 지식사회에서 중요한 용어로 자리 잡게 되었다. 2015년에는 유발

하라리의 〈사피엔스〉란 책이 전 세계적인 반향을 불러 일으켰다. 생물학과 역사학의 만남을 통해 인류사를 거시적으로 파악한 이 책은 인간의 역사에 진화론의 관점을 투영하였다.

지금까지의 논의를 살펴보면 융합의 필요성에는 모두 동의하지만 '융합이 무엇인지, 어떻게 할 것인지' 융합에 대한 정의와 각론은 연구자마다 달라 보인다. 융합에 대한 논의 중 가장 체계적인 것은 〈철학과 현실〉 2010년 봄 호에서 특집으로 기획한 "학문의 융합론"에서 찾을 수 있다.

먼저 과학철학자 고인석은 기술의 융합과 학문의 융합 간에 선을 분명히 긋는다. 한마디로 "기술은 융합되지만 학문은 융합되지 않는다."는 것이다.[43] 그는 학문통합의 대표적 시도인 20세기 초 빈 학단의 '통일과학운동'의 사례를 예로 들며 학문전체의 통합이라는 목표는 "그 실현이 너무나도 막막해 보이는 원대한 과제"로 본다. 이와 달리 이중원은 학문융합을 학문통합과 동일시하지 않고 융합을 "통합, 복합, 융합"의 세 가지로 구분한다. 통합이 "하나의 원리나 하나의 특성에 근거한 제 학문 분야들의 통일"을 의미한다면 복합은 "서로 이질적인 학문 분야들의 다면적 혹은 다층적 결합"을 의미한다는 것이다. 이와 달리 융합은 "다양한 학문 분야들에 바탕 하지만 이것들을 넘어서는 새로운 학문 분야의 창조"로 규정한다. 이렇게 볼 때 그는 학문융합이 가능하며 '복합'과 '융합'이 나아갈 길이라고 제시한다.[44]

김영식은 〈인문과 과학〉에서 인문학과 과학이라는 가장 이질적으로 보이는 두 학문체계의 융합을 논하며 앞의 논의와는 조금 다른 관계를 제시한다. 그는 과학과 인문학이 본질적으로 "층위가 다른 것"이어서 "대칭적인 통합은 불가능"한 것으로 본다.[45] 그에 따르면 가능한 것은 "연결"일 뿐이다. 그는 획일적 통합대신 인문학과 과학 사이에 있을 수 있는 "여러 종류의 만남, 연결들"을 제안한다. 이 글에서는 과학과 종교의 관계 역시 과학과 인문학의 관계의 연장선상에서 볼 수 있다고 생각하며 그 관계를 여러 종류의 만남, 연결로 파악한다.

이상의 논의를 정리하면 먼저 기술의 융합은 가능하다. 하지만 학문의 융합은 간단치 않다. 학문의 융합은 이질적 학문들 간의 물리적 결합인 복합, 다른 분야가 화학적으로 결합해 새로운 분야를 창출하는 학문융합, 그리고 융합보다는 느슨한 과학과 인문학 간의 다양한 만남으로 나눌 수 있을 것이다. 융합은 그동안 짧은 시간에 이 시대의 화두로 떠올랐다. 아이폰의 충격 이후 정부와 산업계의 강한 드라이브로 너도 나도 융합에 뛰어 들었지만 사실 융합에 대한 차분한 논의는 그리 많지 않다. 융합이 무엇인지, 무엇을 목표로 하는지, 얼마나 가능한지, 얼마나 바람직한지에 관한 메타적인 논의는 "이제 겨우 시작단계"이며 "결론을 말할 수 있는 단계가 아니라 질문을 던져야하는 난세"라고 보는 것이 적절하다.[46]

2014년 〈철학과 현실〉이 100호 기념호로 기획한 융합연구 특집토론도 이 점을 잘 보여준다. 철학, 물리, 화학, 생명과학, 기술사, 건축 등 다양한 분야의 융합전문가 16인을 초빙하여 진행한 난상토론을 100페이지가 넘는 특집으로 실었다. "시대의 유행어"가 된 융합이 과연 무엇을 뜻하는지 각자가 속한 학문분야가 다른 학문분야와 어떻게 관계할 수 있는지 개념정리를 해보자는 사회자의 설명에 따라 융합에 대한 실로 다양한 의견이 쏟아졌다. 하지만 이러한 논의가 융합개념이 정의하기 쉽지 않다는 점을 역설적으로 설명하기도 한다.

과학기술과 인문사회과학 융합연구

●●● 융합연구의 의미

"융합은 무엇을 섞던 사람들만 만족시키면 된다."는 융합연구에 관한 일반적 오해가 있지만, 서로를 무조건 합치는 것은 공급자 측면에서 막연한 작업일 뿐이다. 서로 다른 분야가 만나는 경우에, 서로의 분야에 대해 잘 모르기 때문에 서로의 도움을 필요로 한다. 이 과정에서 서로 필요한 것을 주고받는다고 하여 융합이 이루어지지 않는다. 즉 대부분의 사람들은 다른 분야를 모아 놓았을 때 융합연구가 이루어지고 있다고 생각하지만, 두 분야가 녹아서 새로운 분야를 만들어내야 융합연구가 실제로 이루어졌다고 할 수 있다.

지난 수년간 전 세계적으로 융합 열풍이 지속되었고, 주요 기업들은 융합 제품들을 경쟁적으로 출시했을 뿐만 아니라 융합을 차세대 혁신전략으로 주진하였다. 이제 융합은 IT산업뿐만 아니라 자동차, 금융, 문화, 교육 등 여러 분야의 주요 트렌드가 되고 있다. 특히 기업의 경우 경쟁 심화와 혁신적인 기술개발의 정체 속에서 기존 상품이나 기술의 재조합을 통해 제품의 기능 개선을 도모하는 차원에서 시도하여 다기능 내비게이션, 복합생활문화 공간 등 소비자들에게 시간절약, 편리함, 즐거움 등을 제공하는 제품들을 내놓고 있다. 또한 우리의 경우 음식, 레저 등 생활 전반에 걸쳐 융합이 하나의 '문화코드화' 현상으로 발생할 정도였다. 그러나 '융합 만능주의'에 함정에 매몰되는 것은 경계해야 한다. MIT 미디어랩 이사장인 니콜라스 네그로폰테는 "여러 기능을 하나의 기기에 합치다 보니 터지기 일보 직전"이라고 평가하면서, 과잉 융합은 기기의 복잡성을 높이거나, 과도하게 사고를 유발하여 피로감 등의 부작용을 가져올 수 있다고 지적하였다. 2016년 하반기 발생한 삼성전자의 '갤럭시 노트 7'의 배터리 폭발과 이에 따른 단종 조치는 과도한 기술적 융합의 피로감이 폭발한 예로도 볼 수 있을지 않을까 한다.

상품융합에서 진정한 융합을 이루기 위해 몇 가지 조건이 필요하다. 첫째, 융합은 기술의 융합이 아니라 시장의 융합, '소비과학'이라는 인식의 전환이 필요하다. 즉 소비자의 잠재 욕구를 보다 잘 충족시킬 수 있는 새로운 해결책으로 기존에 시장들이 통폐합되면서 새 시장이 탄생하는 것이다. 예를 들어, 애플 아이팟의 성공은 개성 있는 디자인을 갖춘 MP3 플레이어라는 하드웨어적 측면보다 '소비자에게 음악을 보다 편리하고 자기만의 방식으로 즐길 수 있는 아이튠스라는 서비를 제공'하여 기존에 음반시장구조에 재편은 물론 음향시스템, 패션, 자동차 등의 분야에 커다란 변화를 가졌다.

둘째, 융합은 수요가 없는 곳에 존재하지 않고, 하드웨어가 아니라 아이디어와 사고의 융합을 통해 창출된다. 새로운 융합은 획일적 사고에서 탈피해 새롭고 다양한 사고와 아이디어를 받아들이는데서 이루어진다. 지나간 시대의 방식만 고집하고 다양성을 거부하는 사고에서 새로운 융합은 만들어질 수 없고, 만들어진다 할지라도 생명력이 없는 융합이 이루어진다. "융합은 사회 충족형 메타기술이다."라는 말처럼, 공급자는 수요에 맞춰 다양한 형태의 융합을 정의해야 하고, 그 정의에 맞춰서 구체적 활동이 이루어져야 한다. 또한 처음에 융합기술이 인간의 삶을 향상시키기 위한 요구로 만들어진 만큼 융합기술만이 독자적으로 수용되지 못한다. 반드시 인문사회학자가 새롭게 만들어진 융합기술을 검증한 뒤에 융합기술이 들어오도록 정책적으로 유도해야 한다.

융합에 대한 일반적 정의는 주제에 따라 개별적으로 혹은 사례별로 이루어져야 한다. 환경문제의 경우에 인문사회학자가 큰 틀인 가이드 맵을 제시하고, 공학자가 하고 있는 것에 대한 비판적 시각을 갖도록 해야 한다. 대규모 환경개발 문제를 볼 때도 자연과학적 문제가 아니라, 인문지리적 측면, 농업사회에서 사회구조가 미친 영향 등 인문학적 문제 등을 함께 보아야 한다는 것이다.

●●● 융합연구에서 인문사회과학의 역할

세계적인 미래학자 짐 데이터(Jim Dator)는 "정보사회 다음에 '드림 소사이어티(Dream Society)'라는 해일이 밀려온다. 경제의 주력 엔진이 '정보'에서 '이미지'로 넘어가고, 상상력과 창조성이 국가경쟁력의 핵심이 되고 있다."라는 말을 했다. 그의 말처럼 많은 미래학자들은 기술 노하우, 생산설계, 경영기법 등 경제의 핵심 동인(動因)이 되는 현재의 정보화 사회가 얼마 남지 않았다고 보고 있다. 즉 "가까운 미래에 상상력과 감성을 기반으로 하는 사회가 도래할 것"이라고 예언하고 있다. 상상력과 감성이 중시되는 '창조성 기반 경제'로 변화하는 환경 속에서 인문사회과학의 중요성이 부각되는 것은 두말 할 필요가 없게 되었다.

인문(人文)은 문자적 의미로 본다면 사인에 아로새긴 '인간의 무늬'를 말한다. '인간의 무늬'는 철학과 역사, 문학과 예술, 그리고 제도나 문물과 같은 각종 문화적 양식을 통해 구현된다. 이렇게 다양한 장르의 문화적 활동은 격조 있고 깊이 있게 '인간의 존재 의의'를 드러내고 '인간나움의 가치'를 구현하는데 힘썼다. 인간을 한 차원 높은 존재로 고양시키려는 노력은 '인문정신'이라고 불리었고, 특히 동양에서 인문정신은 문(文) · 사(史) · 철(哲) 등 인문학뿐만 아니라 정치학, 경제학, 법학, 의학, 과학, 군사학, 천문학 등의 영역에서 학문의 '기본 밑그림(foundation blueprint)'으로 작용하였다.

그러나 현대 사회에서 '인문학'은 과학, 기술, 경영 등과 구분되고 대비되며 특히 자연과학은 그 성격상 이들 요소들과 반대되는 것으로 간주되고 있다. 이러한 구분이 어느 정도 가능한 것은 사실이나, 이러한 엄격한 구분은 17세기 서양의 과학혁명 이후 근대과학의 전문화 과정에서 생겨나고 그 후 점차 심화되어 오늘날에 이르러 인문학과 인간의 여러 지식 사이의 분리 상태 심지어 반대나 대립 상태에 이르고 있다. 특히 한국 사회에서 그 분리의 상태가 심하여, 과학이 사회에서 점점 중요한 위치를 차지하고 문화 일반과 분리되는 지극히 위험하고 우려할 만한 상황들이 빚어지고 있다.

최근 수십 년 동안 아니 지난 몇 년 동안 우리의 삶은 크게 바뀌었고, 이렇게 변화한 우리의 삶이나 가치의 문제를 인문학적 성찰과 탐구의 대상으로 삼아야 하는 것은 너무나 당연한 사실이다. 즉 참다운 인문학은 전통적인 주제들뿐만 아니라 현재 우리들의 삶, 혹은 가치의 문제들에서 중요한 위치를 차지하고 있는 과학,

기술, 정보, 경영 등을 중요한 대상으로 삼아야 한다. 그러한 과정 속에서 현재 상황에 걸맞게 해결하거나 조언하는 지식의 형태로 인문학이 새롭게 창안되어 사람들 사이에 널리 퍼져야 한다.

"시장이 원하는 것을 주는 시대는 한물갔습니다. 시장이 기대하지 않던 것을 주어야 하지요."라는 어느 CEO의 말처럼, 고유의 상상력과 삶의 방식이 무기인 세상에 새로운 가치를 부여하는데 인문학 혹은 인문사회과학의 역할이 크다. 특히 미래 사회는 주어진 문제만을 해결하는 것이 아니라, 오히려 새로운 문제를 제기하는 여러 우물을 팔 수 있는 인재나 활동이 필요한 만큼, 그에 걸맞게 새로운 유형의 지식을 갖춘 창의적인 인재나 활동이 필요하다. 우리의 경우에 새로운 유형의 지식, 즉 인문학 혹은 인문사회과학이 과학기술에 구체적으로 적용(융합 혹은 복합)되어 기여한 바는 크지 않다. 물론 외국의 경우에도 잠재적 수준에 머물러 있다.

우리의 경우에 인문사회, 예술, 문학까지 영역을 넓힌 「국가기술발전추진전략」이 추진 중에 있다. 이 전략은 기존에 과학기술 분야의 융합연구에 예술이나 디자인을 더한 '돌파형 기술'을 만들어 다른 분야에 전파할 예정이다. 예를 들어 제품을 만드는 디자인에 인체 공학은 물론 심리학까지 확대 적용하는 것이다. IT(Information Technology, 정보기술)·BT(Bio Technology, 생명공학기술)·NT(Nano Technology, 나노기술) 등의 과학기술에 대한 이해가 필요할 뿐만 아니라 '오감기능연구', 즉 인간학에 대한 지식이 절실히 필요하다. 즉 기존의 인지과학은 이론적 뇌관이 라는 측면이 강하여 오히려 '감각'이 필요하다. 이 때문에 인간에 관한 모든 것 혹은 인간을 둘러싼 사회의 모든 것에 대한 지식인 '인간학'에 대한 지식이 필요하다는 것이다.

전자공학을 대체할 미래의 과학기술 키워드로 기술 · 예술 · 문화가 결합된 형태가 산업의 중요한 자리에 위치할 것이라는 생각과 일맥상통한다. 즉 심리학 · 뇌과학 · 컴퓨터과학 · 로봇공학 · 디자인의 융합체인 '감성 컴퓨팅'처럼 전자공학, 기계공학, 생명과학, 의과학 등 융합기술 산업이 새로운 산업혁명을 이끌고 융합기술 산업을 선도하는 기업 및 국가만이 지배적인 경제적 우위를 지켜간다는 것이다.

인문사회과학에서 시작한 대표적인 융합 사례로 '뇌를 학습 한다'가 있다. 이는 인문학자들이 "영어를 못하는 친구가 왜 영어를 못하는가?"라는 의문에서 시작하여, 공학자들과 공동연구를 시작하여 뇌 공명 사진을 찍어 그 원인을 분석하면서 뇌 연구가 시작된 긍정적 결과도 있다. 이러한 가능성은 핸드폰 연구에서 언어학자, 혹은 인지과학에서 심리학자의 공동연구에서 두루 볼 수 있다. 그러나 과학기술과 인문사회과학이 결합한 대부분의 융합연구는 처음에 좋은 의도로 시작하지만, 결국에 과학기술이 중심에 위치하고 인문사회과학은 주변에 머무르는 경우가 많다.

하지만 인문사회과학은 기술 평가의 관점이나 공학 파트의 커뮤니케이션으로서 심리학이나 오감에 대한 정보를 제공하는 차원에서 중요한다. 먼저 "융합기술이 만들어졌을 때 국민들이 어떻게 반응하는가?"에 대해, 인문사회과학이 '사회적 수용성 관점'에서 대안을 제시해 준다. 인문사회과학이 융합연구에 직접적으로 관여하거나, 융합연구 결과를 대중사회에 안착시킬 때 중요한 역할을 한다. 예를 들어 돼지의 장기를 사람에게 이식할 때, 이에 대해 사람들의 반응이 다양하게 나타난다. 이 과정에서 인문사회과학은 사람들의 정서적 문제를 해결하는 조절자의 역할을 하거나, 융합기술이 제대로 안착할 수 있도록 속도조절을 하는 중요한 역할을 한다.

일례로 연구소에서 쥐 실험을 하는데, 쥐 실험 결과가 잘 안 나와 몇 년 전부터 쥐 심리학자가 함께 작업하고 있다. 쥐 심리학자가 쥐 실험을 할 수 있도록 도와주고 실험 결과를 같이 해석하고 있다. 이러한 사례는 기존에 연구가 자연의 복잡성을 대할 때 기술이나 순수과학에만 의지하여 연구를 이끌어내 그 한계가 존재하면서, 인문사회과학과 연관된 다양한 지식들을 두루 살펴보는 연구 활동들이 증가하고 있다는 것을 보여준다.

또한 인문사회과학은 '아이디어 제공자'의 역할을 한다. 현대 사회에서 생산되는 많은 상품들은 인간과 사회를 알아야 비로소 상품으로서 가치가 있다. 인문사회과학은 융합기술이 상품으로 변하는 과정에 필요한 아이디어를 제공한다. 핸드폰 제작에 있어서 인문학자나 국문학자가 언어의 소프트웨어적 변용에 중요한 역할을 하거나, 예술가나 디자이너가 그 당시에 문화적 취향에 맞게 핸드폰의 디자인(색상, 모양, 크기, 글씨체 등)에서 하나의 아이콘을 만들어내는 중요한 역할을 한다. 이처럼 인문사회과학은 과학기술만이 중요한 것처럼 보이는 모든 영역에 적용이 가능하다. 즉 인문사회과학은 융합연구에 '생명력을 불어넣는 분야'이자 인문사회과학자는 '생명력을 불어넣는 사람'으로서 매우 중요하다.

인문사회과학은 지나치게 인간중심적 경향이나 가치 개입적 경향이 강하고 (우리의 경우에) 현실과 고립된 연구 활동이 이루어져 인문학의 위기를 자초하였다는 비판의 목소리도 크지만, 위험커뮤니케이션, 위험사회 등 비판적 용어를 사용하여 과학기술이 만들어내는 부정적 영향에 초점을 맞추어 비판하고 있다. 예를 들어 자율자동차의 신기술이 개발된다면 에너지에 투자하는 자본이나 인간의 노동력은 사회학적으로 어떠한 변화를 겪게 되는가, 환경적으로 인간들의 삶에 어떠한 변화를 가져오는가 등의 문제에 대한 방향을 제시해 준다. 과학기술은 어떠한 문제를 해결하지만, 그 기술이 만들어내는 다른 문제를 해결하는 안목을 제공하는 것이 인문사회과학이다. 즉 융합기술이 시장화되기 전에 그 기술이 만들어내는 미래의 문제를 해결하는 궁극적인 길을 제시하는 것이 인문사회과학적 접근이다. 그러한 측면에서 과학기술과 인문사회과학이 만나 서로 연구하는 융합연구의 활성화 방안들이 필요하다.

●●● 과학기술과 인문사회과학 융합연구의 개념

과학기술과 인문사회과학 융합연구는 기존 학문 분야 및 과학기술과의 관계에 따라 다학문적 융합연구, 학제적 융합연구, 그리고 초학제적 융합연구로 구분할 수 있다.

다학문적(multidisciplinary) 융합연구란 단일 학문 분야 또는 단일 과학기술로 해결할 수 없는 복합적인 문제를 해결하기 위하여 둘 또는 그 이상의 수의 학문 분야 및 과학기술들이 독립적으로 기여하는 연구를 의미한다. 예를 들어, 원자탄 개발을 위한 맨하탄 프로젝트, 우주 개발 연구 등이 이에 속한다. 이와 같은 융합연구는 참여한 기존의 학문 분야 또는 과학기술의 보존(conservation)이 가능하게 된다.

학제적(interdisciplinary) 융합연구란 둘 또는 그 이상의 수의 학문 분야 및 과학기술들에 연관된 문제를 해결하기 위하여 연관된 학문 분야들 및 과학 기술들의 개념, 방법, 이론, 원리 등을 동시에 사용하는 연구를 의미한다. 예를 들어, 사회심리학, 언어심리학, 생체물리학 등이 이에 속한다. 이와 같은 융합연구는 기존에 학문 분야 또는 과학기술의 확장(extension)를 이룩하게 된다.

초학제적(transdisciplinary) 융합연구란 단일 학문 분야나 과학 기술의 영역을 초월하는 새로운 문제를 해결하기 위하여 둘 또는 그 이상의 수의 학문 분야 및 과학 기술들의 개념, 방법, 이론, 원리 등을 결합하여 기존의 학문 분야 및 과학 기술을 초월하는 새로운 학문 분야 및 과학 기술을 개발하는 연구를 의미한다. 예를 들어, 디지털 인문학, 나노바이오 과학, 온톨로지 공학, 나노바이오칩 기술 등이 이에 속한다. 이와 같은 융합연구는 기존에 학문 분야, 과학 기술과 다른 새로운 학문 분야, 또는 과학 기술의 창조(creation)를 이룩하게 된다.

융합시대를 위한 사회와 제도

●●● 융합시대를 위한 구조와 제도

우리는 일상생활에서 '구조'란 말을 많이 쓴다. 특히 사회과학의 영역에서 사회구조란 말을 많이 쓰는데, 사회구조는 사회제도란 말과 같이 쓰이기도 한다. '구조'는 일반적으로 '부분이나 전체가 일정한 틀을 이루는 것'을 말한다. 반면에 '제도'는 '관습이나 도덕, 법률 따위의 규범이나 사회 구조의 체계'를 말한다고 할 수 있다. 이 두 낱말의 차이는 그 말의 크기나 범위라고 볼 수 있다. '구조'가 보다 넓은 체계 전체를 의미하다면 '제도'는 이를 바탕으로 한 "일정한 형식 체계"에 초점을 맞추고 있다.

따라서 제도는 '일정한 체계' 혹은 '시스템'이라 간단히 정의할 수 있다. 여기서 시스템은 일종의 의사소통의 도구라 할 수 있다. 정치, 경제, 사회, 문화의 각 부분은 일정한 의사소통의 체계를 갖추게 되는데, 이 체계가 제도라 할 수 있다. 사회의 각 부분은 체계의 특성에 맞는 고유한 의사소통 체계를 갖추고 서로에게 영향을 주고받게 된다.

융합의 시대에 맞는 구조 혹은 제도를 구축하기 위해서는 융합의 사회적 비용과 비효율성의 문제를 검토해 보는 것이 필요하다. 융합은 여러 학문 분야 혹은 사회 · 경제 분야와의 협업 내지 시스템적 합치를 필요로 한다. 여기에는 융합사회 구축을 위한 제도적 비용이 들어가게 되는데 그 비용은 기존의 제도 장벽을 허무는 비용이 가장 클 것이다. 기존의 제도적 장벽을 허무는 비용과 함께 이를 다시 사회제도로 재구축하는 비용도 함께 들 것이다. 우리가 기존의 사회 제도를 재구축하면서까지 융합시대를 만들어가고자 한다면 '사회적 비용'과 '융합을 통한 새로운 것의 가능성'을 비교할 필요성이 있다. 기존의 사회 제도와 시스템으로 해결가능한 문제를 굳이 많은 사회적 비용을 들여 해결할 필요는 없기 때문이다.

융합시대를 위한 제도적 관점은 급격한 제도 변화의 추구가 아닌 제도의 방향성, 즉 융합의 지향성에 대한 깊은 성찰에서 나올 것이다. 그래야 바람직한 목적을 갖고 적절한 방식으로 융합적인 사회와 제도가 가능하기 때문이다.

●●● 융합지식기반 사회를 위한 학습

융합시대를 위한 사회 · 경제 발전의 밑바탕에는 융합을 위한 학습의 문제가 있다. 노벨상 수상자인 조지프 스티글리츠의 〈창조적 학습사회〉란 책은 이를 위한 대안으로 '학습경제'를 주창하고 있다.[47] 이 책은 오늘날 삶의 질이 크게 향상된 이유는 '학습의 학습(learning how to learn)'에 의한 결과이며, 학습사회를 구축하려면 무역, 산업, 지식재산권 등 다양한 방면에 좋은 영향을 끼칠 수 있는 효과적인 정부 정책이 필요하다고 보고 있다. 융합사회는 기본적으로 지식이 융합하는 것을 전제로 하기 때문에 지식을 사회구성원이 배울 수 있는 학습시스템이 중요하다고 보고 있다.

일반적으로 교육에는 두 가지 기능이 있는데, 개인의 생산성을 높이는 기능과 생산성 향상과는 상관없이 사람을 선발할 때 사용하는 기능이 있다. 우리 사회의 문제는 교육을 선발의 기능에만 초점을 맞춘 것에 있었다. 최근에도 늦은 나이에 박사학위를 받으려는 사람들이 늘고 있는데, 이는 어쩌면 사회적으로 과잉, 중복투자가 될 수 있다. 교육 투자의 생산성이 무시되고 스펙쌓기에 몰두하는 사회는 효율적인 교육 내지 학습시스템을 갖추었다고 볼 수 없는 것이다.

앞으로의 사회는 융합을 통한 새로운 지식이 '부(富)'의 원천이 되는 시대가 본격적으로 도래할 것이다. 기술과 지식 발전의 가

속도가 붙고 있고, 그에 비례해서 학교 교육의 중요성은 계속 줄고 있다. 반면에 학습(learning)의 중요성은 더욱 커지고 있다. 학습은 개인이 여러 채널과 방법을 통해 배우는 것을 말한다. 직장을 다니며 일을 통해 배우고, 각종 동영상 강의 등을 통해 배우며, 개인적인 자기계발을 통해 배운다. 여기서 학습의 목표는 개별적 지식이나 사안에 집중하는 것이 아니라 전체를 바라보는 포괄적 · 맥락적 사고를 기르는데 있다. 융합시대의 학습은 그 자체로 융합적, 시스템적 사고 체계를 구축하고 이를 통해 문제를 해결하는 것이다.

융합시대에 경제발전 내지 성장을 결정하는 핵심적인 요소는 물적 자본량이 아니라 생산성의 증가이다. 생산성 향상은 연속적으로 발생하는 작고 점진적인 변화에 의해 결정된다. 이런 작고 점진적인 변화를 만들거나 빠르게 받아들이기 위해서는 학습 능력을 길러야 한다. 이러한 학습 능력은 경제적으로 개인의 생산성 증가를 위한 것이기도 하지만 사회적 제도 발전에 원동력이기도 하다. 융합사회를 위한 학습체계를 구축하기 위해서는 이를 위한 제도적 뒷받침, 정부의 역할이 필요하다. 학습은 개인의 문제이기에 앞서 경제발전을 위한 새로운 원동력이 되었고 융합사회 구축을 위한 전제가 되었다. 공교육에 대한 정부의 과도한 개입이 아닌 개인의 학습과 학습을 위한 사회환경의 구축에 정부가 더 관심을 가질 필요가 있다.

3장
+
복잡계적 사고관과 네트워크 사회

복잡성 과학의 등장

1963년 미국의 기상학자인 로렌츠가 나비효과를 처음 발견하고 난 후 등장한 카오스이론, 프랙탈 이론 및 프리고진의 비선형현상에 대한 연구 등이 활발해지면서 과학연구의 새로운 패러다임으로 복잡성 과학이 등장하게 되었다. 복잡성 과학은 뉴턴 이후 자연과학의 주된 방법론인 '요소 환원론적' 방법론을 벗어나 '통합적인 방법론'을 제시하고 있다.

뉴턴 이후의 자연과학은 복잡한 현상의 배후에 단순한 법칙 · 규칙이 있다고 생각하고 그 법칙의 구명을 추구했는데, 이 방법은 전체를 요소별로 분해한 후 각각의 요소를 분석함으로써 전체를 재편성하는 연구 방법론에 의거하고 있다. 그러나 복잡한 체계, 복잡한 시스템에는 이러한 방법론에서 누락시켜 버린 많은 것이 들어 있지 않을까 하는 생각에서, 복잡한 것을 복잡한 것으로 고찰 · 해명하고자 하는 복잡성 과학에 대한 연구가 시작되었다.

'원자의 구성입자와 그것들의 상호작용'에 관한 연구로 1969년에 노벨물리학상을 수상한 머리 겔만(Murray Gell-Mann) 박사는 복잡계(Complex Systems)에 대한 연구가 미래에 가장 촉망받는 분야이며 관심을 가지고 연구해야 할 분야라고 주장한다. 겔만 박사는 현재 미국 산타페연구소에서 복잡계에 대한 연구팀을 이끌고 있다. 그들의 연구 대상은 정치학, 사회학, 경제학, 생물학, 물리학, 컴퓨터공학 등등 학문의 모든 분야에 걸쳐 있다고 말할 정도로 다양하다.

복잡성 과학은 전통적 과학이 무시했던 비평형과 불균형의 문제를 다룬다. 비평형상태에서는 안정적이며 불안정적인 평형이 동시에 나타나기도 하는데, 요소간의 관계는 선형적인 인과관계가 아니라 시간변화에 따라 상호영향을 주고받는 역동적인 관계로 보기 때문에 결코 예측할 수 없다고 생각하고 있다. 따라서 초기조건이 조금 변화해도 그 결과에는 별 차이가 없는 선동적 과학과는 달리, 복잡성과학에서는 미세한 초기조건의 변화가 걷잡을 수 없이 증폭 되어 그 결과에 커다란 영향을 미칠 수 있다.

복잡성 과학은 사물을 요소로 나누어 접근하지 않고 전체적으로 파악한다. 자연의 변화를 원자나 분자단계까지 내려가서 철저히 분석하고 이해하려는 것이 아니라 자연을 있는 그대로 받아들이면서 문제를 풀어가고자 하는 흐름이다. 질서와 무질서는 서로 분리되어 있는 것이 아니라 프랙탈 구조에서 보여지는 것처럼 질서는 무질서에서 태동한다고 본다. 복잡성 과학이 이처럼 전통적 과학과 차이를 보이는 것은 복잡계(complex system)가 다음과 같은 특성을 가지고 있기 때문이다.

복잡계는 서로 병렬적으로 행동하는 수많은 인자들로 구성된 그물망이며, 이들은 여러 층의 조직단계를 가지고 있고 각 단계마다 새로운 기초단위들을 형성하고 있다. 복잡한 시스템의 거시적 성질들이 구성요소 자체보다는 구성요소들의 연결구조에 의존하고 있다. 아울러 구성요소들의 미시적 성질이 연결구조에 따라 비선형적으로 합해져서 거시적인 성질들이 나타난다. 복잡계는 환경에 보다 적절하게 적응하게 위해 자신들을 끊임없이 변화시키고 발전시켜 나간다. 한편 구성인자가 전혀 다른 물질들도 연결구조만 유사하면 임계점에서 같은 모양의 구조(같은 프랙탈 차원을 가지는 구조적 패턴)가 나타나기도 한다.

●●● 복잡성 과학의 의미

복잡성 과학은 몇 가지의 새로운 과학적 견해 내지 연구영역의 확대를 통일하는 시도로써, 복잡성 과학의 의미도 거기에서 찾을 수 있다. 종래의 전통적인 시각으로 파악되지 않는 현상에 대해 여러 측면에서 통일적인 관점을 얻을 수 있게 된다. 예를 들면 카오스는 연구가 진행됨에 따라 프랙탈과의 깊은 관계가 밝혀지게 되었다. 카오스는 시간적인 것인데 비해 프랙탈은 공간적인 것으로 어떤 반복시스템에 의해서 생성되고 있다는 점에 양자의 공통성이 있다. 복잡한 현상 안에서 단순한 생성기구나 법칙을 찾아내는 것만으로는 해결되지 않는 문제에 복잡성 과학이 대응하고 있으며, 복잡성 · 복잡계의 연구는 완전히 다른 방면의 연구와 결부되고 있다.

예를 들면 계산량 이론 혹은 계산의 복잡함 이론(theory of computing complexity)이나, 인공지능에 있어서의 프레임(frame) 문제, 인지과학에 있어서의 계산 모델의 패턴, 행동과학에 있어서의 합리성의 문제, 나아가 과학 연구 그 자체의 한계라고 하는 새로운 문제들에 대한 관심이 복잡성, 복잡계 연구와 결부되고 있다. 거기에 더해 복잡성 과학은 과학에 대한 우리의 인식 지평을 넓혀준다. 과거에 분석할 수 없었거나 무시되었던 여러 가지 현상들에 대한 분석들을 통해 과학의 연구대상을 확대시켰을 뿐 아니라 우리의 이해의 폭을 넓힌다.

사물, 자연을 보는 우리의 시각을 부분에서 전체로 바꾸는 연구방법론의 전환을 통해 과학적 연구방법론의 패러다임 전환을 시도하고 있다. 이러한 의미에서 브리이언 아시는 복잡성 과학의 등장은 어떤 새로운 이론의 발견이라기보다는 세계에 대한 인식의 심화 내지는 변화를 의미한다고 지적한다.

네트워크 방법론

우리 주변을 둘러보면, 거의 모든 것들이 다양하고 수많은 구성요소로 이루어진 복잡계이다. 예를 들어, 많은 사람들이 서로의 이해관계에 의해 얽혀 있는 사회, 우리 몸속에서 여러 종류의 물질들이 여러 가지의 생화학반응을 통해 에너지를 만들어 우리를 살아 있게 만드는 생명현상, 수많은 컴퓨터들이 여러 가지의 통신수단을 통해 연결되어 있는 인터넷 등이 복잡계의 대표적인 예라 할 수 있다.

최근 들어 주목받는 새로운 방법론은 네트워크 과학인데, 네트워크 과학이란 복잡계의 구성요소들과 그들 간의 상호작용을 점과 선으로 단순화시켜서, 네트워크(또는 그래프)로 바꾸어 연구하는 것이다. 특히나 일련의 연구를 통해 전혀 다른 분야에서 발견되는 네트워크들의 모양이 신기할 정도로 거의 똑같다는 것이 알려지면서 자연스럽게 다양한 연구 대상의 공통점에 대한 관심이 늘어났다. 또한 타학문 분야와의 접촉도 빈번해졌는데 결국 다양한 학문 분야에 펼쳐져 있던 복잡계의 연구 대상들이 간단히 '네트워크'라는 하나의 주제로 통일되면서 자연스럽게 학제간 연구로 발전하고 있는 것이다.

우리가 살고 있는 사회는 복잡해 보이지만 사람들이 서로 얽혀 있는 네트워크로 해석될 수 있는, 결국 좁은 세상 네트워크로 이해할 수 있다. 아무튼 6명(여섯 단계 분리(six degrees of separation)[48])을 통해서나 19번의 클릭을 통해서 모든 사람이나 모든 웹사이트에 다가갈 수 있다[49]는 사실에서 보듯이, 세상은 참으로 좁다. 이러한 좁은 세상 효과 때문에 세상에서 일어나는 일들은 주변 사람들이나 웹을 통해 손쉽게 다가갈 수 있다. 우리가 살고 있는 거의 모든 세상은 매우 좁으며 알게 모르게 서로 링크되어 있는 네트워크이다.

이러한 좁은 세상은 어떻게 생겼으며 왜 만들어지는 것일까? 좁은 세상에서는 무슨 흥미로운 일들이 벌어지고 있을까? 우리가 살고 있는 사회를 단순화시키면 사람은 점(點)으로, 그 인맥은 선(線)으로 나타낼 수 있다. 네트워크 연구결과, 주변에서 쉽게 발견할 수 있는 여러 가지 네트워크의 예들이 멱함수 법칙을 따르는 '척도 없는 네트워크'라는 점이 밝혀지고 있다. 우리 몸속의 신진대사망, 사회적 네트워크, 그리고 실제 인터넷 연결망도 그랬다. 결국 1959년 이후 네트워크의 구조에 관해 우리의 사고를 지배 했던 무작위 네트워크 이론은 막을 내리고 좁은 세상을 설명할 수 있는 새로운 척도 없는 네트워크라는 이론이 탄생한 것이다.

하지만 잘게 쪼개진 부분에 관한 수많은 정보, 즉 생태계를 이루고 있는 생물들이나 경제활동에 참가하는 개개인에 관한 정보가 아무리 많다고 해도, 전체로 모일 때 생기는 특이한 현상들을 설명해주지는 못했다. 그들은 부분이 서로 복잡한 상호작용으로 연결되어 전체라는 네트워크를 만들어낸다는 생각을 하지 못했다. 이들에게 절실히 필요한 것은 복잡한 네트워크의 구조와 작동원리를 정확히 꿰뚫어볼 수 있는 통찰력이다. 물론 구체적인 구성요소는 각 연구대상마다 판이하게 다르다. 하지만 전체적인 큰 그림으로 본다면 네트워크라는 연결구조에 대한 이해가 먼저 있어야 한다.

네트워크 과학은 각 구성성분의 세부사항 같은 가정과 추측을 최대한 줄이고, 그들의 전체적인 연결구조와 작동원리를 파악하여 제한적이나마 신뢰할 수 있는 결과를 얻어낼 것이다. 네트워크 과학은 이렇게 우리가 보고자 하는 전체를 올바른 방향으로 보게 해주는 길잡이 역할을 할 것이기 때문이다. 물론 지금까지의 네트워크 과학의 발전 단계가 복잡계의 모든 난제에 대한 해답을 정확히 제공할 수준은 아니다. 그러나 네트워크 과학이 세상의 여러 가지 문제에 대한 실마리를 가지고 있는 것은 분명하다. 당장 이러한 난제들이 풀리지 않을지도 모르지만, 복잡계 네트워크 과학은 이것들을 풀어낼 탄탄한 토대를 제공할 수 있다.

●●● 네트워크 사회의 발전

네트워크란 무엇인가. 정보사회학자 마뉴엘 카스텔에 따르면 네트워크는 상호 연관된 결절(node)의 집합이다. 그리고 네트워크 사회는 사회구조가 극소전자 기반의 정보와 커뮤니케이션 기술로 추진되는 네트워크로 구성된 사회를 뜻한다. 그런데 정보사회(information society)가 아니라 왜 네트워크 사회(network society)인가. 그것은 지식정보의 역할이 증가하는 게 중요한 게 아니라 그 증가가 가져오는 사회적 결과, 다시 말해 자아와 사회 사이의 관계의 변화가 중요하다는 것이다.

카스텔에 따르면, 경제든 문화든 이제 지구적 커뮤니케이션에 의해 가능해진 네트워크가 관건을 이룬다. 그리고 이 네트워크를 어떻게 활용하느냐에 따라 자아든 사회든 운명이 달라진다. 이러한 문제의식 아래 카스텔은 〈네트워크 사회의 도래[50]〉에서 신경제, 네트워크기업, 노동의 변동, 현실적 가상성 문화, 시공간의 변형 등을 검토한다. 이 가운데 특히 네트워크 기업과 현실적 가상성 문화는 네트워크 사회의 중핵을 이룬다. 이제 그 어떤 기업이든 세계화된 네트워크 내에 속하지 않으면 갈수록 생존하기 어려워지며, 흐름의 공간과 초시간적 시간에 의해 장소를 대체시키고 시간을 소멸시키는 새로운 문화가 등장하고 있다.

복잡계 연구방법론 중에서 가장 널리 연구, 활용되는 것은 네트워크 분석 이라고 할 수 있다. 네트워크 이론 및 방법론이 본래 복잡계와 관련하여 발전되기 시작한 분야는 아니지만 그것이 가지고 있는 몇 가지 특징 때문에 자연스럽게 핵심적인 복잡계 연구방법론으로 채택, 활용되고 있다. 특히 연구대상의 단위 개체들과 관계 모두를 살펴보고 다룰 수 있다는 점, 사전에 예측할 수 없는 거시적인 결과들을 비교적 쉽게 지표화 하여 관찰할 수 있다는 점, 컴퓨터를 활용한 실험과 분석에 적합하다는 점 등을 들 수 있다.

그렇다면 복잡계 네트워크는 그렇지 않은 네트워크와 어떻게 다른가? 복잡계 네트워크는 일반적인 네트워크에서 좀처럼 발견하기 힘든 형태(topology)를 가지고 있는 특수한 형태의 네트워크를 의미한다. 네트워크에 대한 연구가 1990년대 이후 특히 물리학자들에 의해 엄청난 추진력을 바탕으로 진행되면서 그러한 특수성들이 여러 가지로 밝혀지고 있는데, 사회 과학에서 주로 적용되는 것에는 대표적으로 두 가지 형태가 있다. 그중 하나는 '좁은 세상 네트워크(small-world network)'이고 다른 하나는 '척도 없는 네트워크(scale-free network)'이다.

이러한 복잡계 네트워크의 특성에 기반한 연구는 물리학, 생물학 등 자연과학부터 의학, 공학, 사회과학에 이르기까지 다양한 분야에서 활발하게 이루어지고 있다. 그런데 사회과학에서 이러한 연구들이 이루어질 수 있게 된 배경에는 단지 수리적 연구방법의 발달이나 컴퓨터 능력의 도움만이 있었던 것은 아니다. 현대의 거시적인 사회변동 추세에 따른 본질적인 사회적 특성의 변화가 기저에 깔려 있기에 그러한 연구가 시너지 효과를 얻어 더욱 활발히 진행될 수 있었다고 보아야 할 것이다.

●●● 새로운 사회질서의 출현과 복잡계 네트워크

복잡적응계의 관점으로 사회를 바라볼 때 행위자들 간의 네트워크 구조와 속성들이 창발현상에 매우 큰 영향을 미치는 것을 알 수 있는데, 이는 정보화 사회와 네트워크 혁명 등에 기반한 현대 사회의 특징이 새로운 사회구조의 형성에 절대적 영향력을 행사하고 있음을 잘 보여주는 것이다.

IT의 발달에 따른 사회체계의 변화는 사회의 구조적 · 제도적 · 문화적 차원, 그리고 행위자 차원에까지 두루 영향을 미치고 있으며, 점차적으로 사회의 비평형성과 역동성, 자기조직성 등이 강조되고 있다. "네트워크 사회의 도래", "네트워크 혁명"등과 같은 표현들이 익숙한 용어로 자리 잡을 정도가 되면서 네트워크에 기반한 사회 시스템, 새로운 문명질서의 기반 등에 많은 관심이 쏟아졌는데, 이는 기존에 있던 것의 재발견이 아니라 새로운 사회현상의 발견이나. 좁은 세상 현상이나 척도 없는 네트워크를 사회 속에서 광범위하게 찾을 수 있게 된 것, 그리고 결과적으로 복잡계 네트워크 연구가 사회과학의 영역에서 활발히 진행될 수 있는 것은 이러한 사회적 변동이 뒷받침되었기 때문이다.

복잡계 네트워크에 기반 한 '사회적 변동'은 복잡계적 관점에서 보다 넓은 시각에서, 그리고 학제적인 시각에서 새롭게 해석할 수 있다. 자기촉매적(autocatalytic) 조직화 과정에 의한 복잡계 네트워크의 작동은 실제로 유사 이전부터, 그리고 생명체의 기원이 있기 이전부터 존재해온 역사적 과정이다. 35억 년 전 최초로 나타난 세포의 조상인 박테리아 또한 군체(colony) 형태로 발달해왔다. 그 후 오랜 시간에 걸쳐 고등생명체들이 탄생하게 되었고 자기조직화와 창발현상의 메커니즘을 통해 지속적으로 새로운 역사의 단계가 만들어졌으며, 더욱더 복잡한 네트워크에 기반을 둔 전체 시스템이 발생하기에 이르렀다. 인간이 만들어낸 온갖 종류의 기술과 상호작용을 위한 수많은 장치와 제도들은 그러한 복잡계적 진화과정의 자연스러운 산물이라 할 수 있다.

수없이 많은 신경세포들의 결합이 의식과 지능이라고 하는 창발현상을 어떻게 만들어내는가에 대한 연결주의(connectionism)의 관점처럼, 21세기의 문턱을 넘어선 현재 많은 사람들이 정보사회의 각종 도구와 장치들을 통해 온갖 기호와 코드들을 활발히 송수신하며 한편으로는 부분적으로 보이는, 또 한편으로는 눈에 잘 보이지 않는 거시적인 복잡계 네트워크를 형성 하고 있다. 복잡계의 관점에서 이러한 흐름을 살펴본다면, 이는 19~20세기 부터 본격적으로 시작된 거대한 지구적 네트워크의 출현일 뿐 아니라, 수십억 년에 걸쳐 지속되어온 자기조직화의 메커니즘에 따른 미시에서 거시로의 질서 창발과정의 흐름으로 볼 수 있을 것이다.

네트워크 경제와 법체계

●●● 네트워크 경제

정보 기술이 광범위하게 응용되고, 경제 글로벌화가 빠르게 확산되면서 인류는 정보 산업과 신흥서비스업을 중심으로 하는 네트워크 경제 시대에 접어들었다. 네트워크 경제는 완전히 새로운 경제 형태로 협의적, 광의적 의미로 나누어 볼 수 있다. 협의적 각도에서 네트워크 경제는 컴퓨터 네트워크 특히, 인터넷과 관련한 경제를 가리킨다. 광의적 각도에서 보면, 네트워크 경제는 컴퓨터 네트워크 가운데 일어나는 경제 활동뿐 아니라, 인터넷 네트워크로 기반으로 구축된 경제 활동을 포함한다.

즉, 네트워크와 관련한 모든 생산과 분배, 교환, 소비와 같은 경제 활동이 이에 속한다. 이는 정보를 기반으로, 컴퓨터 네트워크를 근간으로 하며, 생산과 배분, 교환, 소비의 네트워크 상품을 주요 콘텐츠로 하고, 첨단기술을 기둥으로, 지식과 기술 혁신을 영혼으로 한다. 초고속 광대역의 현대 정보 네트워크가 발전하면서 인류사회의 생산과 유통, 엔터테인먼트, 교육 등 각 경제와 사회 활동이 점차 네트워크 속에서 진행되고, 전 세계적으로 물류와 자금흐름이 발전하면서, 네트워크 경제의 대대적인 부흥을 가져왔다.

네트워크 경제는 출현과 동시에 매우 강력한 생명력을 보여주고 있다. 전통적 경제와 비교하면 네트워크 경제는 다음과 같은 특징을 가진다. 첫째, 정보성이다. 네트워크 경제가 탄생되고 발전할 수 있는 원인은 네트워크 구축에 기인하며, 네트워크의 핵심은 바로 정보이다. 정보를 만들어내고 누리는 것은 바로 우리가 살고 있는 현 시대의 주요 특징이다. 미국의 미래학자 엘빈 토플러는 "산업화 이전 사회의 부가 토지였고, 산업사회의 부가 자본이었다면, 포스트 산업사회(정보화 사회)의 부는 정보일 것이다"고 밝힌 바 있다. 앞선 정보 기술을 가진 자가 더 많은 정보를 획득하게 되며, 더 많은 부를 얻게 되는 것이다. 바꿔 말해도 마찬가지이다.

둘째, 가상성이다. 네트워크 경제는 물리 세계의 금융 경제와 다르다. 네트워크 경제의 두드러지는 특징은 바로 유형 통화에서 무형 통화로 변화되는, 일종의 컴퓨터 네트워크에 기반 한 가상경제라는 점이다. 네트워크 경제 속에서 경제 활동은 데이터화, 가상화되며, 이로 인해 구매자와 판매자가 공간적으로 분리되고 거래와 소비는 시간적으로 분리되어, 그 결과 네트워크 경제의 불확실성과 위험성을 초래한다. 상품에 대한 소비자의 예측은 빗나가게 되고, 정보 거래의 불가역적 특징은 소비자에게 큰 불편을 초래하게 된다.

셋째, 전 세계적이다. 이 특징은 네트워크 경제의 개방성으로도 말할 수 있으며, 네트워크 경제가 나라와 지역 등의 제한을 뛰어넘어 하나의 전 세계적인 경제 형식으로 발전하였음을 의미한다. 컴퓨터 네트워크의 발전으로 인해 네트워크 경제 활동은 시공간적 제약을 받지 않고, 각 나라 간 의존성도 유례없이 단단해졌으며, 세계 경제와 정치의 단일화 과정이 빠르게 진행되고 있다. 하지만 2008년 전 세계를 강타한 미국의 서브프라임 사태에서 보듯, 네트워크 경제의 전 세계적 특징은 경제 발전이 상대적으로 뒤처진 나라에 발전 기회와 동시에 어려움을 주었다.

●●● 네트워크 사회의 법체계

네트워크 경제를 중심으로 한 네트워크 사회의 발전이 가속화됨에 따라 기존의 재산권 기반의 산업적 정보 생산 · 교환 모델과 네트워크 정보경제 사이의 경쟁 내지 충돌이 발생하고 있다. 정보 생산과 교환을 지배해 온 거대기업들이 네트워크 경제에서 진행되는 자본과 권력의 재분배 과정에서 그들의 기득권을 지키려고 노력하고 있다. 본질적인 질문은 네트워크 정보 환경에 참여하고 싶은 사람은 누구나 시장의 재산권 구조 밖에서 손쉽게 공유재를 이용할 수 있는가의 문제이다. 기존의 재산권 규칙하에서 정보자원을 다룰 수 있을 것인가의 문제가 중요해 진다. 기존의 재산권 규칙은 자원을 다루거나 이용하는 방식에 구조적인 제한을 가한다. 재산권 규칙에는 자원을 다루고 활용하는 방식이 이미 특정되어 그 외의 방식으로는 불가능하다. 재산권의 규칙으로 인해 사람들은 물리력을 동원하거나 사회적 네트워크를 통해 자원을 거래하기 보다는 반드시 시장을 통해 거래를 한다. 부동산의 경우만 보더라도 등기라는 공시시스템이 있고 소유권이 이전되기 위해서는 등기를 이전 받는 등의 정형화된 규칙을 통한 시장의 거래가 아니고는 재산권을 취득할 방법이 없다.

정보의 생산과 유통의 경우 일반적인 재산권의 특성을 가지기 보다는 공유재의 성격을 가지고 비시장적 활동의 범위를 확대해 나간다. 인터넷 등의 핵심적 공유 인프라의 범위도 넓어졌고 이로 인한 개인의 정보활동의 범위도 확대되었다. 그러나 한편으로 개인의 정보에 대한 확장된 접근의 자유가 억압되는 측면도 발생하고 있다. 정보, 지식, 문화를 자유롭게 생산하려고 해도 이에 접근이 제한되는 것이다. 예를 들어, 학술연구를 위한 논문의 접근에도 기존의 재산권 규칙이 적용되고 있다. 유료화 된 학술사이트는 기존의 재산권 규칙을 잘 활용하고 있다. 물론 이에 반대하는 인터넷 상의 움직임도 활발하다.

네트워크 사회로 이전하고 있는 과도기적 상황에서 우리는 기존의 산업사회가 가지고 있는 제도적, 법적 체계의 재설정을 위한 사회적 합의를 준비해야 할 것이다. 네트워크 사회에서 선택하게 될 제도와 정책 선택은 새로운 환경에서 조화롭게 살아갈 수 있을지를 결정하게 된다. 정책이나 제도의 선택은 사회적이고 정치적인 성격을 가지며 '우리가 새롭게 구축되는 기술적, 경제적 환경에서 사유롭고 평등하고 생산적일 수 있느냐'의 문제와 깊이 연결될 것이다. 기존의 경제체계의 승자와 사회의 기득권 세력에게 미래의 경제와 사회의 규칙과 경쟁의 방법을 결정하게 하는 것은 사회의 퇴보를 촉진하는 결과만을 낳을 것이다. 네트워크 사회를 위한 사회 · 경제적 정책은 자유, 정의, 민주주의 등의 기본적 가치를 위한 것이어야 한다. 생산성의 향상 등에만 초점을 맞춘 기존 산업시대의 패러다임은 폐기되어야 할 것이다.

4장

+

과학기술시대 재산권의 변화와 발전

재산권의 본질

인간은 살아가기 위해 삶의 경제적 기초가 필요하며 이를 보통 재산(권) 혹은 소유(권)이라고 말한다. 인간에게 재산이 필요하다고 한다면 재산의 의미가 무엇인지에 대해 생각해 볼 필요가 있다. 재산의 의미를 일반적으로 생각해 본다면 어떤 물건, 어떤 일 또는 어떤 동물을 통해서 자신이 원하는 것을 만들어 낼 수 있다는 것이다. 여기서 중요한 요점은 자기 마음대로 처분 가능하다는 것이다.[51] 소유는 어떤 한 사람의 주체와 이 주체를 제외한 다른 사람과는 아무 상관이 없는 사물 사이의 관계를 나타내는 것이라 할 수 있다. 윌리엄 블랙스톤은 "인간의 상상력에 가장 큰 날개를 달아주고 인간의 열정을 가장 강력하게 사로잡는 문제들 가운데 가장 으뜸이 되는 것이 소유권이다."라고 말했다. 그는 이에 덧붙여 "소유권은 이 세계의 모든 외적인 사물들을 배타적이고 전제적으로 지배하는 권리와 같은 것이고, 그러한 지배권의 행사는 단 한사람에게만 허용되어 있기 때문에 다른 사람들의 모든 권리는 이 우주가 끝나는 날까지 완전하게 배제되어 있다."[52]라고 말했다. 블랙스톤은 "자연과 이성"을 법체계의 근거로 하고 있다. 그에 의하면 소유권이란 한 개인과 물건 사이의 관계를 표시하는 권리라고 본다.[53]

피에르 조제프 프루동은 소유권의 본질에 대해 보다 깊게 고민했다.[54] 그리고 그는 소유권이 정당화 될 수 없음을 법리적, 심리적, 경제적 근거를 들어 비판했다. 그는 소유란 불가능한 것이며, 사회의 모든 모순을 만들어 내는 근원이라 주장하였다. 그래서 이러한 사회적 문제를 해결하기 위해서는 소유제를 폐지해야하며 '아나키'라는 이상적인 사회를 건설하여야 한다고 주장하였다.

소유에 대한 비판은 비록 마르크스의 사회주의 사상과 비슷한 모습을 보여주고 있지만 프루동의 사상은 이러한 마르크스의 사상마저 비판함으로써 독특한 그의 이론을 정립해 나갔다. 프루동은 '소유'에 대해 다음과 같이 구별했다. 즉, (1) 무조건의 소유, 사물에 대한 지배자나 영주의 권리 따위, 흔히 말하는 '허유(虛有,

nue propriété)'와 (2) '점유(possession)'이다.

뒤랑통(A. Duranton, 1782~1866)에 의하면 '점유는 사실적 상황이지 법적 상황은 아니다.'라고 했다. 툴리에(C. Toulier, 1752~1835)는 '소유는 권리, 즉 법적 능력이고 점유는 사실(事實)이다.'라고 말한다. 즉 주택임차인, 차지농, 주식보유자, 용익권자 등은 점유자인 반면, 빌려 주고 사용을 허락하는 주인, 용익권자의 사망에 의해서 향유권을 되찾는 상속인은 소유자이다.

점유와 소유의 구별에서 두 종류의 권리가 나온다. 첫째, '물(物) 안에서의 권리(jus in re)'이다. 이는 내가 획득한 소유를 그것이 누구의 손에 있든 관계없이 요구할 수 있는 권리이다. 둘째, '물(物)에 대한 권리(jus ad rem)'인데 이것은 내가 소유자가 될 것을 요구하는 권리이다.

소유권에 대해 인간과 인간의 관계[55] 혹은 사물과 인간의 관계가 포함된다고 보는 견해[56]도 있다. 이 양자의 관계가 어떤 이론적 관계에서 포섭되는 것인가, 즉 소유권은 유체물이 전면적 혹은 실체적으로 귀속된 것인가[57] 그렇지 않으면 이는 무수한 청구권의 집합[58]으로 볼 건인지 또한 문제된다. 물건의 귀속과 타자의 배제는 별개의 것이 아닌 일체를 이루는 것이라도[59] 그 두 가지 측면이 어떻게 구별 · 연관구조 하에서 일체화 되느냐의 문제가 있을 수 있다.[60] 이밖에도 인간에게 소유가 필요하다는 의미에 대해서 보다 근원적으로 생각해 볼 수도 있지만 그것은 추상적이

고 철학적 차원일 것이다. 그에 대해서는 여러 가지 소유이론[61]도 있을 수 있다.[62]

소유권의 의미를 보다 구체적이고 실질적 관점에서 검토해 보자. 어린 시절 한번 쯤 읽어 보았을 〈로빈슨 크루소의 모험〉이라는 영국작가 다니엘 디포의 소설이 있다. 다니엘 디포는 소유권을 새롭게 변혁할 것을 주장하고 토지소유 정비를 주장했던 정치적 성향이 강한 저널리스트이기도 했다. 종교 및 경제 정치에 관한 자신의 견해에 대해 밝히면서 소유권의 의미를 다시 생각하게 한 사람이다. 그의 대표적인 소설에서 로빈슨 크루소는 섬의 모든 것이 모두 자기의 것이고 그것에 이름을 붙여 가면서 자기소유화 작업을 한다. 아무도 없는 무인도에서 소유관념을 표현하고 의식화하는 것이다. 그러나 이는 아무런 의미도 없는 행동이다. 즉 소유권이란 개념은 나 이외의 다른 사람이 이 문제에 개입되었을 대비로소 유의미하다.

여기서 결국 소유권이란 인간과 사물 사이에서 발생하는 문제라기보다는 해당 사물을 두고 인간들 사이에 맺어진 일종의 "계약"이고, 이를 통하여 블랙스톤의 표현을 빌리자면 "다른 모든 사람들의 권리를 배제"하는 것이다.[63] 오늘날 우리 사회에서 소유권이 사물에 대한 "배타적이고 독립적인 지배권"이라고 한다면 이는 올바른 의미는 아니고 로빈슨 크루소의 경우에나 해당하는 것이다.[64] 우리는 자동차, 정원, 집, 애완견 등이 모두 나의 것임에도 불구하고 배타적이고 전제적인 지배권은 꿈도 못 꾼다. 그렇다면 소유권은 나와 사물 사이에 존재하는 관계 정도라고 표현해야 되지 않을까. 소유권은 소유권을 주장하는 사람과 그 소유권을 인정하는 사람 사이의 상호 합의에 의한 일종의 "계약"이고, 따라서 권리와 의무로 이루어진 복합적인 사태라 할 수 있겠다.[65)]

위에서 로빈슨 크루소의 행위는 자신과 사물과의 심리적 관계를 표현하는 행위라 할 수 있을 것이다. 독일의 사회학자 게오르그 짐멜은 〈돈의 철학〉[66)]에서 인간이 자신의 가치를 스스로 평가함에 있어서 사물들이 가지는 여타의 사회적인 수많은 현상들을 연구대상으로 삼았다. 사물이 자신의 소유로 편입되는 방식은 2가지로 생각할 수 있는데 사물이 자아로 편입되는 방식(예를 들면 먹는 행위)과 자아가 사물을 넘어서서 그 외연이 확장되는 방식이 그것이다.

짐멜은 "소유한다는 의미는 한편에서 보면 특정 감정과 자극을 우리의 영혼에 불러일으키는 것이고, 또 다른 한편에서는 자아의 영역이 외적인 대상을 뛰어 넘어 그 대상과 하나가 되는 것"이라 한다. 이는 소유의 대상이 되는 사물을 이용하여 자기 자신을 심리적으로 확장할 수 있는 가능성과 자아실현의 기회를 확대할 수 있는 가능성의 2가지 가능성이라 할 수 있다. 나의 옷, 집, 자동차 등의 나를 둘러싸고 있는 사물들은 원래 내 소유의 사물들이라는 관점에서 내 자아의 일부분을 구성하고 자신의 소유물을 통해서 자기 자신의 모습을 그려 낸다.

사물의 취득 즉 소유라는 의미는 공업화되고 고도화된 사회에서 가장 중요한 행복의 후원자이지만 단기적이고 충동적이라는 의미에서 일시적이며 불안감과 안락감의 양면적 성격도 가진다. 현대사회의 토지의 소유관계도 그 취득과 소비가 이와 다르지 않다. 각종 개발과 부동산 투기, 자산유동화의 발달로 인해 역동적이고 불안한 모습을 가진다. 앞서 소유권도 일종의 사회적 "계약"이라고 밝혔다. 이 사회적 "계약"이 어떤 원칙에 의해 성립되는가의 문제는 공정한 사회를 위한 원칙이 무엇인가의 문제와도 크게는 연결될 것이다.

인격권의 재산권화 경향

●●● 퍼블리시티권의 대두

최근 연예산업 · 스포츠산업 · 광고산업 등의 발달로 인해 연예인이나 스포츠선수 등의 성명, 초상, 사진 등 사람의 특징적 요소가 나타나 있는 인격표시를 상품광고에 이용하는 사례가 점점 증가하고 있다. 이에 비례하여 일반인이나 연예기획사 등이 유명인의 성명, 초상 등 인격표지를 당사자의 허락 없이 상품광고에 이용하거나 특정 상품에 부착하여 판매하는 등의 문제점도 나타나고 있다. 현재 개인의 성명, 초상(肖像) 등이 공개되어 권리를 침해당하는 경우 "인격권 침해에 대한 보호" 측면에서 초상권 침해를 이유로 정신적 고통에 대한 손해배상이 인정되고 있으나,[67] 특히 영화배우, 운동선수 등 유명인의 경우 무분별한 초상의 도용(盜用) 또는 광고 등 상업적 이용으로 권리가 침해되는 경우 인격적 측면의 구제만으로는 미흡하고 적절한 대응책이 되지 못하는 실정이다.

현실적으로 유명인의 초상, 성명, 음성 등 각종 이미지는 상당한 구매흡입력을 수반하여 광고와 상품판매 등 경제활동에 이용할 수 있는 재산적 가치가 매우 큰 것임에도 불구하고 그동안 법적 근거가 마련되지 않아 무분별한 침해가 다수 발생하고 이에 대한 만족할만한 구제조치가 이루어지지 못하고 있다. 따라서 본인의 인격표지가 무단으로 상업광고 등에 사용되어 정당한 대가를 받지 못하거나 인격표지의 손상으로 인한 재산적 손실에 대한 보호 방안이 강구될 필요가 있다는 의견이 제시되었고, 그 일환으로 퍼블리시티권(인격표지권)이 논의되고 있다.[68]

퍼블리시티권이란 실재(實在)하는 사람의 이미지에 관한 권리로서 "사람의 초상 · 성명 등 그 사람 자체를 가리키는 것(identity)을 광고 · 상품 등에 상업적으로 이용하여 경제적 이익을 얻을 수 있는 권리"로 일응 정의할 수 있다. 당초 실재하는 사람의 인격표지에 관한 권리는 비경제적인 초상권 내지 인격권에 중점을 두었으나, 실재하는 사람의 경제적 가치에 대한 인식이 증가하면서 특정인이 자신의 인격표지에 대한 상업적 가치를 통제할 수 있는 권리인 인격표지권의 개념이 등장하게 되었다. "퍼블리시티권"은 현재 헌법 제17조에서 보장되는 "인격권"과 비교할 때 "특정인의 인격적 속성이 무단으로 이용되는 것을 보호"하기 위한 권리라는 점에서 유사한 측면이 있다. 그러나 인격권은 "인격적 속성의 비공개"에 초점을 맞춘 반면, 인격표지권은 "인격적 속성의 정당한 상업적 이용"을 중점을 두고 있고, 권리침해시 구제방안에서도 프라이버시권은 명예훼손으로 인한 "정신적 고통에 대한 배상"에 초점을 두는 반면, 인격표지권은 "재산적 손실에 대한 보상 · 배상"을 강조하고 있다는 점에서 차이가 있다.[69)]

●●● 인격권

인격권에 대한 개념은 다양하게 정의될 수 있다. 이에 대해서는 다양한 학설이 존재하나 최근 우리나라의 「언론중재 및 피해구제 등에 관한 법률」[70)]에서 처음으로 이에 대한 정의를 두었다. 이 법률 제5조 제1항은, 인격권을 "생명, 자유, 신체, 건강, 명예, 사생활의 비밀과 자유, 초상, 성명, 음성, 대화, 저작물 및 사적 문서, 그 밖의 인격적 가치 등에 관한 권리"라고 규정하였다. 인격권의 개념이 모호한 측면이 있기 때문에 구체적인 사안에서 인격권의 보호범위에 해당하는지의 여부를 판단하는 것이 쉽지는 않다. 하지만 인격권이 헌법 제10조의 인간의 존엄성 존중 조항에 근거를 두고 있다는 점은 공통적으로 인정된다. 따라서 우선 '인간의 존엄성'이라는 가치가 인격권의 개념과 내용을 정하는 기준이 되어야 할 것이다.

이러한 헌법적 기준으로 살펴볼 때 결국 인격권은 인격의 자유로운 발현을 위한 권리로서[71], 그 중심에는 인간의 존엄성이라는 가치를 두고 판단해야 할 것이다. 인격의 자유로운 발현을 위해서는 다른 사람의 침해행위로부터 자유로워야 하는 것은 물론이고, 적극적으로 인격의 자유로운 발현을 추구할 수 있어야 한다. 따라서 인격권은 소극적, 적극적 측면의 내용을 모두 가져야 한다. 그리고 인격권의 중심을 차지하는 인간의 존엄성이라는 가치는 어떤 경우에도 침해되어서는 안 되는 특성을 갖는다. 그러므로 다른 사람이 이를 침해할 수 없는 것은 물론이고 권리자 자신도 이를 포기할 수 없다고 해석해야 할 것이다.

●●● 인격권의 재산적 가치

인격권은 일반적으로 비재산권으로 분류된다. 그런데 재산권과 비재산권의 구별에 대해서는, 어떤 권리가 경제적 가치 있는 이익을 누리는 것을 목적으로 하는 권리인지 여부가 아니라 어떤 권리가 권리자의 인격이나 가족관계를 떠나서 존재할 수 있는지 여부에 의해 판단해야 한다고 설명된다. 예컨대 부양청구권, 상속권은 재산적 이익을 내용으로 하는 권리이지만 권리자의 인격 또는 가족관계에서의 지위와 불가분적으로 결합되어 있는 권리이기 때문에 가족권에 속하며, 반대로 재산적 가치가 없는 것도 채권의 목적이 될 수 있다는 것이다. 재산권과 비재산권을 이러한 기준에 의해 구별하면, 인격권이 비재산권으로 분류된다는 점에 근거하여 인격권이 재산적 이익을 보호할 수 없다고 단정할 수 없다. 인격권을 비재산권으로 분류하는 의미는, 단지 인격권이 그 권리자의 인격과 불가분적으로 결합되어 있는 권리라는 의미를 가질 뿐이고, 인격권에 의해 보호되는 이익에 한정하지 않는다.

독일의 경우, 인격권의 내용 중 일부가 역사적 발전과정에서 무체재산권으로 발전하였다고 이해되고 있다. 허브만(Hubmann)은 어떤 실현된 가치가 유통이 가능한지 여부는 일반적으로 그 내부의 정신적 내용이 아니라 그것이 나타나는 외부의 사물(Ding), 특히 기술의 발전에 달려있다고 하였다. 즉 이전에는 인격과 관련해서만 생각할 수 있었던 것이 오늘날 독립적 재화가 될 수 있으며, 미래의 발전은 현재 인격과 관련해서만 실현될 수 있는 많은 가치를 분리가능하고 유통가능하게 만들 수 있을 것이라고 설명한다. 포르켈(Forkel)도 어떤 재화(Gut)가 완전히 사람으로부터 독립해 그에 대하여 법적으로 보호되는 인격관계가 더 이상 존재하지 않아야 인격권의 범위에서 벗어난다고 하면서, 인격권이 재산법적 내용을 가질 수 있으므로, 어떤 권리가 재산법적 이익을 보호하는지의 여부는 인격권과 무체재산권권을 구별하는 기준이 될 수 없다고 하였다.

●●● 인격권의 재산권화 가능성

현대 자본주의 사회는 장 보드리야르가 〈소비의 사회〉에서 언급했듯이 단순히 공산품만이 아니라 감정과 섹스, 공기와 물까지 거의 모든 것이 소비되는 사회가 되었다. 여기서 소비는 단순히 경제적인 실천이라기보다는 언어와 비슷한 방식으로 의미를 생산해 내는 기호의 체계라 할 수 있다. 소비가 인간이 자신을 표현하는 하나의 형식이자 기호가 되었고, 소비의 사물이 되기 위해서는 사물은 기호가 될 필요가 있다고 보드리야르는 주장한다. 퍼블리시티권이 인격권적인 성격을 갖지만 재산권으로 파악되는 이유는 그것이 사람의 동일성에 관한 일종의 기호화를 통해서 상업적인 목적으로 이용되고 소비되기 때문일 것이다.

거의 모든 대상 즉 사람의 인격적인 동일성까지도 소비되는 현대 자본주의 사회에서 인격권이라는 불가침의 헌법상의 권리 자체도 이를 이미지화하여 소비하게 된 것이 현실이다. 특히 이미지화된 인격권은 그것이 실재를 대체하기도 하고 그 자체가 되기도 한다. 특히 광고를 통한 '이미지' 즉 '기호'를 통해서 우리는 '이미지' 그 자체를 본질 혹은 실재로 받아들이고 있다. 이런 상황을 고려한다면, 퍼블리시티권이 인격권적 성격을 가진다고 하여 이를 인격권으로서만 보호해야 한다고 단정하는 것은 오히려 퍼블리시티권의 본질을 놓치는 결과를 초래할 것이다. 결론적으로 퍼블리시티권은 인격권에 바탕을 둔 기호화된 '이미지'에 대한 권리와 의무 관계라고 말할 수 있으며 이는 인격권이 재산권으로 전환된 것으로 볼 수 있을 것이다.

여기서 우리가 한 가지 살펴볼 것은 재산권이라는 개념의 의미가 명확한 것이 아니라는 점이다. "재산(property)"이라는 것은 유연한 개념으로 여러 다른 의미를 가질 수 있고, 무엇이 재산인지 무엇이 재산이 아닌지도 시대에 따라 변할 수 있다. 예컨대 1929년 캘리포니아 대법원 판결[72]에서는 재산이라는 용어가 매우 포괄적이어서 모든 종류의 부동산과 동산, 사람이 소유하고 양도할 수 있는 모든 것을 포함하며, 이는 그 자체를 향유할 수 있다고 금전적 가치를 부여할 수 있는 모든 권리와 이익에까지 확장된다고 하였다.[73] 재산권의 개념이 명확하지 않음에도 불구하고, 퍼블리시티권을 재산권으로 분류하는 것은 퍼블리시티권에 대한 실체를 파악하는 데 분명 도움이 될 것이다. 퍼블리시티권을 재산권으로 분류하는 것은 그 양도가능성, 세법, 가족법(부부재산법), 사망한 경우의 상속성, 준거법의 선택, 시효, 손해배상의 산정, 담보 문제 등의 여러 법적 문제와 관련하여 중요한 의미를 갖게 되기 때문이다.

정보의 재산권화

●●● 정보의 상품화

과학과 기술이 산업 생산에 적용되는 속도는 산업 혁명 이후 꾸준히 빨라졌다. 산학협동은 더욱 확대되었고 과학기술혁명의 성과는 상품 생산으로 곧 바로 연결 되었다. 후기자본주의, 소비자본주의, 혹은 후기산업주의에서는 산업 생산과 관련된 생산 기술과 이의 토대인 과학지식 뿐만 아니라 상품 유통과 관련된 각종 정보, 상품 소비와 관련된 소비자 정보 등도 과학과 기술만큼 중요한 의미를 갖게 된다. 또한 생산에 대한 소비의 영향력이 확대되고 상품 구매자의 욕구가 확대되고 소비자의 선택 범위가 커짐에 따라 유통경로의 확보는 생산만큼이나 중요해졌다.

디지털 경제는 이처럼 새로운 지식산업 분야의 확장과 '정보의 상품화'를 축으로 성장한다. 지식시장, 문화시장, 아이디어 시장의 성장은 비트 시대의 전반적인 상품화(commodification) 및 상업화(commercialization) 추세를 반영한다. 정보의 상품화는 정보의 사용가치가 교환가치로 전화하는 과정에서 이루어진다. 이에 반해 정보의 상업화는 청중과 광고주간의 소통관계 형성을 중심으로 이루어진다. 두 가지는 동시에 일어나는데 인터넷 웹페이지 가운데 광고를 싣는 사이트가 소위 '정보의 상업화' 현상이다. 정보의 상품화는 저작권이 있는 배타적 정보나 공유되던 정보 혹은 개인의 창조적인 정보가 재가공 되거나 다른 정보와 결합되어 새로운 정보가치가 생겨나게 되면 이것을 유통서비스를 강화하거나 검색서비스 등을 제공하면서 사용가치를 가지던 정보를 교환가치 있는 정보로 전환하는 과정을 말한다.

●●● 새로운 가치의 등장–비트코인

비트코인은 2009년 1월 3일 사토시 나카모토라는 개인 혹은 집단에 의해 개발된 세계 최초의 암호화폐이다. 기존 화폐와 달리 정부나 중앙은행, 금융기관의 개입 없이 개인간(P2P) 빠르고 안전한 거래가 가능하며, 금처럼 유통량이 한정되어 있다는 것이 특징이다. 향후 100년간 발행될 화폐량이 미리 정해져 있고, 2100만개 까지만 발행된다.

이 비트코인은 대단히 특이한 화폐담보를 지녔는데 비트코인의 가치는 바로 세계 최초의 암호화폐라는 희소성 때문이다. 금과 은이 희소적 자원이고 무엇보다 모든 사람들이 가지고 싶어 하는 공감대를 바탕으로 금과 은으로 화폐를 찍는데 사용되었다면, 이 비트코인은 암호화폐라는 희소성을 바탕으로 대중들의 관심을 끌고 있다. 이를 통해 사람들이 이 암호화폐를 구매하게끔 유도하여 그 가치가 담보되는 것이다.

비트코인이 가지는 가장 큰 문제점은 그것이 법정화폐가 아니라는 것이다. 그렇다고 해서 실물화폐인 것도 아니다. 실물화폐(

예컨대 쌀이나 면포, 금, 은)는 그 자체가 가진 효용가치에 의해 화폐의 가치가 보장되고, 법정화폐는 그것이 액면가에 해당하는 모든 채무관계에 대한 정당한 지불수단임을 국가가 보증함으로써 가치가 보장된다. 반면 비트코인은 그런 가치 보장의 원천이 전혀 없고, 그 가치는 순전히 시장 참여자들의 변덕에 달려 있다. 이것이 비트코인의 문제점의 원천이다.

현재 시점에서 통화로서의 비트코인이 가지는 가장 치명적인 문제점 중 하나는 바로 가치의 급격한 변동성이다. 통화란 가치가 급격히 올라도 문제고 급격히 떨어져도 문제다. 내가 가지고 있는 돈의 가치가 상승하면 구매력이 올라가는 것이므로 더 많은 재화와 서비스를 구매할 수 있게 된다. 이에 따른 문제점으로 기업의 매출이 급감하고 자산 가격의 디플레이션이 발생할 것이다. 이는 고용, 투자 전반의 위축을 불러온다. 반대로 돈의 가치가 하락하면 구매력이 줄어드는 것이므로 자연히 인플레이션이 발생하게 된다. 당연히 해당 화폐에 대한 선호도도 감소하게 될 것이다. 두말할 필요도 없이 급격한 화폐가치의 변동성은 전술한 문제점들을 극대화시킬 것이고 이는 자연히 경제적 혼란을 초래하게 될 것이다. 즉 비트코인 가치의 급격한 변동성과 불안정성은 보유자에게 막대한 해를 끼칠 가능성이 높다.

● ● ● 비트코인의 법적 문제

비트코인이 그 정의에서 보듯이 사실상 창출되고 넓은 지역 범위에서 통용될 특성을 지녔다고 해서 당장 국가의 법정화폐가 될 수 없다는 것은 명백하다. 왜냐하면, 한국은행법 제47조(화폐의 발행)를 보면 '화폐의 발행권은 한국은행이 가진다.'고 규정하고 이어서 제48조(한국은행권의 통용)는 '한국은행이 발행한 한국 은행권은 법화로서 모든 거래에 무제한 통용된다.'고 하여 비트코인과의 양립불가성을 명시하고 있다. 이러한 사정은 거의 모든 화폐주권 국가가 비슷하다.

2016년 8월 미국 마이아미-데이드 순회재판소(Miami-Dade Circuit Court)에서, 디지털 화폐인 비트코인은 돈으로 간주될 수 없다는 선고가 있었다. 풀러 판사(Judge T. M. Pooler)에 의하여 내려진 이 결정은, 피고인 에스피노자에게 자금 (돈)세탁과 불법적인 '가상화폐(virtual currency)'를 판매한 혐의를 무죄로 선고했다. 비트코인은 금전이 아닌 실질자산(tangible wealth)에 해당하며 현금이나 금괴처럼 물리적으로 숨겨질 수 없다고 판단한 것이다.

유가증권은 재산적 가치를 가지는 사권을 표시하는 증권으로, 그 권리의 발생, 이전, 행사에 증권의 점유가 필요한 것을 말한다. 캐나다 유가증권법의 정의에 따르면, 유가증권에는 서류, 증서, 문서, 채권 증서, 이자특약사채, 어음, 증빙서, 주권, 주식, 단위채권, 단위채권증서, 증명서, 계약서가 포함되는 것으로 규정한다.

문제는 비트코인(재산적 가치를 가지는 사권)을 표시하는 디지털 정보가 증권에 포섭될 수 있느냐는 것과 디지털 정보도 점유의 대상이 될 수 있느냐 하는 점이다. 왜냐하면, 증권이라면 '종이조각'이라는 유형물을 관념하고 또한 점유도 그러한 유형물을 염두에 두어 왔기 때문이다. 디지털 정보 시대를 맞아, 증명의 목적물을 굳이 정보가 기록된 종이로 한정할 필요가 없다면, 디지털 정보도 증명의 대상이 되는 권리의 표시가 될 수 있을 것이다.

디지털 정보도 점유의 대상이 될 수 있느냐 하는 문제는 더욱 쉽게 해결할 수 있다. 왜냐하면, 비트코인이라는 디지털 정보가 출현하기 오래 전부터 준점유(準占有)라는 법적 개념이 있어 왔기 때문이다. 디지털 정보의 준점유는 증권의 점유와 아주 흡사하다. 비트코인을 유가증권으로 볼 수 있다는 관점은 미국 사법부가 취하는 태도로 충분히 납득할 수 있는 일이다. 미국 법원은 트렌든 셰이버스란 사람에게 2013년 8월 사기죄를 인정했는데 이 때 비트코인의 법적성격을 유가증권으로 보았다.

지적재산권은 인간의 창조물 중에서 법으로 보호할 만한 가치가 있는 것들에 대해 법이 부여하는 권리라고 한다. 이러한 개념정의에 따르면, 비트코인은 컴퓨터 프로그램보호법으로 보호할 만한 가치가 있는 것으로 지적재산권의 하나가 될 수 있을 것이다. 미국 국세청 당국이 비트코인의 이시점간의 평가 차익에 대해

자본 소득으로 보고 과세한 것은 이와 같은 입장에 서 있는 것으로 간주할 수 있을 것이다.

우리나라의 금융위원회는 2016년 10월 24일 '2단계 핀테크 발전 로드맵'을 발표하고 미국, 일본 등의 국제적인 흐름에 맞춰 디지털 통화의 제도화를 본격적으로 추진하겠다고 밝혔다. 2016년 중 금융권 공동의 '블록체인 컨소시엄'을 출범하기로 함에 따라 블록체인 기술을 기반으로 만들어진 비트코인 상용화도 눈앞으로 다가왔다. 우리 정부는 비트코인의 국제적 활용 흐름을 참고해서 제도화 방안을 모색할 예정이다. 일본은 2016년 5월 비트코인을 비롯한 디지털 화폐를 결제 수단으로 인정하는 내용의 자금결제법 개정안을 마련했다. 또한 비트코인에 부과했던 8%의 소비세를 없애면서 현금과 같은 지불수단으로 명확히 정의하는 중이다.

지적재산권의 한계와 미래

근대적 재산권을 법적으로 구체화한 것이 민법이라면 민법에는 원칙적으로 물건, 즉 공간에서 시위를 가지는 유체물에 대해서만 재산권이 인정되고 있다. 이것은 정신적 창작 그 자체에 대한 경제적 중요성에 대하여는 당시 충분히 주지하지 못하고 있었고, 또 그러한 정신적인 창작물을 향유할 수 있는 계층은 한정적이었고 이러한 계층에 대해서만 의미가 있는 것이므로 모든 사람과 관련된 사항을 정하는 민법이 다룰 것이 아니라고 생각하였던 것 같다.

그런데 현재 모든 사람들이 이제는 토지 등의 유형자본이 아닌 지적재산이 그 자체로 부가가치를 창출하는 지적재산의 시대가 왔다고 한다. 또한 이런 지적재산에서 상대적 우위를 가지고 있는 선진국들 특히 미국은 늘어나는 무역적자를 해결하기 위한 방편으로 지적재산권을 통상문제로 제기하여 WTO/TRIPs 협정을 체결하고 선진국 수준의 지적재산권의 보호를 요구하고 있다.

이런 요구에 우리는 지적재산이 우리의 삶을 풍요롭게 해줄 새로운 도구라는 점을 인식하면서도 다시 지식이라는 것이 인류역사 이래 부가가치의 원천이 아니었던 적이 없었음에도 갑자기 전지구적 규범으로 자리 잡아 선진국과 독점기업의 이해를 대변하는 도구화 된 것에 대해서 불쾌해 하고 있다.

●●● 지적재산권의 특징

지적재산권은 어떠한 특징을 가지기에 이렇게 전 방위적으로 지구촌을 지적경쟁의 시대로 몰아넣고 소유권 개념을 위협하는 요소로 작용하는 것인지 검토해 보자.

첫 번째 특징은 추상성이다. 지적재산권은 정신적 재화인 지적재산이나 무형의 재화인 무체재산을 그 보호대상으로 하고 있으므로 권리의 범위가 매우 관념적이고 추상적이다. 또 그 대상이 물리적으로 존재하지 아니하여 이에 대한 현실적인 지배자 관리가 객관적으로 명확하지 아니하고, 제3자에 의한 일방적인 실현이나 실시가 가능하며, 그 침해행위 그 자체의 발견이나 인식이 용이치 아니하다. 따라서 이용에 따른 이윤의 창출 등 경제적 이유로 제3자의 모방이나 무단사용 등에 대한 유인이 상존하고, 이에 따른 권리의 침해가 발생할 소지가 많은 실정이다.

둘째는 정책성이다. 지적재산권은 산업이나 문화의 발전 등 국가 정책적인 요소에 의존하는 바가 커서 그 정책이나 수준에 따라 영향을 받는 점에서 보편성과 항구성을 통상의 소유권 등 물권과 다른 특성을 지니고 있다. 따라서 국가정책의 강화는 지적재산권의 독자적 향유범위를 확대시켜 주게 되므로 그 권리의 보호가 더욱 견고해지게 된다.

셋째는 경쟁성이다. 지적재산권은 사회활동에 있어서의 이해관계인의 무모한 경쟁을 금지시키고, 권리소유자에게 합법적인 독점을 보장하는 수단이 된다. 지적재산권은 이러한 경쟁적 성격 때문에 권리의 침해가 당연히 예상되고, 이와는 불가분의 관계에 있게 된다.

넷째는 무엇보다도 지적재산권은 인격의 모체가 되는 정신에 기본을 두고 있으므로 인격적인 색채가 강하다. 그러한 점에서 지적재산권은 정신적 소유권이라고도 부를 수 있다. 지적재산권의 보호는 인간의 존엄과 가치를 고양하고 문화국가의 창달에 기여하는 수단이 되며, 그 합법적인 독점과 그에 따른 이윤창출로 창조의 정신을 계발할 수 있는 계기를 부여한다.

●●● 지적재산권의 문제점

지적재산권은 진정한 지식창조자의 권리를 제도적으로 보호하며, 이를 통해 사회 전반적인 발전을 꾀하는 정책적인 역할을 한다. 그러나 그러한 지적재산권이 독점의 효과로만 부각된다면 심각한 사회문제가 아닐 수 없다. 이런 정보 접근의 불균형은 인터넷을 통한 정보의 국제적 유통과 관련해 더욱 부각되고 있다.

IT혁명이라 불리는 미디어 기술의 진보는 처음에는 사람들에게 장미빛 환상을 보여주었다. 디지털 혁명은 사용자의 정보 개입과 정보 활용을 활성화 하여 개인사용자를 단순한 정보 소비자가 아니라 정보 발신자 및 정보 생산자의 지위로 끌어올리는 커뮤니케이션의 일대 변혁을 가져올 것이며, 이는 기존의 일방적인 형태에서 쌍방향적이고 동시적인 커뮤니케이션 패러다임의 전환이 일어날 것이라고 보았다. 이에 따라 정보의 분산화와 탈중심화가 일어나고 민주적인 정보 체제가 확립될 가능성을 점쳤다.

그러나 현재의 상황은 산업간 융합 과정에서 거대 미디어 독점이 이루어져 전 지구적 차원에서 독점적 지배가 가속화될 수 있다는 우려의 목소리와 세계화가 다국적 기업의 영향력을 강화하고 기존의 정보 종속을 더욱 심화하는 결과로 이어질 수도 있다는 전망이 나오고 있다.

산업시대의 상품과 달리 디지털 정보는 소유보다 사용이 중요하다. 하나의 정보는 다른 여러 가지 정보와 결합될 때 부가적인 가치를 획득한다. 이러한 정보는 사용하는 사람의 활용 능력과 밀접한 관련이 있다. 동일한 내용의 정보라도 어떤 사람에게는 큰 가치가 있고 다른 사람에게는 전혀 불필요한 것이 되기도 한다. 정보화 사회에서 지적 능력이 중시되고 '정보활용능력'이 강조되는 이유가 여기에 있는 것이다. 그렇다면 고학력, 고수입, 저연령층을 중심으로 정보 활용도가 높은 '정보부자(information rich)'라 불리는 집단과 저학력, 고연령, 낮은 수입의 '정보빈자(information poor)'간의 불평등은 앞으로 더욱 확대될 소지가 있다.

5장

+

과학기술과 법적 판단

들어가며

2009년 4월 이탈리아 중부 라퀼라에서 규모 6.3의 지진이 발생해 309명이 숨지고 수천 명의 이재민이 발생했다. 당시 지진 발생에 앞서 1월부터 100여 차례의 소규모 진동이 잇따랐고 3월말 이탈리아 국립재난위원회 소속 과학자 6명과 공무원 1명이 모여 상황 파악에 나섰지만 이들은 진동이 곧바로 강진을 예고하진 않는다고 결론 내리고 위험경보를 발동하지 않았다.

하지만 불과 며칠 후인 2009년 4월 6일 새벽 3시 32분 대형 지진이 발생해 무방비 상태로 곤히 잠들어 있던 도시를 덮쳤다. 당시 지진예측에 나선 과학자 6명은 이탈리아 지진학계에서 가장 인정받는 학자들이었다. 이탈리아 검찰은 지진 피해자 유족들의 고소에 따라 7명을 과실치사 혐의로 법정에 세웠다. 2012년 열린 1심에선 이들에게 금고 6년형과 900만 유로(1천200만 달러)의 벌금형이 선고됐다. 당시 재판부는 4년형을 구형한 검찰보다 높은 형량을 선고했다. 하지만 1심 판결 뒤 세계 과학계가 들끓었다. 미국과 한국을 포함한 각국 과학자 5천200여 명이 이탈리아 대통령에게 보내는 무죄 석방 탄원서에 서명했다. 이들은 소규모 지진의 2%만이 대규모 지진으로 이어졌다며 작은 진동이 반드시 강진의 전조는 아니라고 주장했다.

과학전문지인 〈네이처〉도 지진예측은 현재 과학 수준에선 신의 영역에 해당 하는 매우 어려운 일"이라고 지적했다. 정부가 이들을 재난 대처 실패의 희생양으로 삼았다는 것이다. 2015년에서야 이탈리아 대법원은 과학자들에게 무죄를 선고했지만 공무원은 그대로 유죄 판결을 받았다.

2016년 이탈리아에 다시 지진이 발생했다. 2009년의 경험 때문인지 이전에 지질학자들은 소신껏 발언했지만 지금은 과거 데이터에 기반한 입장 발표만 하고 있다. 이탈리아 지질학자들은 '어떤 가능성도 배제할 수 없다.'는 발만 반복하고 있다고 언론은 전했다.

이탈리아의 예에서 보듯이 과학자의 의견 혹은 과학적 예측에

법의 잣대를 들이대는 것이 쉽지 않다. 과학기술이 발전하고 사회현상을 과학적으로 파악하고자 하는 욕구가 증가함에 따라 과학자 혹은 전문가의 의견이 법적 판단의 기초가 되는 경우가 증가하고 있다. 법정에서는 사실관계에 대한 확정을 통해 법적 판단을 내리기 때문에 그 기초가 되는 사실관계가 고도의 전문적 영역이거나, 과학적 판단이 필요할 경우에 전문가의 의견이나 감정은 무척 중요하다. 법적판단은 사실관계의 확정에 전적으로 의존하기 때문이다. DNA검사가 없던 시절에 형사증거의 범위와 사실관계의 확정은 지금의 것과 엄청난 차이가 있다. 그것은 유죄와 무죄를 결정한다.

과학기술에 대한 사회의 신뢰는 날로 증가하고 있고 법원도 이에 대해 무시할 수는 없다. 법적 판단에 과학기술의 영향력은 날로 증가할 것이고 이를 어떻게 다루느냐의 문제는 소송의 당사자의 법적 권리와 의무에 영향을 미치는 동시에 사회적으로도 그 파장이 클 것이다. 하지만 여기서 우리가 간과하지 말아야 할 것은 과학 혹은 과학자도 그 자체로 객관성을 담보할 수 없다는 것이다. 구체적인 사법정의에서 과학기술의 활용은 과학기술의 사회적 수용의 의식 수준과 동일한 궤적을 보여 줄 것이다.

미국 연방대법원의 도버트 기준

1993년 미국 연방대법원은 임신 중 구토방지제를 개발하여 시판한 제약회사를 상대로 선천적 수족기형을 앓아온 도버트(Jason Daubert) 등이 제소한 사건을 판결하면서 과학적 증거의 수용성에 관한 기준을 새롭게 제시했다.[74] 과학적 증거가 해당 분야의 학계에서 일반적으로 받아들여진 사실인가만을 묻던 이전의 관행을 바꾸어, 판사가 몇 가지 가이드라인에 따라 증거의 수용성 여부를 직접 심의하도록 했던 것이다. 이로써 판사는 과학이 법정에 들어가는 길의 '수문장'으로서 과학과 법의 관계 형성에 지대한 영향을 줄 수 있게 되었다.

판사의 권한 확대로 그전에는 채택되지 못했던 종류의 과학적 증거들도 쉽사리 법정에 들어올 수 있을 것이라는 기대와는 달리, 도버트 기준은 과학적 증거가 넘어야 할 문턱을 높이는 효과를 가져와 피해자들에게 입증부담을 전가하는 것으로 밝혀졌다. 또한 이 기준은 법정의 판결뿐만 아니라 행정기관의 규제 심의에도 광범위하게 쓰이게 되었고, 국경을 넘어 우리나라를 포함한 많은 나라의 법정에도 영향을 주기 시작했다.

●●● 프라이 기준(Frye Standard)

미국 연방대법원의 과학적 증거의 허용성에 관한 최초의 논의는 1923년 '프라이 소송(Frye vs. United States)'까지 거슬러 올라간다.[75] 살인죄로 기소된 이 사건의 피고는 본인의 무고를 증명하기 위해 거짓말 탐지기를 사용한 전문가 증언을 제시했다. 사건을 맡은 미국 연방항소법원은 피고가 제출한 거짓말 탐지 결과와 그 전문가 증언을 과학적인 것으로 인정할 것인지 판단하게 되었다. 판결문에서 법원은 과학적 증거를 받아들이는 기준이 이 증거가 속하는 전문 분야에서 '일반적으로 수용된 이론(generally accepted theory)'에 부합하는 것인지의 여부에 따라 결정되어야 한다고 명시했다.

이에 따라 법원은 해당 거짓말 탐지기가 과학계 내에서 충분히 일반적 인정을 받지 못했다는 근거를 들어 피고가 요청한 전문가 증언을 허용하지 않았다. 이 판례 이후, 관련 학계의 일반적 승인을 기준으로 과학적 증거의 수용성을 판단하는 방식은 '프라이 기준(Frye Standard)'으로 불리게 되었다.

●●● 도버트 기준(Daubert Standard)의 등장

법조계의 전문가들에게 프라이 기준은 합리적이면서도 상대적으로 간편한 도구였다. 프라이 기준은 판사가 아닌 해당 증거를 다루는 전문가 집단이 그 지식을 일반적으로 승인하는지의 여부만을 확인하기에, 판사가 해야 할 일은 과학자들에게 "그 지식이 일반적으로 통용되는 것입니까?" 라고 묻는 것뿐이었다. 이 기준은 과학적 지식을 판단하는 일에 부담을 가지고 있었던 법조인들 사이에서 환영 받았고, 연방법원이 과학적 증거를 판단하는 주요한 방식으로 자리 잡게 되었다.

이후 수십 년간 널리 활용되던 프라이 기준은 20세기 후반에 들어서며 여러 도전을 받게 되었다. 먼저, 프라이 기준이 기반을 두는 '일반적 수용성'이라는 개념의 모호함이 지적되었다. '일반적으로 수용된 이론'이란 과연 얼마나 많은 과학자들이 동의하는 이론이어야 하는가? 이러한 의문은 단순히 과학자 사회의 의견을 묻는 것만으로는 해결될 수 없고 근본적으로 판사들의 지적 판단이 필요한 질문들이었다.

이처럼 상대적으로 유연한 기준의 필요성이 제기되는 맥락에서 판사의 역할을 재정의한 도버트 판결이 등장하게 되었다. 도버트를 비롯한 이 사건의 원고들은 선천적인 수족변형 기형아로 태어났는데, 이들은 이 장애가 어머니가 임신 중에 복용한 벤딕틴(Bendectin)이라는 구토방지제 때문이라고 주장하며 이 약의 제조사인 다우케미칼을 고소했다. 원고는 그 근거로 벤딕틴의 화학구조식 분석 자료, 동물 실험 자료, 역학 조사 결과의 재분석 자료 등을 제출했는데 이들은 모두 학계에서 흔히 인정되는 사실은 아니었다. 따라서 도버트 사건의 1심과 항소심은 이러한 과학적 증언을 프라이 기준을 적용해 배제하였다.

이에 원고는 과학적 증거의 수용성을 성문화한 '연방증거규칙

(Federal Rules of Evidence)'을 근거로 법정이 그들의 증거를 받아들일 것을 상고했다. 연방증거규칙에 따르면 증거의 수용성을 판단하는 데에 있어서 학계의 일반적 승인은 결정적 판단 기준으로 명시되어 있지 않았다. 오히려 이 규칙은 사건과 관련이 있는 과학적인 증거라면 충분히 법정에 들어설 자격이 있다고 규정하고 있기 때문에 프라이 기준에 의한 증거의 배제는 이 법에 어긋난다는 주장이었다. 법원의 입장에서는 지난 70년 간 지켜온 프라이 기준과 성문화된 연방증거규칙 사이의 우선순위를 명시해야 할 상황에 놓였다. 이에 대법원은 연방증거규칙이 프라이 기준을 대체한다고 명시하며 원고의 증거를 재평가할 것을 원심에 요구했다.

다수 의견을 대표하여 블랙먼(Harry Blackmun) 대법관은 판결문에서 과학적 증거의 수용성은 프라이 기준이 아닌 연방증거규칙에 의거해야 하며 이 때 요구하는 관련성(relevance)과 신뢰성(reliability)이 그 새로운 기준이 되어야 한다고 썼다. 관련성과 신뢰성을 보장할 수 있는 방법은 특정 과학적 증거가 과학적 방법을 따랐는지를 따지는 것인데, 판결문은 이를 판단하기 위해 다음과 같은 가이드라인을 제공했다.

① 특정 과학지식이 반증 가능한지를 따진다.

② 동료 평가와 출판을 거쳤는지를 확인한다.

③ 측정 기법의 알려진 오류율을 감안한다.

④ 전문가 집단 내에서 일반적인 인정을 받았는지를 확인한다.

판결문은 이 4가지 요소가 그 어느 것도 결정적인 것이거나 필수적인 것이 아님을 명확히 했다. 즉, 과학적 증거의 허용성은 연방증거규칙이 언급하듯 판사가 '관련성'과 '신뢰성'의 요소를 두루 고려하여 '과학적 방법론'을 따랐는지에 따라 종합적으로 내려야 하는 판단이지 이 가이드라인을 일률적으로 적용해 내리는 기계적인 판단이 아니라는 것을 강조했다.

●●● 도버트 기준(Daubert Standard)의 등장 후의 변화

도버트 판결은 판사들이 과학적 증거를 대하는 방식에 변화를 불러왔다. 프라이 기준 하에서는 전문가 집단의 수렴된 의견에만 의존하던 허용성 문제가 도버트 기준에서는 판사의 적극적인 지적 판단을 필요로 하는 문제로 바뀌게 된 것이다. 이에 따라 도버트 기준을 적용하는 판사는 더 이상 과학적 증거의 허용성에 대한 판단을 손쉽게 과학계로 위임할 수 없게 되었다.

오히려 판사들은 과학적 지식을 직접 이해하고 이들의 신뢰성과 관련성을 가이드라인에 따라 상세히 검토하여 그 수용성을 결정하는 "수문장(gatekeeper)"의 역할을 맡게 되었다. 1997년 조이너 판결[76] 은 1심이 판단한 특정 과학적 증거의 수용성을 상위

법원이 특수한 경우를 제외하고는 뒤집을 수 없음을 명시하여 도버트 기준의 효력을 강화하는 결과를 불러 일으켰고, 1999년 금호타이어 판결[77]은 한 발 더 나아가 과학적 증거는 물론 기술적 증거에까지 도버트 기준을 적용할 수 있다고 판시하여 도버트 기준의 적용 범위를 전문가 증언 전반으로 확장시키는데 기여했다. 소위 도버트 3부작(Daubert Trilogy)로 알려지게 된 도버트 판결, 조이너 판결, 금호타이어 판결을 통해 도버트 기준의 영향력은 더욱 넓어졌고 프라이 기준을 대체하는 새로운 기준으로 확고히 자리매김 하게 되었다.

●●● 도버트 기준(Daubert Standard)과 법원의 재량권

먼저 도버트 기준에 의할 때 법원이 어느 정도 재량권을 가지고 있는지 명확하지 않았다. 그래서 연방대법원이 이 문제에 대한 해답을 제시했다. 즉, 조이너 판결(General Electronic Co. v. Joiner)을 통해서 "사실심 법원의 증거결정에 대해서는 항소심이 뒤집을 수 없다"고 선언함으로써 도버트 기준의 쓰임새를 높인 것이다. 또, 금호타이어 사건에서는 사실심 법원이 세 가지 재량을 가지고 있다고 선언했다. 첫째, 절차재량(procedural discretion)으로 언제, 어떤 방식으로 전문가증언의 증거능력 판단을 할지에 대해 법원이 재량을 가지고 있다고 했고, 둘째, 실체재량(substantive discretion)으로 어떤 요소를 따질지에 대해서 법원이 재량을 가지고 있다고 했고, 셋째, 결정재량(decision discretion)으로 신용성 평가 결과를 판단하는 재량을 법원이 가지고 있다고 했다.

도버트 기준이 가지고 있는 또 하나의 문제점은 "어떤 방법론을 받아들일지에 대해서는 법원이 재량권을 가지고 있으나 특정 결론을 받아들일지에 대해서는 재량권이 없다"고 한 부분이었다. 즉, 법원이 전문가증언의 증거능력을 판단함에 있어서 그 전문가가 차용한 방법론이 믿을 만한 것인지를 판단할 권한만 있지 그 결론의 옳고 그름을 판단할 권한이 없다고 판례가 지적한 바 있었다. 이에 대해서도 연방대법원은 후속 판례인 조이너 판결(General Electronic Co. v. Joiner)에서 "그렇지 않다"는 점을 명확히 했다. 법원은 방법론에 대해서만 판단하는 것이 아니라 그 방법론을 이용한 결론의 신용성에 대해서까지 판단할 권리가 있다고 선언했다.

이상의 논의에서 본 바와 같이 도버트 기준과 그 이후의 판례를 통해 분명해진 것은 법원이 기계적으로 신분증 검사를 하듯이 문을 지키고 있는 역할에 그치는 것이 아니라는 점이다. 법원은 자주적으로 전문가증언의 신용성을 판단할 의무와 권한을 가지고 있다. 이로써 과학적 증거가 법정에 들어오는 데 필요한 기본적인 준비는 된 셈이었다.

●●● 과학외의 기술 분야에 대한 판단

도버트에 이어 나온 금호타이어 사건에서는 소위 '과학 외의 기술 분야에서' 전문가증언의 쓰임새가 쟁점으로 제기되었다. 전문가증언이 과학 분야에서만 필요한지 아니면 과학 외의 기술 분야에서도 일반적으로 필요한지가 문제된 것이다. 이에 대해서 연방대법원은 과학과 과학이 아닌 것을 나눌 이유가 없다고 결론을 내렸다. 먼저 과학과 과학 아닌 것을 나눌 기준 자체가 모호한데다가 설령 그런 기준이 있다고 하더라도 과학에서의 전문성과 과학 이외의 분야에서의 전문성이 다르지 않다는 점을 확인하고 있다. 연방대법원이 중시하는 것은 그게 아니었다.

보통 배심원들이 일상생활을 통해서 알 수 있는 지식이냐 아니면 그 범주를 넘어서느냐가 연방법원에게는 중요했다. 구체적으로, 금호타이어 판례는 전문가가 과학적인 이론에 기초해서 증언할 필요가 없다고 선언한다. 오히려 기술이나 경험에 입각한 증언을 해 줄 수 있는 사람이라면 모두 전문가증인 자격이 있다고 한 것이다. 가령 향수감별사의 경우에는 오랜 경험을 통해서 140여 가지에 달하는 향수를 분별하는 법을 배웠고, 그렇다면 향수전문가로 증언하는 데 전혀 손색이 없다.

과학적 증언의 법적 수용

이상에서 본 바와 같이 프라이 테스트부터 연방증거규칙, 도버트 기준, 금호타이어 기준 등으로 전문가증언의 증거능력에 관한 일응의 기준이 변모되어 왔다. 그러다가 2000년을 전후로 해서는 전문가증언을 바라보는 시각 자체도 아주 날카로워졌다. 전문가라는 이름으로 법원을 호도하려는 시도에 맞서 법원도 냉정한 기준으로 법정에 선 전문가가 진짜 전문가로서 존중될 만한 사람인지에 관한 여러 가지 기준을 세우고 있는 것이다. 먼저 개정된 연방증거규칙은 다음과 같은 세 가지 요소를 중시한다.

1. 사실 혹은 자료의 풍부함
2. 이론 혹은 방법론의 신용성
3. 이론과 방법론을 쟁점이 된 사실에 정확하게 적용하는지 여부

약간 추상적이라는 단점이 있기는 하지만 전문가증언을 바라보는 태도 자체가 전에 비해 훨씬 더 객관적이라는 점을 확인할 수 있다. 풍부한 사례를 바탕으로 검증된 이론에 따라 분석한 결과인지를 본다는 점에서 그렇다. 한편 이와 같은 대상의 방향성에 덧붙여 구체적 사건을 통해 판례들이 중요한 판단기준을 제시하고 있다. 그 중 몇 가지만 정리하면 다음과 같다.

1. 전문가가 소송과 관련 없이 독자적으로 진행한 연구결과에 근거해서 증언하는지 아니면 증언을 목적으로 의견을 준비한 것인지(도버트)
2. 전문가가 공인된 명제와는 반대되는 결론을 유도하고 있는지(조이너)
3. 전문가가 명백하게 밝혀진 다른 해석론을 충분히 검토했는지(Claar v. Burlington)
4. 전문가가 소송당사자 일방을 위하여 고용된 처지에서가 아니라 객관적인 시각에서 사실을 판단하고 있는지(Sheehan v. Daily Racing Form Inc.)
5. 특정 전문가가 제출한 의견을 같은 분야에 속하는 전문가들이 믿을 만하다고 생각하는지(금호타이어)

이 5개 기준에 하버드 로리뷰(Harvard Law Review)는 세 가지 기준을 더 보탠다.

6. 믿을 만하다고 인정된 기술과 현재 전문가가 채택한 기술과의 관련성
7. 현재 증언에서 채택한 방법론이 소송과 관련 없는 다른 사례에서 빈번히 사용되었는지 여부
8. 전문가가 사건에 나타난 사실관계를 충분히 분석해서 의견

을 제시하는지 여부

위에 제시한 리스트만 해도 사실 웬만한 전문가증언의 신용성을 판단하는 데 유용한 기준으로 쓰일 수 있다. 그런데 이것들 역시 전문가증언을 거르는 1차 관문에 내걸린 기준에 불과하다. 1차 관문을 통과한다고 해도 모든 증거는 다시 2차 관문을 통과해야 한다. 1차 관문은 그저 증거능력이 있다는 판단을 받는 절차에 불과하다. 그 증거능력 있는 증거가 다시 2차 관문을 통과해야 증거로서 제 역할을 할 수 있다는 평가를 받게 된다. 전문용어로 말하면 입증의 자료로 쓰일 수 있다는 책임을 완수했다는 평을 받게 되는 것이다. 실제로 1차 관문 못지않게 중요한 것이 2차 관문이다. 2차 관문에 대해 도버트 판례는 "격렬한 반대신문, 반대 증거의 제출, 입증책임에 대한 자세한 설시 등의 수단을 통해서 증거능력이 인정된 증거에 대하여 가차 없는 공격을 가하는 게 2차 관문이다." 라고 설명하고 있다.[78]

전문가에 대한 반대편 당사자의 반대신문은 특히 그 전문가의 신용성을 높이는 데 중요한 의미가 있다. 보통 도버트 기일이라고 하는 공판준비기일에서 반대편 변호인이 증인으로 나온 전문가를 반대신문하게 되는데 이 장면은 배심원들이 볼 수 없다. 특히 전문가가 성공적으로 반대편 변호인의 공격을 막아내는 장면은 배심원들이 못 보는 반면, 도버트 기일에서 약간이라도 허점을 보인

부분에 대해서는 본 공판기일에서 본격적인 공격이 가해진다. 즉, 증인으로 나온 전문가의 장점은 정확하게 표현되지 않고, 단점만 도드라지게 언급된다. 이런 세팅 자체가 전문가증언의 신용성을 높이는 데 결정적인 역할을 한다. 사실 반대편 당사자의 반대신문을 도버트 기일과 공판기일에서 견뎌낸 전문가라면 최소한 얼치기는 아니라는 점을 명심할 필요가 있다.

과학적 증거의 법적 수용을 위한 문제들

과학적 증거 심리에 대해 새로운 방식을 정립한 도버트 기준은 법과 과학의 관계를 근본적으로 바꾸어 놓았다. 이 기준은 법정에서 판사의 권한 확대를 가져왔을 뿐만 아니라 행정규제 영역에도 영향을 주었고 국경을 넘어 영향력을 확대했다. 도버트 판결 이후 법정에 과학이 들어오는 방식과 여부를 판결하는 수문장으로서 판사의 부담도 동시에 증가한 것으로 드러났다. 판사들은 이전과 비교해 과학적 증거를 더 세심하고 책임감 있게 판단하게 된 것이다.

판사의 권한 확대에 대해 우려와 비판의 목소리도 나왔다. 과연 판사가 특정 과학 지식이 필요한 영역에서 수문장의 역할을 충분히 해낼 수 있을까? 실제로 판사들을 대상으로 한 설문조사에 의하면 대다수의 판사들은 도버트 기준이 가이드 라인으로 제시하는 4가지 기준이 무엇을 의미하는지 정확히 알지 못하는 것으로 나타났다. 특히 개별 판사를 상대로 한 인터뷰에서 '반증 가능성', '오류율'과 같이 도버트 기준이 중요하게 사용하는 개념을 정확히 설명할 수 있는 판사는 소수에 불과했다.

더욱 큰 문제는 도버트 기준을 제대로 이해하지 못한 판사들이 증거의 검사 수준을 지나치게 높이는 판결을 내리게 되었다는 사실이다. 이는 고려할만한 과학적 증거를 부당하게 제외하는 치명적인 결과를 불러왔나. 원고들이 과학적 증거를 입증하는 데 현실적인 어려움이 있는 상황에서 판사들이 원고가 제시하는 증거의 수용성 여부에 대해 도버트 기준을 가지고 까다롭게 한다면, 이는 원고들에게 과중한 입증책임을 요구하는 일이 된다는 비판이 제기되었다.

●●● 한국에 미치는 영향

도버트 기준의 영향력은 국경을 넘어 한국의 판례에서도 나타났다. 심희기의 연구에 따르면 최근 한국의 대법원이 내린 형사 판결들은 도버트 기준의 영향을 많이 받은 것으로 나왔다.[79] 그는 2007년 전후의 판례들을 비교 분석함 으로써 2007년 이후 대법원이 "과학적 증거방법이라는 일반적인 용어법"을 사용하려고 하는 시도를 발견했다. 과거의 대법원 판결이 그저 개별 증거의 증거능력을 판단하는데 그쳤다면, 최근의 판결은 '오류의 정도', '일반적 승인', '과학적 방법론' 등의 어휘를 사용해 일반적인 과학적 증거방법에 대한 기준을 제시하려는 태도를 보였다는 것이다.

이정봉은 한발 더 나아가 심희기가 발견한 2007년 이후 우리나라 대법원이 형사소송에서 보이는 과학적 증거의 평가 방식을 확립하기 위해 도버트 기준과 유사한 합리적인 증거법의 도입이 필요하다고 주장했다.[80] 그는 과학적 증거가 점점 복합적으로 진화하고 있는 현실과 배심 재판이 늘어나고 있는 법정 환경을 고려할 때 앞으로 판사의 수문장으로서의 역할이 더욱 부각될 것이라 내다보았다. 나아가 이러한 변화에 대응하기 위해서 도버트 기준과 같은 일반적인 신뢰성 기준이 입법을 통해 마련되어야 한다는 필요성을 역설했다.

●●● 과학증거의 법적 수용을 위한 문제점

과학이 가치중립적인 진리라면, 하나의 현상을 설명하는 신뢰할만한 과학적 증거는 유일하고 보편적인 '과학' 이외에는 없다. 이는 하나의 현상에 대응되는 유일한 과학적 방법론만을 상정하게 된다. 한 현상을 증명하는 신뢰할만한 증거는 특정한 과학적 방법론으로 규정될 수 있으며 이 방법을 사용하지 않은 다른 지식들은 현상과 관련이 없는 것으로 볼 수 있다. 도버트 기준은 이러한 전제하에서는 유용한 판단기준이 될 수 있다.

그러나 실제 연구자들이 생산하는 과학적 지식은 하나의 연구로부터 도출되는 '순수한' 지식이 아니라 다양한 지식들의 '이질적' 조합으로부터 구성되고 만들어지는 지식이기에, 각 과학적 증거를 다른 과학적 사실로부터 분리하여 탈맥락화시키는 것은 올바른 방법이 아니다.

또한 과학이 가치중립적이라면 과학과 법은 다른 차원에서 존재하고 반드시 일정한 '수용'의 과정을 거쳐야 한다. 법은 사회의 제도와 관습에 관한 것이며 과학은 가치중립적인 진리를 탐구하기 때문이다. 이 수용의 과정에는 두 가지 중요한 전제가 있다. 첫 번째는 과학이 만들어내는 지식과 법이 필요로 하는 지식 사이에 보편성이 존재한다는 것이다. 따라서 과학자들이 연구할 때 사용하는 신뢰도와 관련성의 판단 기준을 법정 안에서도 그대로 적용하여 이를 충족시키지 못하는 과학과 이를 충족하는 과학으로 구분할 수 있다. 두 번째 전제는 수문장으로서 판사가 수행하는 일과 연구자로서 과학자들이 하는 일이 크게 다르지 않다는 가정이다. 도버트 체제 하에서 판사의 가장 중요한 책무는 해당 기준이 관련성 있고 신뢰할만한 증거인지를 합리적으로 평가하는 일이기에, 이 과정에서 판사는 과학적으로 공정한 판결을 내리기 위해 마치 한 명의 '아마추어 과학자'가 되어 증거를 세심하게 검토하게 된다.

판사들이 과학적 규범을 '해석'한 기준에 따라 '아마추어 과학자'

가 되어 증거를 판별하려는 이러한 경향성이 과학과 법의 본질적 차이에 대한 잘못된 인식론에 기반을 둔 행동일 수 있다. 과학과 법은 도버트 기준이 단순히 가정하는 것보다 훨씬 다층적인 차이점을 가지고 있다. 우선, 과학과 법은 이들이 추구하는 궁극적 목표에 있어서 큰 차이점을 보인다. 과학적 지식이 자연에 대한 더 정교한 이해를 추구하는 반면 법적 체제는 정의를 수호하고 사회적 약자를 보호하며 보다 공정한 사회를 만들기 위해 존재한다.

이러한 근본적 목표의 차이로 인해 과학과 법은 상이한 윤리기준과 방법론을 가질 수밖에 없다. 지식 추구의 방법적 측면에서, 과학은 비교적 윤리적 제약에서 자유로우며 과학자 사회가 인정하는 다양한 방법론을 사용해 연구할 수 있다. 반면 특정한 사회적, 정치적 맥락상에 위치한 법은 그 판단이 야기할 윤리적, 정치적 문제로부터 자유로울 수 없으며 따라서 사용해야 할 방법론과 제도 역시 여러 제약을 받는다. 따라서 과학적 기준을 법의 영역으로 완전히 '수용'해오는 일은 도버트 기준이 상정하는 것만큼 자연스러운 일은 아니다. 법정이 궁극적으로 만들어야하는 지식은 방법론적 합리성만을 따지는 과학적 지식이 아니라 사회적, 윤리적 가치를 두루 함양하는 법적 지식이기 때문이다.

도버트 기준은 법과 과학의 상호 구성적 관계를 보여주는 좋은 사례가 된다. 도버트 기준은 법정에서 수용할 과학적 지식의 특징을 명시함으로서 그 특징에 부합하는 과학의 생산을 촉진하고, 부합하지 않는 과학의 생산을 억제할 수 있다. 일례로, 과학적 지식과 법, 정책의 연관성을 연구하는 학자 그룹인 SKAPP(The Project on Scientific Knowledge and Public Policy)의 연구에 따르면 법적 제도와 과학적 지식의 상호 구성은 미국의 과학계에 실질적인 영향을 주고 있다. 이들은 도버트 기준이 증거의 판단 절차를 매우 까다롭게 함에 따라 과학자 사회와 법의 관계가 "싸늘해지는 현상(chilling effect)"이 일어났음을 보여주었다. 과학자들은 높은 확률로 패소할 원고를 위해 증언하는 것을 점점 더 회피하는 경향을 보이게 된 것이다. 반면 피고인 대형 제약회사는 막대한 자금력과 자료 수집의 용이성을 바탕으로 소위 '청부과학자'들을 고용해 그들이 필요로 하는 종류의 통계 및 역학조사 결과를 생산해냈다. 이는 한국의 가습기 살균제 사건에서 옥시가 고용한 '청부과학자'들이 옥시에게 유리한 연구보고서를 만들어 낸 사례에서도 확인할 수 있다. 이러한 현상은 결국 제조물 소송이나 유해물질 소송의 피고에게 유리한 과학적 지식만을 편파적으로 만들어내는 불공정한 환경으로 이어질 수 있다. 이처럼 법정에서의 판결이 새로운 과학적 지식을 구성하는 데에 직간접적 영향을 미칠 수 있기에, 판사는 신뢰할만한 지식을 객관적으로 골라내는 공명정대한 수문장이기 보다는 과학적 지식을 만드는 여러 행위자들 중 하나일 수 있다.

법정에서 실용성과 공정성을 강조하게 되면 도버트 기준의 형식적 적용이 강화되고 판사는 형식적 합리성에 따라 판결을 할 확률이 크다. 과학적 증거가 필요한 많은 소송에서 피해자인 원고는 과도한 입증책임을 부담하고 있다. 한국 사회를 뒤흔든 가습기 살균제 사건에서 보듯이 피해자는 자신이 죽어가는지도 모르고 그 제품을 사용한다. 이들에게 이러한 제품을 사용한 사실만으로 고도의 과학적 증거에 대한 입증책임을 부담시키는 것이 과연 타당한 것이지는 생각해 볼 문제이다. 과학적 증거를 비전문가인 판사가 사실판단을 위해 어떻게 적절히 수용할 수 있는지에 대한 점은 도버트 기준의 논쟁에서 보듯이 쉽지 않은 문제이다. 하지만 과학과 법이 서로를 재구성하는 일이 앞으로 더 흔하게 발생할 것이다.

과학과 법이 만나기 위해서는 과학적 지식이 가치중립적이란 신화에서 빠져 나오는 것이 출발점이 될 수 있다. 과학은 인간이 인간을 위해서 인간적으로 하는 문화적 활동이란 인식이 필요하다. 과학 지식을 얻고 검증하고 이용하는 과정은 모든 단계가 철저히 인간적인 과정이다. 법이 사회적 토론과 합의를 통해 정립되듯 과학적 판단이나 기준도 사회적 토론과 합의로 정립된다. 법적 지식이나 과학적 지식 모두 인간의 사고와 바탕에 둔 상호주관적인 지식 체계인 것이다. 결국 과학적 증거에 대한 판단은 최종 결정을 내리는 법원이 '정의'를 추구하는 사법의 본질적 기능을 위해 과학적 증거를 활용하는 태도에 달려 있다.

PART 2

새로운 과학기술의 사회적 수용

6장

+

인공지능을 위한 법과 제도

인공지능 시대의 도래

2016년 1월 다보스 포럼은 '제4차 산업혁명(The 4th industrial revolution)'에 대한 이해에 초점을 두었다. 이것은 로봇, 인공지능, 사물인터넷의 기술 융합에 의한 사이버-실물세계(cyber-physical) 연계 시스템이 중심이 되는 기술혁명을 의미한다. 로봇공학, 컴퓨터화 된 알고리즘, 인공지능, 증강현실, 의료용 센서, 기계 대 기계 커뮤니케이션, 사물인터넷, 3D 프린팅, 자율주행 차량이 글로벌 경제의 양상을 바꾸어 놓으리라는 것이다. 역사상 그 어느 때보다 인공지능이 빠르게 똑똑해지고 있는 이유는 기계적 알고리즘이 파악하는 정보량이 폭증했기 때문이다.

인공지능 연구가 답보적 상태를 거듭하다가 대도약의 기회를 맞이하게 된 것은 뇌의 정보처리 방식을 인공적으로 재현하여 정보를 처리하는 딥러닝(deep learning)이 2014년 무렵 개발된 덕분이다. 자율주행 차량, 인공지능형 로봇, 워드스미스(Word-smith) 등 로봇 저널리즘, 인공지능을 이용하여 정보 비대칭을 줄여주는 비즈니스 모델, 로봇 수술, 개인 맞춤형 투자자산 관리를 하는 로보 어드바이저, 렉스마키나(Lex Machina) 등 인공지능을 이용한 법률정보분석 플랫폼은 미래 신산업의 기반기술로 기대감을 높이고 있다.

구글의 '어시스턴트(Assistant)'와 애플의 '시리(Siri)'와 같은 개인비서 영역에서부터 자율주행자동차의 인지 · 판단 시스템에 이르기까지, 언론, 교통, 물류, 안전, 환경 등 각종 분야에서 기술이 빠르게 접목 · 확산되면서 인간중시가치 산업 및 지식정보 사회를 이끌어 갈 부가가치 창출의 새로운 원천으로 주목받고 있다. 하지만 이러한 경제적 · 사회적 효과에 대한 기대 뿐 아니라 자동화로 인한 일자리 대체, 통제 불능 문제 등 부정적 영향에 대한 우려의 목소리 또한 커지고 있다.

특히 엘런 머스크, 스티븐 호킹, 빌 게이츠, 스티브 워즈니악 등 많은 전문가들은 인공지능의 위험성과 인류의 미래에 대해 불안감을 표현한 바 있다. 이러한 우려의 기초에는 옥스퍼드 대학교의 철학자 닉 보스트롬 교수의 〈초지능(Superintelligence)〉이란 책이 있다. 보스트럼 교수는 오래 전부터 과학기술의 발전과 인류의 미래를 생각해 온 학자로 IT와 바이오기술이 가능하게 할 미래인류, 즉 "트랜스휴먼"을 연구했다. 최근에는 인류를 멸종시킬 수 있는 대재앙 중 '초지능 인공지능'을 가장 가능성이 높은 시나리오로 들고 있다.

보스트롬은 AI(Artificial Intelligence, 인공지능)가 AGI(Artificial General Intelligence, 범용적 인공지능)로 진화한다면, "바둑 알파고"를 넘어 "자율성 알파고"도 등장할 수 있다고 주장한다. 마스터 학습 알고리즘을 통해 '자율성'과 '독립성'을 인식하는 기계는 언제가 우리에게 '왜 인간의 명령을 따라야 하느냐'고 물을 수 있다. 인공지능의 문제는 인간 존재의 본질적 문제와 인간의 미래의 문제와 연결되는 사회적 · 윤리적 · 철학적 문제가 되었다.

●●● 대두되는 사회적 우려

인공지능의 발전으로 삶의 질이나 생산성이 향상되기도 하지만, 기술이 점차 고도화되고 자동화 수준이 높아지게 되면 통제 불능의 상태가 되거나 특정 목적을 가진 집단에 악용될 경우 심각한 사회 · 윤리적 문제가 발생할 수 있다. 우선 인공지능 기기에게 자율적 의사 결정 기능을 부여하게 되면 설계시 미처 고려하지 못했던 조건이나 상황에 직면했을 때, 통제가 불가능한 상황이나 예기치 못한 문제를 만들어낼 수 있으며, 이러한 일로 인해 인명피해나 재산 손실이 발생했을 경우, 책임을 누구에게도 물을 수 없게 되는 상황이 발생할 수 있다. 예를 들어, 자율주행 자동차 주행 중 사전에 프로그램 되지 않은 갑작스러운 상황이 발생하여 사상자가 발생할 수 있고, 인공지능 기술을 활용한 자동 투자 시스템이 잘못된 정보를 학습하게 되어 잘못된 판단으로 큰 경제적 손실을 야기할 수도 있다. 특히 전쟁에서 사용될 목적으로 만들어진 자율살상무기시스템(LAWS: Lethal Autonomous Weapons Systems)이 프로그램상의 오작동 등으로 인하여 무고한 시민들을 살상하였을 경우, 그 파급 효과는 더욱 커질 것으로 예상된다. 이에 대한 국제 사회의 관심도 점차 증대되고 있는데, 저명한 IT 전문가들이 LAWS의 개발 규제를 위한 공동 서한을 발표하고, 영국에서는 반대 캠페인을 개최하는 등 벌써부터 세계 곳곳에서 움직임이 일어나고 있다.[81)]

특히 UN 인권이사회에서는 관련 국제규범이 형성되기 전까지 LAWS의 실험, 생산, 획득, 기술이전 자제를 요청하는 모라토리움을 권고하기도 하였다. LAWS가 특히 논란이 되는 이유는 기계로 하여금 살상 대상을 결정하게 함으로써 인간 존엄성의 기본 원칙을 위반할 수 있고, LAWS 기술이 평화시 경찰 기능에까지 손을 뻗을 수 있다는 가능성에 많은 인권 단체와 제작자들이 동의하고 있기 때문이다.

한편, 인공지능 기술이 통제 가능한 상황에서도 이를 오용하는 사람들로 인해 심각한 사회적 문제가 발생할 수 있다. 정치 · 종교 집단이나 특히 극단적 세력에 의해 잘못 사용될 경우, 인공지능 드론을 이용한 폭탄테러 같은 무차별 살상 등 대형 테러 행위가 일어날 수 있으며 개인 정보 학습을 통해 성능을 자체적으로 향상시키도록 설계되어 있는 인공지능 기기에 해킹하여 주요한 개인 정보를 유출하는 문제도 발생 가능하다.

특히 후자와 같은 개인정보 유출 문제는 인공지능 개체가 입수한 데이터를 클라우드 등을 통해 인공지능 시스템 전체가 공유할 경우 여기서 공유되는 개인 정보들이 엄격히 관리되지 않으면 정보 유출 문제나 사생활 침해 등의 문제가 심각해 질 수 있다. 더욱이 방대한 정보가 집적 · 공유되면서 해킹에 의한 2차 침해가 더욱 치명적인 상황으로 나타날 가능성이 존재한다. 그 예로, 자율주행차 탑승자의 안전 문제나 거주 공간에 대한 물리적 침해 위험 등을 들 수 있다.

한편 이러한 인공지능 기기가 다양한 기기와 결합하여 개인들의 일상생활 분석 및 예측이 가능해지게 되고 이러한 정보가 공적 주체나 사적 주체에 의해 남용될 경우에는 감시 및 통제 등의 문제가 발생할 수 있게 되며 이는 다양성과 자유권 등의 인간의 기본권에게까지도 악영향을 끼칠 수 있다.

● ● ● 제기되는 법적 · 윤리적 쟁점들

인공지능 기술의 활용이 목전에 다가오면서 거론되는 법적, 윤리적 쟁점은 다음과 같다. 자율주행 차량이 사고를 냈을 때의 배상책임과 처벌, 자동적 주식거래 시스템에 대한 규제, 로봇활동에 대한 규제를 전담하는 정부 기구의 필요성과 역할, 자율주행 차량의 사고 등 알고리즘의 실수로 불법행위나 피해가 발행했을 때의 법적 처리, 인공지능에 의한 질병의 검진과 로봇수술 허용 여부 등이 있다.

또한, 사람의 지시에 따라 활동하는 원격로봇에 법인격을 의제할 것인가, 로봇을 도덕적 행위자(AMA: Artificial Moral Agent)로 볼 수 있는가, 주식거래 알고리즘은 규제되어야 하는가, 로봇의 진단과 로봇수술을 안전성을 이유로 규제할 것인가, 알고리즘의 편향이 누군가에게 피해를 주었을 때의 처리와 해결책은 어떻게 할 것인가 등의 다양한 문제가 제기된다.

그런데 난감한 점은 인류사에서 그 어떤 법률도 스스로 판단하고 운행하는 차량을 상정하거나 로봇 의사가 병을 진단하고 집도하는 수술은 생각해 본 전례가 없다는 것이다. 위에 열거한 규범적 문제들은 결코 간단하지 않고 종래의 법적 틀로 풀어내기에는 예상치 못하던 범주이므로 법적 해석은 곤란에 처하게 되고 이론적 토대도 부족하다. 로봇의 법적 지위에 대한 의문, 그 행위책임을 묻기 위한 이론적 토대부터 다시 정의해야 하는 사안들이 대부분이다.

인공지능 알고리즘은 주어진 정보를 판단하고 사안마다 다르게 대응한다는 점에서 '제조물책임법'을 적용하기에는 무리가 있다. 인공지능 시스템과 로봇이 사람 신체에 대한 상해나 물질적 손해를 일으킨 경우 민사손해배상을 위한 요건이 충족되는가에 대한 법적 판단도 문제이지만, 형사적 처벌을 받는 대상이 없으므로 비난의 귀속이나 형사책임에 대한 판단이 계속 필요할지 의문이다.

라이언 칼로(Ryan Calo)는 로봇공학의 발전이 기존의 법률과 규범체계의 긴장을 증가시키므로 인공지능 등장으로 새롭게 문제되는 법률관계를 조정할 수 있는 '로봇 법정책'이 필요하다고 설명하고 있다. 또한 다양한 쟁점에 대하여 전문가들이 모여 논의할 수 있는 장으로 연방로봇위원회(Federal Robotics Commission)의 필요성을 제안했다.

그러나 우디 하트조그(Woody Hartzog)는 기존의 연방거래위원회(FTC)가 로봇 문제에 대한 담당기관으로 적절하다는 소비자보호의 관점을 강조하고 있다. 예컨대, 로봇을 활용한 비즈니스가 대중을 상대로 서비스를 제공할 때 로봇이 오작동과 피해를 발생시킨다면 불공정한 행위 또는 기만적 관행으로 보아서 연방거래위원회법 제5조를 적용하면 구제를 효과적으로 할 수 있다는 것이다. 이는 실용적인 접근으로 볼 수 있지만 로봇의 행동이 야기하는 새로운 법적, 윤리적 문제들을 종합적으로 판단하고 대응하기에는 적절하지 않을 수도 있다.

한편, 유럽연합에서 진행된 RoboLaw 프로젝트는 2014년 '로봇공학 규제를 위한 가이드라인'을 내놓았는데 자율주행 차량, 수술용 의료로봇, 로봇 인공기관, 돌봄 로봇으로 나누어 규제정책의 근거를 제시하고 있다. 활용되는 분야별로 쟁점을 분석하여 규제를 검토하였다는 점은 주목을 끈다. 이후 2017년 1월 유럽의회에서는 최초로 로봇의 지위와 개발 및 활용에 대한 가이드라인을 제시했다. 유럽의회는 결의안을 통해 AI를 탑재한 로봇을 '전자인간'으로 규정하고 로봇의 권리와 의무를 제시했다. 이와 함께 유럽연합 조직 안에 AI와 로봇기술과 윤리에 대한 전문성을 갖춘 기구 신설도 제안했다.

우리나라에서도 인공지능을 적용한 로봇이 사회규범에 미치는 영향과 적절한 규제와 정책을 전담하는 부처를 선택한다면 어떤 부처가 적당할지 아니면 전문가로 구성된 독립적 로봇위원회가 적당할지에 대해 본격적 논의가 필요한 시점이다.

인공지능의 법적 지위

2015년 11월 인류 역사상 처음으로 사람이 없는 자동차가 캘리포니아주 팔로알토의 도로를 달리다 교통경찰에게 딱지를 받았다. 경찰은 운전석에서 아무도 발견할 수 없었다. 구글의 무인자동차는 사고를 우려해서 지나치게 저속운행을 하고 있었던 것이다. 우리나라 현행법 체계는 '사람'과 '법인'만을 권리와 의무의 주체로 하는데 행위책임을 묻기 위해서는 어떤 경우에도 '사람'의 행위가 있어야만 한다. 따라서 알고리즘 판단과 제어에 의한 자율운행차량의 사고는 그 책임 소재가 불분명하다. 이 경우 알고리즘은 오류가 없이 그야말로 완벽하므로 상대방 차량이 자신의 잘못이 아니라는 점을 입증해야 하는지, 탑승자는 언제나 100% 면책되는지, 아니면 알고리즘의 상황 인지와 판단 실수이므로 알고리즘 제작사를 상대로 손해배상을 청구해야 하는지 의문이다.

미국 네바다, 플로리다, 캘리포니아, 미시간, 워싱턴DC, 버지니아는 자율운행차량의 주행을 허용하도록 법제화를 마쳤지만 알고리즘 오작동에 따른 교통사고에서 어떻게 과실, 예견 가능성이 인정되고, 손해와의 인과관계가 판단될 것인지에 대한 공은 이제 법원으로 넘어갔다. 물론 자동차 제조업체 볼보(Volvo)는 모든 인공지능을 채용한 자율주행 차량의 사고는 모두 회사가 책임을 지겠다는 방침을 발표했는데 여기에는 인간이 운전하는 차량과 달리 대형사고로 이어지는 경우는 극히 드물 것이라는 자신이 깔려 있다. 현대, 도요타 등 다른 자동차 제조업체들도 이와 비슷한 정책을 채용할지, 자동차 보험과 소송이 적어도 자율주행 차량에서는 아무런 필요가 없어지는 날이 올 것인지는 멀지 않은 미래에 흥미로운 관전 포인트가 될 전망이다.

그런데 자율운행 차량의 윤리가 문제되는 것은 딜레마적 상황에서의 판단에 대한 것이다. 인공지능 알고리즘의 판단에 따라 주행하는 차량이 갑작스런 끼어들기와 추돌 상황에 직면하여 순간적으로 선택을 해야 할 때 그대로 직진하여 1명의 상대방 차량 운전자만 치는 상황과 오른편으로 핸들을 꺾어서 4명의 행인을 치는 것 중 무엇을 선택할 것인가? 인간이라면 돌발적 상황에서 대응이 불가능했노라고 말할 수 있지만 인공지능은 찰나의 순간에도 수백 번의 판단을 하여 최소한의 피해를 합리적으로 택할 수 있다. 이렇게 피해를 계산하여 선택해야 하는 상황이 벌어졌을 때 알고리즘에 기초한 판단의 결과 피해를 입은 측은 인간생명에 대한 평가와 경시라고 항의하게 될 것이다. 이러한 측면은 알고리즘의 판단과 편향도 윤리적 논쟁으로 번질 수 있음을 시사한다.

●●● 로봇을 자율적 행위자로 보아야 하는가?

물론 미래의 이야기겠지만 판매된 로봇이 소유주의 말을 따라서 사람을 치거나 물건을 파손하거나 악용되고 사고를 일으키는 등 문제가 발생했을 때 책임은 언제나 소유주가 지는 것인지 아니면 그 명령을 따르도록 알고리즘을 설계한 제작자가 지는지를 가리기 쉽지 않을 전망이다. 로봇이 불법행위에 사용되지 않도록 차라리 처음부터 로봇 자체가 인체를 해하거나 파괴적 행동의 명령은 거부하거나 윤리적 판단이 가능하도록 설계할 수도 있다.

제조사나 설계자의 선택에 따라서 로봇은 자율적으로 행동할 여지가 있는데 그렇다면 로봇의 인공지능 시스템을 도덕적 행위자(Artificial Moral Agent)로 의제하고 로봇에게 책임을 물어야 할까? 그런데 로봇의 자율적 판단에 대한 책임을 로봇 스스로가 지도록 하려면 로봇의 기술이 어느 수준에 도달해야 할까? 이러한 의문은 2035년의 시카고를 배경으로 한 영화 〈아이, 로봇〉의 주제이기도 하다. 만일 로봇이 단지 기계적인 작업이 아니라 인간 고유의 영역에 들어와서 고도의 지적 작업이 필요한 일을 하게 된다면 그 인지적 판단의 수준이 높을 것으로 예견되는 데 이 경우도 로봇의 불법적 행동이나 부작위에 대하여는 수동적 기계라는 이유로 면책하여야 하는 것인가 등이 문제될 수 있다. 이러한 논의가 가능한 이유는 인공지능을 갖춘 로봇의 등장은 스스로의 판단 하에 움직이는 새로운 개체 또는 주체의 출현을 의미한다는 점을 다수가 수용하고 있고 사람들이 로봇을 기계 덩어리가 아니라 의인화된 대상으로 받아들이기 때문이다.

●●● 자율주행자동차의 로봇윤리와 그 법적 시사점

자율주행자동차의 로봇윤리는 일정한 한계를 지닌 잠정적인 개념이며, 그것은 법적 규율과는 이론적, 실제적으로 분리되어 있다. 그럼에도 불구하고 윤리적 판단의 문제는 법제도에 영향을 미치는 중요한 요소의 하나이다. 또한 윤리적 정당성은 법적인 차원의 면책가능성을 부여할 수도 있다. 예컨대, 일정한 사회적, 윤리적으로 승인될 수 있는 우선순위에 따른 선택은 법적 절차에서도 면책될 가능성이 커진다. 자율주행자동차의 로봇윤리가 법체계와의 상호작용을 통하여 법체계에 주는 영향 내지 법적 시사점은 여기에 한하지 않는다.

첫째, 자율주행 프로그램의 의사결정은 사회적 가치평가, 특히 헌법적 가치평가를 통해 승인될 수 있는 것이어야 하므로 이에 관한 충분한 논의가 그 개발단계에서부터 필요하다. 예컨대, 해악최소화 알고리즘은 일종의 표적식별 알고리즘(targeting algorithm)이다. 이는 실질적으로 피해자를 표적으로 간주하고 이를 찾아내는 것이며, 손해나 사고를 최소화한다는 발상은 결국 손해를 최소화할 피해자를 고르는 선택을 의미한다. 이에 대해서는 법적으로 차별금지나 평등권, 인간의 존엄과 가치 등의 헌법적 가치와의 충돌 문제가 제기될 수 있다. 인간 운전자에 의한 교통사고와 달리, 자율주행자동차의 경우에는 사전에 면밀한 검토를 통해, 프로그래머가 계획적으로 특정 피해자 유형을 선택하여 그에 대하여 사고가 일어나도록 설정하기 때문이다. 이 문제는 현재 잠재적인 문제제기에 그치고 있지만, 자율주행자동차로 인한 사고가 발생하는 경우 이에 대한 법적 판단 내지 해결방향이 자율 주행자동차의 발전방향과 형태를 규정하게 될 가능성이 매우 높다. 따라서 향후 자율주행 자동차 기술과 산업이 안정적으로 발전하기 위해서는 관련된 헌법적 쟁점을 자율주행자동차의 개발시점부터 충분히 검토할 필요가 있다.

둘째, 로봇윤리적 결정의 사회적 효과를 고려하는 법적 개입이 필요하다. 자율주행자동차의 특정 알고리즘, 사고시의 선호의 체계가 인간 운전자나 보행자 등에게 알려지게 되면, 그것이 시장의 선호를 통해 사회적으로 중요한 변화를 야기할 수 있다. 예컨대, 더 무거운 차량이 회피된다는 알고리즘이 알려진다면 그에 따라 무거운 차량의 판매가 늘어날 것이며, 해악 최소화 알고리즘에서 특정한 조건의 운전자, 자동차가 사고위험이 있을 때 회피된다는 사실이 알려지면 그에 따른 인간의 선택이 일어날 것이다. 이 경우 법이 사회나 국가 전체의 공익적 관점에서 정한 정책적 방향에 따라 적극 개입하여 로봇윤리 관련 프로그램의 신설, 수정, 삭제 등을 요구할 수 있어야 한다. 한편, 인간 운전자가 특정 알고리즘을 역이용하여 자율주행자동차의 사고를 고의적으로 야기하고자 시도하는 경우에 대해서도 적절히 법적으로 규제해야 도로교통의 안전을 확보할 수 있다.

셋째, 자율주행자동차의 경우 법적 규율이 요소가 로봇윤리를 구성하는 체계 내부에 구비되어 있어야 도로교통의 체계 속에서 안정적인 윤리적 선택이 가능하다. 이 경우 법적 규율은 자율주행 시스템의 수학적 제한조건으로 기능하게 될 것이다. 이 제한조건이 되는 법적 규율의 대표적인 예가 교통법규이다. 그런데 문제는 현행 법체계가 곧바로 인공지능이 인지할 수 있는 논리적 기준을 갖추지 못했다는 점이다. 여기에서 향후 자율주행기술의 발전에 따라 도로교통법체계의 재구성, 즉 구조화와 위계화가 강력히 요구될 것이 예상된다. 또한 형식적인 위법성과 실질적인 위법성의 관계나 일반조항에 의한 책임 배제 등의 경우 그 구조화와 위계화의 요구가 특히 커질 것으로 본다. 이에 대한 법이론적인 대비가 필요함은 물론이다.

넷째, 기술의 발전에 부합한 법적 규제의 반영이 있어야 한다. 일반적으로는 기술발달에 뒤쳐진 법령 등이 문제이다. 과학기술의 발전 수준에 부합하지 않는 과거의 법령을 고수하는 것은 자율주행자동차 산업의 발전을 저해할 수도 있기 때문이다. 따라서 자율주행자동차, 나아가 로봇 등 새로운 과학기술의 영역을 규율함에는 개개의 규정보다는 원리 위주로 접근하는 규제입법이 필요하다고 본다. 개개의 구체화된 개별 규제는 자율주행자동차의 자동화 정도에 관한 발전 속도를 그대로 좇아가기가 어렵기 때문이다. 한편, 반대의 경우도 생각해볼 수 있다. 기술발전 수준을 앞서는 성급한 법적 규제, 즉 현재의 기술수준 혹은 자율주행자동차의 위험을 과도하게 평가하여 불필요한 규제를 선제적으로 시도하는 것도 기술발달이나 합리적인 사회발전에 장애요소가 될 수 있다.

포스트휴먼 시대의 사이보그법

●●● 포스트휴먼과 인공지능

인간과 기계에 대한 본질적인 질문이 있다. 인간과 기계의 경계는 어디인가. 이세돌은 인간인가 기계인가. 1960년 9월 '사이보그와 우주[82]'란 제목의 논문이 발표됐다. 미국 컴퓨터 전문가 맨프레드 클라인스와 정신과 의사 네이선 클라인이 썼다. 그들은 '자연적인 요소와 인공적인 요소를 하나의 시스템 안에 결합시킨 자기 소설 유기체'로 사이보그를 정의했다. 심장박동 조절장치 체내이식부터 면역체계를 조절하는 백신 주입까지, 누군가의 신체에 인공적 개입 혹은 개조가 있었다면 모두 사이보그라고 봤다. 이세돌이 치아나 신체를 교정하는 보철을 하고 있다면, 독감을 예방하기 위해 주사를 맞은 적이 있다면, 이세돌은 사이보그다. 생쥐나 바퀴벌레, 박테리아도 사이보그가 될 수 있다.

〈사이보그 시티즌〉[83]란 책이 있다. 이 책은 '사이보그 시대에 인간은 무엇인가'를 묻는다. 클라인스와 클라인의 정의를 따르면 '사이보그 아닌 인간'이 희귀해진 세상이다. 사이보그를 정의하는 일은 인간을 재정의하는 일이기도 하다. 사이보그 시대에 재정의된 인간은 '유일시민권자'의 지위를 박탈당한다. 고전적 인간에겐 재앙이지만 재정의된 인간에겐 종의 확장이다.

인공지능 시대의 핵심은 기술이 아니다. 알파고보다 인간계의 삶에 훨씬 현실적으로 침투한 구글의 인공지능은 자율주행차다. 한국에서도 시범운행에 들어간 자율주행차의 가장 중요한 쟁점은 의외로 정치다. 완벽한 통제를 전제로 하는 무사고 자율주행 시스템은 '인간주행 제로'일 때 가능하다. 인간주행을 어느 시점에 어떤 방식으로 몰아낼 것인가는 자본의 이해와 노동의 미래가 걸려 있는 고도의 정치행위다.

'인간'은 본래부터 고정된 개념이 아니었다. 인간의 정체를 묻는 역사는 인간이 존재해온 역사와도 같다. 남자와 여자란 무엇인가, 가족이란 무엇이며, 부부란 무엇인가, 인류에게 허락된 성은 두 개뿐인가…. 인간은 끊임없이 스스로에 대한 정의를 부수거나 세웠고, 자신의 개념을 확장하기 위해 투쟁해왔다.

사이보그는 사이버네틱스(cybernetics)와 조직체의 합성어인데, 인간과 기능적으로 결합하여 결여된 신체기능을 보완하거나 아니면 특정 부분을 강화하는 기능적 조직을 말한다. 다시 말해 우리의 몸에 장착하거나 결합된 기능적 시스템이 사이보그이다. 우리가 언제나 곁에 두는 스마트폰도 우리의 기능적 일부로 여기고 있기 때문에 이미 사이보그화(cyborgization)는 새롭지 않으며 계속 진행되고 있다고 보는 앤드 클락(Andy Clark)에 따르면 인간이 기계와 합쳐져 그 경계는 흐릿해지고 소멸하는 중이다.

2014년 6월 미국 연방대법원은 경찰이 피의자를 체포했어도 영장 없이 스마트폰의 검색을 찾아보거나 압수할 수 없다고 본 Riley v. California 판결에서 '만일 화성에서 지구에 도착한 외계인이 인간을 해부한다면 가장 중요한 특성으로 일상에서 떨어지지 않는 스마트폰을 들 것이다'라고 판시한 사례는 이미 사이보그가 된 스마트폰과 인간의 관계를 언급한 사례로 여겨지고 있다. 그런데 사이보그 기술은 프라이버시 침해와 정부의 감시에 매우 취약하다는 약점이 드러나 그에 대한 적절한 법정책이 필요하다고 지적되는 상황이다. 이러한 맥락에서 콜롬비아대의 팀 우(Tim Wu)는 인간과 기계의 경계가 모호해지는 포스트 휴먼 시대를 맞이하여 사이보그 법과 정책이 필요하다고 보고 있다.

●●● 인공지능의 규범정립을 위한 논의

인공지능의 규범과 관련한 법철학적 쟁점을 도출하기 위해서는 1) 인공지능 및 로봇 기술을 설계, 이용하는 문제, 2) 인공지능 및 로봇 자체의 자율적 행동 문제, 3) 인공지능 및 로봇 자체의 존재론적 · 윤리적 책임성 문제로 나누어 고찰할 필요가 있다. 1) 과 2)는 인간의 윤리, 혹은 인간을 위한 인공지능 및 로봇의 행동 강령을 의미하므로 사실상 인간윤리의 문제로 귀착되는 반면, 3)은 인공지능 및 로봇의 인격주체성을 인정하는 문제로서, 미래 지능정보사회의 (법)철학적 쟁점이 될 것으로 판단된다.

물론, 인공지능의 인격주체성 및 그에 따른 책임주체성 인정여부에 따라, 1) 과 2) 의 규범이슈는 다시 인간중심적인 논의의 인식 틀을 극복해야 한다는 순환적인 주제영역이라고도 할 수 있다. 1)과 관련해서는 인공지능 설계자 및 이용자의 윤리적 문제가 쟁점인데, 프라이버시 침해와 같은 전통적인 이슈를 비롯해서 윤리적 · 법적으로 허용되지 않는 설계 및 이용에 대한 규제문제가 중요한 쟁점으로 부각될 것으로 보인다. 2)와 관련해서는 ① '자동화된 결정(automated decision)'에 있어서 법적 책임 소재 문제, ② 법적 자료축적, 법적 판단에서 있어서 정보기술 및 인공지능의 활용가능성과 그 한계에 관한 논의인 '법정보학(legal informatics)'의 문제로 인공지능, 로봇 기술 활용과 관련된 논의들이 존재한다.

다만, 향후 이러한 쟁점은 전통적인 법리만으로 해결할 수 없는 다양한 문제점을 드러낼 것으로 보이는데, 단적으로 이른바 포스트휴먼(post-human)으로 표현되는 인간과 인공지능의 정서적 · 물리적 결합 현상은 윤리적, 법적 책임이라는 쟁점을 더욱 불분명하게 만들 것이다. 따라서 클라우드 컴퓨팅, 빅데이터 분석 등과 같은 정보 집적 · 처리 기술의 발달은 법적판단에 있어서 인공지능을 포함한 정보기술의 활용을 어느 정도까지 신뢰하고 그 한계는 무엇인지에 관한 논의를 심화시킬 것이다.

요컨대, 2)의 쟁점과 관련해서는 전통적인 책임 개념, 현존하는 법리로는 해결할 수 없는 문제들이 등장할 것으로 보이기 때문에, 책임 개념 및 판단기준의 재정립, 현존하는 법리의 수정 등이 논의되어야 할 것이다. 또한 3) 의 쟁점은 현재의 윤리적, 법적 패러다임을 넘어서는 것으로서, 인공지능, 로봇의 인격주체성, 책임주체성을 인정할 수 있는가라는 근원적인 철학적 · 윤리학적 쟁점인 동시에 자연의 권리 등이 논의되는 (법)철학적 담론을 원용하여 새롭게 성찰할 필요도 있다.

●●● 다양한 법적 문제들

인공지능 로봇, 사물인터넷 등 초연결사회의 도래에 따라 인간 이외의 사물이나 기계의 융복합적 권리 및 책임문제와 관련해서 '인간을 넘어선 인격성(personhood beyond human)' 에 관한 철학적 문제들이 검토되어야 할 것이다. 포스트휴먼(post-human)기술 및 윤리의 학제간 연구단체로 유명한 IEET(Institute for Ethics and Emerging Technologies)는 "The Personhood Beyond the Human conference"라는 세미나를 개최, '비인간적 존재의 인격성'에 대한 학제적 연구 및 실험을 지속적으로 추진 중이다.

사물인터넷, 인공지능, 로봇 알고리즘 등 비인간(non-human) 행위자들의 네트워크가 고도화되면서 법제도적, 규범적 주체성의 문제가 제기 되면서 위험(risk)의 책임주체가 인간에서 사물로 이동하고 있다. 전통적인 법철학적 사고는 인간이 이성과 판단력을 가진다는 측면에서 그 주체성과 존엄성을 인정하는 측면이 있는

데, 머신러닝(machine learning) 또는 딥러닝(deep learning)이 전제된 인공지능의 출현은 권리 주체의 개념적 범주를 어떻게 설정할 것인지에 관한 다소 근원적인 문제를 제기한다.

이러한 이슈는 자연스럽게 기존 인간중심의 규범체계에서 인공지능, 로봇 등 사물과의 공존과 대체를 고려한 새로운 법적 기반 및 규범체계 정립을 요구하고 있다. 특히 비실정적(non-positivistic) 성격의 인권 개념이 전통적 법철학의 역사적 과정에서 어떻게 변화했는지를 탐색하면서, 향후 인공지능 시대에서 헌법 및 법률상의 권리 등 실정적 권리의 성격 변화를 예측하는 연구도 필요하다.

인공지능과 관련된 제기되는 또 다른 문제는 책임배분의 문제이다. 인공지능을 갖춘 로봇의 등장은 스스로의 판단 하에 움직이는 새로운 개체 또는 주체의 출현을 의미하는데 이러한 로봇이 타인의 생명, 신체 및 재산권 등을 침해하는 경우에 대한 책임을 누구에게 지울 것인지 여부를 규범적 차원에서 정립해야 할 것이다. 인간의 내면적 동기의 일환이라고 할 수 있는 '고의' 또는 '과실' 책임 이라는 전통적인 책임법리가 인간이 아닌 로봇에게 적용되는 것이 타당한지 여부에 대해 논의할 필요가 있다. 또한 민사법적 차원에서 '제조물 책임'의 인정범위는 어떻게 설정할 수 있는지 여부가 심층적으로 논의 되어야 한다.

'적법절차의 원리' 문제도 생각해 볼 필요가 있다. 적법절차의 원리는 기본적으로 신체의 자유와 밀접한 관련성을 가지는 것으로 국가 작용은 실질적으로 적법한 절차에 근거해야 한다는 것인데, 인공지능 및 로봇을 통한 데이터 분석 결과(특히, 예측결과 등)가 범죄 수사 및 국가작용에 활용되는 경우 전통적인 관점에서의 적법절차를 보장하기 힘든 측면이 있다. 따라서 단순한 빅데이터 분석을 넘어서는 인공지능 사회에서는 적법 절차의 원리를 어떠한 형태로 변형시켜 발전시킬 수 있을 것인지, 아니면 그러한 원리를 포기하고 새로운 기본권 패러다임을 수용해야하는지 등에 대한 논의가 이루어질 필요가 있다.

행정법의 영역에서 '자동화 행정결정'이라는 개념이 있다. 빈번히 반복되는 행정행위가 자동장치에 의해 결정되는 행정작용을 의미한다. 예를 들어, 교통신호, 주차요금 계산, 컴퓨터를 통한 조세부과 결정, 전자장치에 의한 학교배정 등이다. 인공지능이 보편화되면 자동규범적 · 법적 판단의 자동화 문제가 보다 복잡한 법적 상황을 발생시킬 수 있다. 보통의 규범적 이슈와 달리, 인공지능 그 자체를 활용한 자동화된 규범적 · 법적 판단의 문제도 논의할 필요가 있는데, 이는 ' 인공지능과 법적논증(Artificial Intelligence and Legal Argumentation)' 이라는 주제로 비교적 오랫동안 연구되어 왔다. 규범적 · 법적 판단의 자동화는 합법과 불법의 명확한 형식 논리적 구분을 전제로 하는 것이 아니라, 궁극적으로 경합 또는 충돌하는 가치간의 형량(balancing)을 통해 이루어지는 것이기 때문에 인공지능이 이러한 형량에서 어떤 기능을 할 수 있는지 여부에 대한 검토가 필요할 것이다.

●●● 인공지능 시대의 새로운 법체계 정립

인공지능 시대를 맞이함에 따라 새로운 법규범 형태에 관한 연구와 준비가 필요하게 되었다. 인간과 기계의 이분법적 구분을 전제로 한 기존의 법체계로는 인공지능을 매개로 한 다양한 문제들에 효과적으로 대응하지 못하는 사례가 빈번해질 것이다. 따라서 인공지능, 사물(事物) 등 인간 이외의 존재나 비인간(non-human) 행위자 네트워크의 영향력이 증대함에 따라 사람과 사물의 간격을 메울 수 있는 '중간적 규제사항'을 적극 도입하는 등 초연결사회 법제개편의 필요성이 증대되고 있다.

앞으로 인공지능은 해당 규범의 사안별 적용(즉 사법적 판결)뿐만 아니라 사안들의 비교 · 분석을 통한 규범 형성(즉 입법)에도 상당한 영향을 미칠 것으로 예상할 수 있다. 특히 ICT 분야와 밀접한 연관성을 가지면서 발전해 온 소위 '연성법 (soft-law)' 관념이 과거와는 다른 형태로 더욱 보편화될 가능성도 있기 때문에, 인공지능 시대의 새로운 법규범 형태에 관한 선제적 연구를 수행할 필요가 있다. 인공지능, 로봇, 심지어 사이보그 등 새로운 지능적 존재의 법적 지위, 권리 및 민 · 형사 책임의 범위를 어떻게 설정한 것인지 등 현행 법체계 검토 등 실정법적 접근뿐만 아니라 기술과 인간의 상호작용에 대한 법철학적 연구 및 사회적 공론화가 더 요구된다.

전통법과 사이버법의 중간영역으로서 새로운 융합 법체계로써 이른바 '포스드 휴먼법'을 모색하자는 논의도 제기된다. 인공지능, 로봇 등 초연결 지능화된 기술이 향후 ICT 혁신의 핵심기반 으로 자리 잡을 경우에 대비해서 기존의 협소한 ICT 개념과 정책영역을 넘어서는 초연결 사회 및 지능정보사회의 새로운 ICT 법체계 정립 방향에 대한 연구에 착수해야 한다는 것이다. 그 외에 인공지능 규제체계의 방식(자율규제, 오픈소스 등), 규제감독 기구의 성격과 역할, 입법부, 사법부, 행정부 등 각 규제주체의 역할 등에 대한 법제화도 고려할 필요가 있다. 물론 인공지능의 기술적 적용 및 활용이 보편화함에 따라 웨어러블 기기, 드론, 무인자동차, 소셜로봇 등 생활 서비스화 된 기계나 기술의 오남용에 따른 사생활 침해, 감시 등의 문제를 규제하기 위한 입법적, 제도적 장치도 마련되어야 한다.

인공지능 알고리즘(또는 아키텍처)의 시민적 통제권한 확보도 필수적이다. 인공지능은 설계단계에서 설정된 알고리즘을 통해 각종 판단을 자율적으로 수행하며 더 나아가 그 알고리즘조차 스스로의 학습을 통해 구성해 나가는 기술이기 때문에 알고리즘에 대한 통제권을 어떻게 확보 하고 활용할 것인지가 매우 중요한 규범이슈로 대두된다. 안전, 보안, 신뢰의 관점에서 인공지능 알고리즘에 대한 시민적 통제 가능성 및 제도화 방안을 구체적으로 명시하여 소위 '알고리즘 책임성(algorithmic accountability)'을 구현할 필요도 있다. 예컨대 우선순위 결정, 분류, 군집화, 연관성, 필터링 등 알고리즘의 기술적 구현과정에 대한 공개성, 투명성, 책임성의 원리가 작동할 수있도록 설계 가이드라인을 수립할 필요성이 있다. 단, 기술 및 제품 설계 단계의 협업, 규범체계 변화대응, 시장창출 동기 등 다양한 가치들 간의 조화와 균형에 입각한 알고리즘 책임성 체계를 지향해야 한다. '알고리즘 반감(algorithm aversion)', '알고리즘 회피(algorithm avoidance)'라고도 불리는 로봇과 인공지능에 대한 사용자들의 불신을 해소하기 위해 개발 · 연구 단계에서 로봇의 인간화 등 보다 인간친화적인 디자인 전략도 수립할 필요가 있다.

인간과 기계의 공존을 위한 사회와 제도

로봇 시대를 살아가는 인간의 길은 실존의 관점에서 '생각하는 기계' 로서의 인공지능과 로봇이 쉽게 모방하거나 대체할 수 없는 인간만의 고유한 가치나 역할을 고양시키는 것이다. 그리고 인공지능, 로봇과 같은 자동화된 기술을 인류와 인간중심의 관점에서 제도적 · 규범적으로 통제하는 것이다. 전자는 인간 고유의 능력을 키우기 위한 교육시스템 및 관련 정책을 통해 실천해야 할 문제이지만, 후자는 인공지능의 자율성을 제한하고 인간주체의 통제력을 제고하는 법제도 적용의 문제라 할 수 있다. 인공지능의 압도적 영향력으로부터 인간 본연의 길을 찾기 위해서는 신경생물학, 신경과학, 심리학 등의 다양한 연구성과를 활용해서 인간 본연의 의식 형성 과정, 즉 '인간다움'이 어떻게 이루어지는 지에 대한 더 많은 연구와 노력이 필요하다.

지능화로 인해 인류에게 편의성과 생산성의 획기적 증대와 새로운 산업의 창출을 가져다주겠지만 동시에 사회시스템의 근본적 재편과 기계의 인간 대체라는 유례없는 위협이 나타날 수 있다. 그러나 인공지능은 인간의 한계를 뛰어넘는 새로운 가능성들을 창출하고 다양한 사회문제들을 해결하는데 적극 활용되면서 더욱 진화를 거듭할 전망이다. 우리가 인공지능의 규범적 이슈에 관한 체계적 논의를 하는 이유는 그러한 논의가 장기적으로 인류가 직면한 실존적 위험을 줄이는데 일정 부분 도움을 줄 수 있기 때문이다. 따라서 윤리적 민감성을 지닌 규범체계 및 규제 메커니즘을 통해 인공지능이 제공하는 기회와 위험, 즉 위험(risk)과 보상(reward)의 비율을 균형 있게 조율, 조정하도록 노력해야 한다.

2003년 넬슨(Nelson) 교수가 언급한 사회적 기술(social technology)은 경제학에서 사용되지만 과학기술과 대비되는 개념이다. 사회적 기술이란 법, 제도, 화폐, 도덕규범 등 사회를 지탱하고 유지하는 체계로 정의할 수 있다. 즉, 사회적 기술은 과학기술이 만들어 놓은 결과를 이용하여 다양한 가치를 만들어내는 체계이다. 더 나아가 사회적 기술은 과학기술이 미처 깨닫지 못한 방향과 방법을 찾고, 그에 따른 해석을 통해 사회문화(social culture)를 형성하게 될 것이다. 사회적 기술은 다양성을 가지고 과학기술의 성장 및 활용을 지원한다. 그렇지만 일방적으로 설계된 제도는 이해관계를 조정하지 못하고 새로운 논란을 일으키고 급기야는 분쟁으로 확대되곤 한다.

이러한 과정에서 법률은 다양한 이해관계를 조정하는 도구로 역할을 한다. 그렇지만 상대적으로 유연성이 떨어지는 법률은 정책을 통해 그 한계를 극복하기도 한다. 반면, 정책이 갖는 일관성을 확보하기 어렵다는 한계를 극복하기 위해 법률을 만들어내곤 한다. 법과 정책의 공진화(coevolution) 현상은 사회적 기술이 유연성을 가져야하는 이유를 보여준다. 합리적으로 운용(運用)되는 사회적 기술은 과학기술 투자와 기술자 우대를 통해 다양한 분야의 혁신을 이끌어 갈 것이다. 다만, 그동안의 기술결정론(technological determinism)에 따른 '기술중심' 정책보다는 '사람 중심'의 가치가 고려되어야 할 것이다.

7장

+

안젤리나 졸리의 선택과 유전자 특허

들어가며

미국의 유명 여배우 안젤리나 졸리는 2013년 5월 14일 뉴욕타임즈에 '나의 의학적 선택(My Medical Choice)'이라는 제목의 칼럼을 기고했다. 안젤리나 졸리는 뉴욕 타임즈의 기고문에서 자신은 BRCA 유전자 돌연변이를 가지고 있고, 또한 유방암에 걸릴 확률이 87%에 달한다고 밝혔다. 안젤리나 졸리의 예방적 유방절제술을 많은 국내 언론에서 다루었지만 정작 예방적 유방절제술을 받을 경우 얼마나 위험이 감소하는지에 대해서는 객관적인 근거를 확인할 수 없었다. 2013년 출간된 〈숫자에 속아 위험한 선택을 하는 사람들〉[84]의 '5장, 유방암검진'에서 저자는 유방촬영술에서 양성결과가 나왔을 때 당해 환자가 실제로 유방암에 걸렸을 확률을 계산하느라 애먹는 다양한 의사의 사례를 제시하고 있다. 다른 한편에서는 예방적 유방절제술에 대해서는 신중해야 한다는 견해가 제시되기도 한다.[85] 2013년 10월 24일 미국 보스턴에서 개최된 미국 인간유전학회(ASHG: American Society of Human Genetics)에서 BRAC1 유전자를 처음 발견한 메리-클레어 킹이 특정 여성들을 대상으로 다른 발암유전자에 대해서도 일상적인 테스트를 실시해야 한다고 주장했다. 그러나 이러한 견해에 대해서 반대하는 과학자들의 반론도 만만치 않았다.

안젤리나 졸리가 BRAC 유전자에 대한 사회적, 과학적 논란을 불러 일으킨지 한 달 후인 2013년 6월 13일 미국 연방대법원은 BRAC 유전자에 대한 특허무효소송이 있었다. 본 판결에서 '단순히 유전자 그 자체는 특허의 보호를 받을 수 없으나, 인간의 창의성과 기술이 필요한 cDNA(complementary DNA)는 특허의 보호를 받을 수 있다.'라는 결론을 내렸다. 이는 소송의 핵심쟁점인 유전자가 과연 '자연의 산물(a product of nature)'인가 하는 것에 대한 연방대법원의 법적 판단이라 할 수 있다. 안젤리나 졸리가 유방암 유전자 검사를 받은 미국의 미리어드 제네틱스(Myriad Genetics)라고 하는 분자진단 회사에서는 BRCA1, BRCA2 유전자의 독점적인 권리를 가지고 있으며 이 유전자를 테스트할 때마다 $3,340 금액을 지불해야 한다. 그리고 다른 의사에게 2차 소견을 구하거나(암진단의 경우 2차 소견이 중요하다), 애매한 부분을 다시 확인하기 위해서 환자들은 미리어드사에 또 다시 $3,340을 지불해야 한다. 이 테스트를 대체할만한 다른 테스트를 개발하는 행위는 특허를 침해하는 위법행위인 것이다. 이에 대해 시민단체 등은 미리어드사의 특허를 무효화하는 소송을 오랜 기간 수행하여 승리를 이끌어 냈다.

특정기업이 인간의 유전자에 대해 독점권인 특허권을 행사하는 것이 사회적·법적으로 어떤 의미를 가지는가에 대해 이번 연방대법원의 판결은 하나의 기준을 제시하고 있다. 철학적, 윤리적인 관점에서 이를 접근하는 것이 더 큰 의미를 가질 수 있으나, 구체적 현실을 지배하는 법논리가 과학적인 사실관계를 만나면서 어떻게 적용될 것인가는 흥미로운 주제가 아닐 수 없다.

현대 생명공학의 발달과 함께 과거에 시민사회와 법이 고민하지 못했던 과학기술의 사회적·법적 수용에 대한 문제가 나날이 증가하고 있다. 과학기술이 사회적으로 수용되는 과정에서 취득된 법적 권리(예를 들면 특허권)는 잠정적인 사회적 합의라 할 수 있다. 하지만 그 사회적 합의의 내용이 처음부터 명확한 것은 아니었고 그 기술의 사회적 파급력을 처음부터 완벽히 예측하기도 힘들다. 특히 유전자 특허와 같이 인간의 생명에 기초가 되는 유전자를 기반으로 하는 기술은 더 민감한 영역이라 할 수 있다.

이번 연방대법원 판결은 생명공학 기술의 사회적 수용과 그 변화에 대한 치열한 논쟁의 결과이자 과학기술의 법적 · 경제적 효과와 파장에 대한 이야기이다. 안젤리나 졸리가 한 의학적 선택은 단순한 개인의 결정이 아닌 인간의 유전자를 둘러싼 사회적 논쟁의 개별적 · 구체적 측면이다. 또한 사법시스템이 결정한 과학기술의 사회적 의미에 대한 법적 판단이기도 하다.

미국 연방대법원의 유전자특허 판결 분석

●●● 소송의 배경

이 판결은 2009년 American Civil Liberties Union과 Public Patent Foundation 등의 시민단체가 미국 유타주에 위치한 미리어드 제네틱(Myriad Genetics)사의 BRCA 1, 2 유전자에 대한 특허 무효화를 주장하면서 시작되었다.[86] BRCA 1, 2 유전자는 여성의 유방암과 난소암 발병에 매우 큰 영향을 미치는 유전자로, 이 유전자에 특정 변이가 있을 경우 매우 높은 확률로 유방암과 난소암이 발병하는 것으로 알려져 있다.

그렇다면 BRCA 유전자는 어떤 중요한 역할을 하기에 돌연변이가 생기면 높은 확률로 암을 일으키게 되는 것인지를 간단히 설명하기로 한다. BRCA 유전자는 유방암 감수성 유전자(breast cancer susceptibility gene) 혹은 유방암 성향 유전자(breast cancer predisposition gene)를 말한다.[87] BRCA 유전자는 다른 유전자에 문제가 생겼을 때 이를 '수선하는' 역할을 한다. 우리 몸 안의 모든 세포에는 모두 똑같이 핵이 존재하고, 유전자들이 들어 있다. 우리가 살아가며 발암 물질을 섭취하거나, 혹은 (흡연 등의 경로를 통해) 들이마시거나, 활성 산소에 노출이 되거나, 허용치 이상의 방사능을 쬐거나하면, 세포 내에 유전자들은 망가지게 되는데, BRCA 유전자는 그러한 유전자들을 고치고, 제 기능을 발휘하게 하는 'DNA repair mechanism'에 핵심적인 역할을 한다.

사람이 살면서 종종 발암 요소에 노출이 된다. 우리 생각보다 자주, 그러한 노출로 인해 정상적인 세포 내에서도 유전자의 고장은 계속 일어나고 있다. 보통 사람의 경우, 수선 기능이 작동하여 그러한 고장들을 그 때 그 때 고치지만, BRCA 유전자에 돌연변이가 있는 사람들은 그러한 고장들이 수선되지 못하고 켜켜이 누적이 될 수 있다고 한다. 보통은 그 고장이 큰 문제를 일으키지 않지만, 그러한 문제가 누적되며 정말 중요한 유전자에 커다란 고장이 생길 수 있다(세포 사멸(Apoptosis)에 관여하는 주요 유전자에 발생한 고장을 수선하지 못할 경우). 즉, BRCA 유전자에 돌연변이가 있는 사람은 다른 이들보다 그러한 고장이 일어날 확률이 훨씬 높을 것이고, 정상세포가 통제를 벗어나 암세포가 될 확률이 높아지게 되는 것이다.

●●● cDNA이란

이번 판결과 관련하여 언급되는 cDNA에 대해 알아본다. 이번 판결에서 언급했듯이 자연적으로 발생한 DNA 자체는 특허의 보호를 받을 수 없으나, 인간의 창의력과 기술을 더해 인위적으로 만들어 낸 cDNA는 특허법의 보호를 받을 수 있다는 점이다. Complementary DNA(상보적 DNA)를 뜻하는 cDNA는 mRNA에서 자연적으로 일어나는 반응을 거꾸로 거슬러 오르도록 설계된 기술의 인위적 산물이다. 분자생물학의 중심적인 원리는 DNA에서 RNA가 나오고, RNA에서 단백질이 생성된다는 점이다. 이 원리는 한동안 절대적인 진리로 받아들여졌지만, HIV와 같은 일부 바이러스들이 자신의 유전정보를 RNA 상태로 보관하다가 역전사효소(reverse transcriptase)라는 효소를 통해 숙주 내부에서 자신의 RNA를 거꾸로 DNA로 만들어낸다는 예외적인 경우를 발견하게 된다. 분자생물학자들은 이 역전사효소를 통해서 RNA로부터(정확히는 mRNA) DNA를 만들어내는 기법을 고안해 내었다.

DNA는 원래 단백질로 만들어지게 되는 '중요한' 부분인 엑손(exon), 단백질로 만들어지지 않기 때문에 일반적으로 중요하지 않은 부분이라고 생각되는 인트론(intron)을 모두 포함하고 있는데, mRNA로 만들어지는 과정에서 인트론은 제거되고 엑손만 남게 된다. 이 mRNA에서 다시 역전사효소로 DNA를 거꾸로 다시 만들어내게 되면 기존의 인트론은 모두 제거되고, 엑손만 남은 DNA가 만들어 진다. 이것을 원래 DNA와 구분하여 cDNA라고 부른다. 다시 말해서, '알짜 정보를 가지고 있는 부분(exon)'만을 가지고 있는 것이 cDNA이며, 유전자 공학에서는 이 cDNA가 매우 핵심적인 역할을 한다. 이 cDNA는 특허의 보호를 받을 수 있는 것으로 판결이 난 것이다.

●●● 법원의 판결내용

2013년 6월 13일 미국 연방대법원은 만장일치로 Association for Molecular Pathology v. Myriard Genetics 사건에서 다음과 같이 판시했다.[88] 단순히 유전자 그 자체는 특허의 보호를 받을 수 없으나, 인간의 창의성과 기술이 필요한 cDNA(complementary DNA)는 특허의 보호를 받을 수 있다. 즉 자연적으로 생성되는 DNA 조각은 자연의 산물이며, 단순히 그것이 추출되었다는 것만으로는 특허에 해당하지 않으나 cDNA는 자연의 산물이 아니므로 특허의 대상에 해당한다는 점을 분명히 한 것이다.

그러나 판결의 내용으로 인해 미국 특허시스템은 모호성과 불명확성이 증가한 면도 없지 않다. 이러한 의미에서 이번 판결은 연방대법원의 최근의 판결과 맥을 같이한다.[89] 이번 판결 이전에는 "유전체로부터 특정 DNA를 분리해 내려면 유전자와 주변 환경을 연결하는 화학결합을 끊어야 한다."는 이유를 들어 오랫동안 유전체로부터 DNA 조각 하나를 따로 분리해 내는 행위만으로도 '출원에 필요한 변형의 요건을 충분히 갖추었다.'고 보는 것이 일반적이었다. 그러나 이번 판결로 '특허를 받기 위한 변형의 정도'에 대해서 그 범위에 대한 논란이 있을 것은 분명하다.

●●● 이전 판결과의 차이점

미국 하급심 판결의 경우 100년을 거슬러 올라가 Parke-Davis v. H.K. Mulford 판결[90]에서 자연상태에서 분리된 생체분자(biomolecules) 즉 시체에서 정제된 인간의 에피네프린(epinephrine)에 대해 특허권을 인정했다. 핸드 판사(Judge Hand)는 그 화합물이 인간의 신체에서 자연적으로 얻을 수 있는 에피네프린과 화학적으로 동일하다고 할지라도, 자연상태에서 존재하는 그 상태로 정제되지 않은 에피네프린으로는 정제로 인해 발생하는 의학적 효과를 나타낼 수 없기 때문에 특허를 인정할 수 있다라고 이유를 설명했다.

최근에 미국 특허청(U.S. PTO)은 분리되고 정제되어 자연적으로 얻어진 DNA의 경우 분리와 정제가 자연상태에서 인간의 신체에 존재하는 DNA와는 명백히 구별되어 특허를 받기에 충분한 인간의 발명행위라 간주하고 있다.[91] 이번 사건으로 생물학적 물질로부터 분리된 자연적 산물은 그 이상의 변형이 없다면 그 자체로 특허의 대상이 될 수 없다는 사실이 명확해 졌다. 이번 판결이 특정한 인간의 유전물질(genetic material)에 주로 초점을 맞추긴 했지만 그 적용범위가 인간 혹은 DNA에 한정된다고 할 수 없다. 토마스 대법관은 미국 특허법 제101조(35 USC § 101)의 해석은 오직 “물질의 새로운 구성물” 만이 특허의 적격이 있으며 분명하게 단순히 “분리(isolation)” 행위는 자연적 산물(natural product)을 “새롭게(new)” 만들 수 없다고 언급했다.

따라서 식물로부터 추출된 단백질 혹은 미생물로부터 유래한 항생물질(antibiotics)은 단순히 자연상태에서 분리된 것 이상의 인간의 발명이 개입되지 않는다면 명백히 유효한 특허가 될 수 없는 확률이 높다. 자연 상태에서 유래한 새롭고 유용한 생체분자(biomolecules)가 특허의 보호를 받기 위해서는 아마 다른 물질의 합성을 조합하거나 생체분자의 화학적 구조를 현저히 변화시켜야 할 것이다.

● ● ● 합성 DNA

여기서 중요한 점은 생물체에서 자연적으로 생성된 생체분자와 자연적으로 생성된 생체분자와 같거나 혹은 유사한 화학적 구조를 공유하게 되는 합성 DNA(synthetic DNA)에 대한 문제이다. 연방대법원은 합성 DNA를 “발명자에 의해 변형된 DNA(DNA that had been modified by the inventor)라는 점”을 지칭하기 위해 사용하는 것으로 보인다. 이러한 합성 DNA를 자연적으로 얻어진 부산물과 같이 취급하여 특허 적격이 없다고 판단할 경우에 단순히 자연적으로 얻어진 생체분자의 특허성이 없다고 판단하는 경우보다 생명공학계와 제약업계 등에 미치는 파장은 더 클 것으로 보인다.

이번 판결은 DNA만을 대상으로 하고 있다. DNA에 기반기술은 주로 PCR(Polymerase Chain Reaction)과 같은 생체밖에서 일어나는 과정(in vitro process) 혹은 재조합 숙주세포(recombinant host cells)에서 일어나는 생체내 과정(in vivo process)의 다양한 방식을 사용하여 DNA의 수용가능성이 기하급수적으로 확대되는 방식에 의존한다. 이러한 확대 과정은 유전자 진단 혹은 재조합 단백질 발현(recombinant protein expression)과 같은 유전자 배열 정보(genetic sequence information)의 실질적인 이용에 있어 광범위하게 이용되고 있다. 현실적인 문제로, 미리어드사를 포함한 생명공학회사들이 자연에서 존재하는 것과 같은 유전자 정보를 공유하는 합성 DNA에서 특허를 취득할 수 있다면, 자연 상태에서 직접적으로 정제한 DNA의 특허보호를 요구할 필요는 없다. 이번 판결에서 미리어드사는 자연에서 기원하건 합성 DNA건 특허권을 행사할 수 없다고 볼 수 있다. 법원이 분명하게 자연에서 기원한 것과 합성 DNA를 구별하지 않았고, 아마도 그 중요성을 인식하지 못했을 개연성도 있다.

특허청구항 중 일부가 이번 판결로 특허권이 소멸되는 청구항의 범위에 있는 경우 그 청구항의 경우도 특허권이 사라지게 된다. 예를 들면, 특허번호 5,747,282(cDNA로 한정된)의 2번째 청구항은 같은 특허의 1번째 청구항에 의존하고 있으며, 따라서 청구항 1은 청구항 2의 특허 효력이 있는 cDNA를 포함하고 있다고 할 수 있다.[92] 연방대법원은 청구항1이 자연에서 기원한 DNA 즉 인간 유전체(human genome)에서 분리된 것이기 때문에 특허권이 효력이 없다고 판단하지만, cDNA를 제외한 합성 DNA의 경우 특정하여 특허 적격여부를 판단하지는 않았다. 그러나 합성 DNA가 자연적으로 추출된 DNA와 그 유전적 배열이 같다고 한다면, 합성 DNA에 한정된 청구항의 특허 적격이 반드시 배제되지는 않을지도 모른다.

cDNA가 특허 적격이 있다는 연방대법원의 결론을 설명하는데 있어 cDNA의 경우 합성되어 창조되었다(synthetically created)라는 점을 강조한다. 반면에 무효화된 특허청구는 인간유전체(human genome)의 나머지에서 자연적으로 분리되어 추출된 것이란 점이 강조되었다. 연방대법원은 cDNA는 구조적으로 mRNA와 구별된다는 점을 명확히 하고 있으나, 이는 PCR 혹은 재조합 단백질 발현(recombinant protein expression)에서 만들어지는 합성 DNA가 자연적으로 얻어지는 DNA와 구조적으로 구별된다는 점과 큰 차이가 없다는 점이다. 연방대법원은 분리된 DNA가 인간유전체(human genome)의 DNA 안에서 구체적으로 생성되는 유전정보를 갖고 있다는 점을 중요시하는 것으로 보인다. 그러나 같은 의미로 cDNA는 mRNA로부터 유래한 유전정보를 가지고 있다.

따라서 자연적으로 추출된 DNA와 배열이 일치하는 합성 DNA의 경우는 특허 적격이 있다는 해석이 미리어드사의 입장에서는 가능하며, 좀 더 일반적으로 말하면 자연적으로 추출되는 것과 같은 구조를 가지는 합성분자(synthetic molecules)의 경우도 특허 적격이 가능하다고 확대해석 할 수 있다. 합성생체분자(synthetic biomolecules)의 특허적격성을 판단할 때, 법원은 특허신청서의 청구항을 바탕으로 합성분자와 자연상태의 분자 사이의 구조적 차이의 정도와 중요성, 구조적 차이의 기능적 중요성과 구조적 차이가 정의될 수 있는 상세함의 정도 등을 고려할 가능성이 있다.[93)]

예를 들면, 연방대법원이 특허성을 인정한 cDNA의 경우 청구된 DNA 분자의 특정배열을 포함하고 있을 것이다. 반면에, 분리된 DNA의 경우는 BRCA 유전자 단백질에서 추출한 기능에 관해서만 의미를 가지게 된다. 연방대법원은 분리된 DNA 분자는 유전체(genome)로부터 특정 분자가 제거되는 동안 공유결합이 깨지면서 부차적, 자연적으로 발생하는 DNA와 구조적으로 다르다는 점에 대해서는 분명히 했으나, 화학적 구조에 관한 점과 DNA의 특정 부분으로부터 분리되어 발생하는 화학적 변화에 관해서는 언급하지 않았다. 만약 합성 DNA와 자연 상태의 DNA 분자 사이의 구조적 차이가 존재하고 그러한 구조적 차이가 특허청구에서 요구된다면, 합성DNA는 특허적격이 있을 수 있다.

●●● 특허적격의 문제

특허청구된 생체분자에 특허를 부여하기 위한 요건에 대해 미리어드사는 특허청구항의 생체분자와 자연 상태의 그것 사이에 구조직 차이에 대해서는 애매모호한 태도를 취하고 있다. 연방대법원은 특허적격의 문제에 대해서 cDNA의 합성을 기준으로 특허적격을 판단하려는 것으로 보이나, cDNA와 이에 상응하는 자연 상태의 DNA간의 구조적 차이도 강조하고 있다. 위에서 보듯이, 미리어드사는 생체분자가 합성되었다면 그 자체로 특허적격이 가능하다는 해석을 할 수 있을 것이다. 그러나 cDNA와 자연상태의 DNA간의 구조적 차이가 중요하다는 연방대법원의 결론은 cDNA는 특허적격이 있고, 이러한 구조적 차이가 특허적격의 핵심임을 강조하는 것이다. 이와 관련하여, 미리어드사는 구조적 차이는 특허적격을 판단하는데 있어 비현실적인 부분이 많다고 주장할 수 있다. 연방대법원은 구체적으로 "미리어드의 특허는 인간유전체로부터 분리된 DNA로 화학적 결합을 끊어 자연 상태에서 얻어진 것"이란 점을 분명히 하고 있다. 연방대법원은 cDNA와 mRNA 간의 구조적 차이가 특허적격을 부여하는데 충분하다고 판단하는 반면에, "분리된" DNA와 자연 상태의 DNA의 구조적 차이가 이와 어떻게 다른지에 대해서는 명확한 설명을 하지 않고 있다.

연방대법원이 cDNA는 인간유전체가 일반적으로 가지는 인트론(intron)을 가지고 있지 않다고 지적하고 있는데, 이것은 잘못된 비교라 할 수 있다. 즉 cDNA는 자연상태의 DNA로부터 유래한 것은 아니나, DNA에 존재하는 인트론(intron)이 존재하며 DNA와 같이 자연상태로부터 유래한 생체분자인 mRNA로부터 유래한 것이기 때문이다. cDNA와 mRNA의 구조적 차이에 대해서는 cDNA와 자연상태의 DNA 차이와 비교한 것과 같은 언급이 거의 되지 않았다. cDNA의 뉴클리오타이드(nucleotide) 서브유닛(subunits)은 mRNA와 비교하여 산소원자가 없는 상태가 차이가 나며, cDNA의 경우 우라실(uracil)이 티민(thymine)으로 대체되어 있다는 점이 다르다(우라실과 티민은 거의 동일하나 단일 메틸그룹(methyl group)에 의한 차이가 있다). 상대적으로 미비한 구조적 차이가 중요한 기능적 결과를 만들어내긴 하나, 자연상태의 인간 DNA에 대한 합성적 복제과정에서 일반적으로 발생하는 후생적 변화(epigenetic modification)가 없다는 점에서는 위와 같다고 할 수 있다.

●●● 별개의견

별개의견으로 스칼리아 대법관이 제시한 의견을 연방대법원이 채택했다면, 특허적격의 판단에 있어 보다 나은 가이드를 제공할 수 있었을지도 모른다. 스칼리아 대법관은 토마스 대법관이 제시한 분자생물학에 기초한 자세한 논증에 대해서 결별하는 태도를 취하면서, 그의 능력으로는 그러한 자세한 분자생물학적 논증이 불가능하며 그의 신념과도 배치된다고 설명하고 있다.

스칼리아 대법관은 분자생물학의 복잡성에 대해 설명하려는 의지나 필요를 느끼지 못하고 있다. 그러나 그는 동료 대법관들의 의견에는 동조하는데, 분리된 DNA가 특허적격이 없다는 결론에는 동의한다. 그 이유는 자연상태의 DNA 부분과 분리된 DNA가 동일한 반면에 cDNA는 자연상태에서 일반적으로 존재하는 것이 아닌 합성물(synthetic creation)이라고 보기 때문이다.

스칼리아 대법관의 태도는 복잡한 분자생물학의 논증에 얽매이기 보다는, 자연물(natural products)의 특허 적격에 대한 명확한 기준을 설정하고 이에 따라 접근하는 방법론적 간결성을 가지고 있다. 자연적 산물의 단순한 분리는 분리된 자연물에 특허 적격을 부여하는데 있어 충분치 않다는 것이며, 자연 상태에서 일반적으로 존재하지 않는 합성물(synthetic creation)로 동일성을 상실하도록 생체분자에 구조적 변형을 가해야 한다는 점을 강조한다.

●●● 향후 파급효과

생명공학계에 대한 이번 판결의 영향은 하급심 법원에서 연방대법원의 판단을 어떻게 적용하는가에 따라 크게 달라질 것이다.

최소한의 구조적 변이가 합성분자와 자연 상태의 분자사이에 존재하기만 한다면 자연에서 얻어진 생체분자의 합성물의 경우 특허 적격을 유지할 가능성도 있다. 이것은 특허보호에 있어서 자연상태에서 분리된 생체분자가 여전히 보호 받지 못한다는 것을 의미하나, 이러한 분리된 생체분자의 개발자들은 다른 의무적 구성요소를 결합한 생체분자를 포함하는 화합물, 생체분자를 포함하는 약제적 화합물, 단순한 분리 이상의 부가적 제한을 포함하는 청구항, 생체분자를 사용하거나 생산하는 방법과 직접 관련되는 청구항과 같은 특허 청구항에 관한 전략을 변경하여 적절한 특허보호를 보장받으려고 할 것이다.

반면에 자연 상태에서와 다른 구조적 변이가 있는 생체분자를 포함하여 생체분자의 합성물의 범위를 확장하는 것으로 법원의 판결을 해석한다면, 생명공학계에 미치는 영향은 좀 더 클 것이다. 예를 들어, 자연 상태에서 존재하는 DNA 배열의 벡터(vector)에 근거한 DNA 기반의 유전자 치료의 특허 적격의 지위는 어떻게 될지가 문제된다. 또한 생명공학계의 의학적, 재정적으로 중요한 의미를 가지는 단일항체(monoclonal antibody)에 기초한 의약품은 어떤 영향을 받을 것인가도 문제된다. 치료를 위한 단일항체는 인간의 항체와 구조적으로 유사하게 만들어 졌으나, 자연상태에서 유래한 단일항체라는 관점에서 이러한 구조적 유사성이 특허적격을 상실하게 하는지 여부도 문제된다. 다른 연방대법원의 판결(Mayo v. Prometheus[94])과 함께 이번 판결도 생명공학계와 의약업계에 효과적인 특허보호와 관련된 불명확성을 증가시킨 것은 분명해 보인다.

판결 이후

미리어드제네틱사는 BRCA1/2 유전자 특허를 바탕으로 20여 년간(1996년 출시) 'BRCAnalysis' 라는 유전성 유방암 검사 키트를 독점 출시하며 연간 수 천억원에 매출을 올리는 탄탄한 회사로 성장해 왔지만, 2013년 6월 BRCA1/2 유전자에 대한 특허가 취소되며 위기를 맞이하게 되었다. 판결 이후 미리어드의 특허가 사라진 유방암 진단(BRCA tes)시장에는 어떤 변화가 있었을까? BRCA1/2 유전자 특허가 사라지고, 법적으로 미리어드 제네틱사 이 외의 다른 회사들도 모두 BRCA1/2 를 읽어 유전성 유방암 검사 키트를 출시할 수 있게 되자 때를 기다렸다는 듯, 많은 회사들에서 BRCA test를 출시했다.

기존 유전체 시장에서 튼튼한 위치를 확보 하고 있던 Pathway genetics, Quest diagnostics, Counsyl 등이 이 대열에 합류하고, gene expression기반 ER+ 유방암 검사 OncotypeDX로 튼튼한 위치를 확보했던 Genomic health의 자회사라 할 수 있는 Invitae

도 발 빠르게 BRCA test를 출시했다. 이 외에도 CLIA(Clinical Laboratory Improvement Amendments)랩을 통해 검사실 자체 개발검사(LDT, Lab Developed Test)를 출시할 수 있는 곳들 중 상당수가 BRCA 서비스 경쟁에 뛰어 들었다. 심지어 이들 후발 주자들은 미리어드의 $3500-4000에 비해 월등히 낮은 가격으로 제품을 출시하며 미리어드를 압박해 나갔다.

특허가 사라지고 발빠르게 경쟁사들이 BRCA test 제품을 출시를 하자, 미리어드는 이에 대항해 소송을 거는 등 민감하게 경쟁사들의 제품 출시에 대항했다. 특허를 잃어버린 2013년 6월 이후 미리어드는 위에 언급했듯, 엄청난 경쟁에 직면하게 되었다. 그럼 그 이후 미리어드의 매출도 급격히 줄어 들어야 했을 터인데, 특허취소와 안젤리나 졸리 이슈가 있었던 2013년 6월 이후 오히려 매출은 급격하게 늘어 2014년(2013년 7월 1일 ~ 2014년 6월 30일)에는 $778M(한화 약 8500억)으로 미리어드사 사상 최대 매출로 특허 취소되기 직전 해인 2013년에 비해 $165M(한화 약 1800억)이상 매출이 급상승했다.본격적으로 경쟁 제품이 출시된 지 2년째인 2015년에도 미리어드의 매출은 특허 이전 2013년 매출에 비해 여전히 높은 상태이다. 다만 매출 정점을 찍었던 2014년에 비해서는 분기당 매출이 $10~30M(1~3백억원)이 낮아진 상태이다. 2014년은 '안젤리나 졸리' 효과가 얼마나 큰 영향을 미쳤는지를 확인할 수 있을 것 같다. 호재인 '안젤리나 졸리' 효과는 'BRCA

유전자 특허 취소' 라는 엄청난 악재를 충분히 덮고도 남았다.

유전자검사 시장이라는 좁고 특수한 시장이, '대중시장'으로 범위를 넓히게 되었을 때의 시장규모가 얼마나 넓어질 수 있을지를 가늠해 볼 수 있다. 독점 체제에서 갑자기 수십 개 회사들과 경쟁을 하게 된 상황에서도 미리어드의 매출은 특허 취소 이전에 비해 여전히 증가 추세로 특허를 잃은 효과가 미리어드의 매출에 큰 타격을 주었다고 말하기는 어렵다는 것을 확인할 수 있다. 이렇게 미리어드가 계속 성장세를 유지하는 것은 크게 두 가지를 들 수 있을 것 같다.

첫 번째로 브랜드 및 선점 효과이다. 아스피린 특허가 만료된지 오래지만, 여전히 바이엘은 아스피린 매출로만 한해 5천억 가량 매출을 올리며 전 세계 아스피린 시장의 최강자로 군림하고 있다. 마찬가지로 BRCA test 시장을 만들고 20여 년간 독점해 왔던 미리어드의 BRCA test는 그 자체로 믿을 만한 제품으로 시장에 자리 메김 했다. 두 번째 이유는 바로 20여 년간 수많은 고객의 BRCA test를 해오며 쌓은 고객 데이터를 바탕으로 한 미리어드의 BRCA test가 경쟁 제품들에 비해 월등한 분석력을 갖추고 있다는 점이다.

BRCA1/2 유전자는 각각이 81189bp/84193bp에 달하는 긴 유전자다. 이 수많은 베이스 각각에 대해 유방암 위험도 상관관계 연구가 이루어져 있는 것이 아니다. 즉, BRCA test를 통해

BRCA1/2 유전자 변이를 발견했다 하더라도, 이 변이가 기존에 유방암 위험도와 상관관계가 연구되어 있지 않다면, 변이에 대한 유방암 위험도 평가를 내릴 수 없다는 말이 된다. 이 부분이 바로 미리어드의 고객 데이타가 타 제품들에 비해 경쟁 우위를 갖는 지점이다.

미리어드는 20여 년간 100만 명이 넘는 BRCA test를 수행해오며 고객 데이터를 쌓아왔고, 이 방대한 데이터 분석을 통해 BRCA1/2 유전자 대부분의 변이에 대한 유방암 위험도 상관관계를 분석할 수 있는 체계를 구축한 상태다. 그 결과로 미리어드가 분석하지 못하는 BRCA1/2 유전자 변이(VUS: Variant of uncertain significance)는 전체 BRCA1/2 유전자 영역 중 2% 수준에 불과하나, 타 제품들은 10~35%에 달한다.

최근 미리어드에서 보고한 논문을 보면, 미리어드의 실제 고객 샘플 224,650개에서 발견된 unique BRCA1/2 variant 2017개를 공공 데이터(public DB) 5개(BIC, ClinVar, HGMD, LOVD, UMD)를 활용해 분석한 경우 1327개, 약 65.79%만을 커버할 수 있음을 확인할 수 있다. 이는 공공 데이터(public DB)를 활용한 BRCA test는 VUS가 35%에 달한다는 것을 의미한다. 유전성 유방암 위험도를 검사하고 싶은 고객들이 30% 이상 성능이 떨어지는 제품을 선택해 결과적으로 유전성 유방암을 제대로 대처할 수 없게 된다면 BRCA test를 받을 하등의 이유가 없을 것이다. 여기서 미리어드의 BRCA test의 강력한 경쟁력이 발생한다.

축적된 고객의 데이터를 바탕으로 제품의 질에서 타의 추종을 불허하는 미리어드에 대항하는 방법은 단 하나, 미리어드 만큼의 데이터를 축적하는 것이다. 데이터 숫자 100만 vs. 0 으로 시작하는 BRCA test 후발주자들이 선행 주자를 따라 잡는 건 불가능에 가깝다. 더군다나 0으로 시작하는 경쟁자들만 수십 군데이다. 이 상황을 타계할 유일한 가능성은 후발주자들이 뭉쳐 데이터를 함께 쌓아 나가는 것이고, 최근에 이를 위한 후발 주자들의 분투가 시작되고 있다.

미리어드사와 BRCA test를 둘러싼 일련의 상황들은 대량의 고객 유전자 정보를 기반으로 한 제품이 얼마나 강력한 시장 지배력을 가지게 되는지를 단적으로 보여준다. 더 많은 데이터를 쌓은 곳이 더 높은 게놈(Genome)분석 능력을 갖추게 되고, 이에 기반 한 제품들도 마찬가지로 품질에서 경쟁의 우위를 점하게 된다. 여타 공산품들은 품질이 좀 떨어지더라도 디자인이 월등하다거나 가격이 싸다거나, 품질 이외에도 제품을 선택하는 조건은 다양할 수 있다. 하지만 게놈(Genome)기반의 제품들에서 데이터 숫자의 부족으로 해석력이 떨어지는 제품을 선택할 이유를 찾기는 어려운데, 바로 제품의 선택으로 질병의 치료 방법, 예방 등 개인의 건강과 생존에 직결될 수 있기 때문이다.

8장

+

합성생물학의 법적 규제와 그 한계

들어가며

1970년대 재조합 DNA 기술의 등장, 1990년대 체세포 복제 성공, 2000년대 인간 유전체 지도의 완성 등 생명공학의 발전은 인간이 과학으로 생명을 이해하는 수준을 넘어서서 생명을 조작하는 수준, 나아가 생명을 재창조하는 수준에 도달하리라는 기대를 갖게 하고 있다. 이러한 기대는 윤리적 우려의 수준을 넘어서서 가까운 미래에 우리의 삶에 구체적인 영향을 미칠 개연성이 크며 이에 대한 사회적 준비가 필요한 시기가 이미 도래했다.

이러한 생명공학의 혁신적 발전은 합성생물학(synthetic biology)이라는 새로운 분야를 탄생시켰다. 기존의 생물학과 합성생물학이 다른 점은 말 그대로 생명체의 구성 요소 혹은 생명체를 합성하는, 창조하는 것을 목표로 한다는 점이다. 시민사회는 합성생물학을 지독한 유전공학으로 표현하기도 한다. 이는 기존의 유전자 재조합 기술을 뛰어 넘어 농민과 소비자에게 보다 강력한 영향을 미치기 때문일 것이다.

합성생물학은 마치 레고블록을 다양하게 조합하여 새로운 것을 만드는 것과 유사하다. 이는 연구실에서 새로운 합성유전자를 포함하여 새로운 성질을 가지는 유전자변형생물체[95](LMO, Living Modified Organism, 이하 LMO라 한다)를 다양하게 만들어 낼 수 있다는 것을 의미한다. 자연에서 생산되는 생산물이 인공적인 방법으로 연구실 수준에서 대량생산 될 수 있다면 인류는 생물학적 혁명을 통해 사회 · 경제적으로 큰 변화를 겪게 될 것이다.

우리는 국제규범인 생물다양성협약(CBD)을 통해 지구상의 생물종의 다양성을 보존하는 법체계를 마련하고 바이오안전성의정서를 통해 LMO의 국제적, 국내적 규제 체계를 확립하고 있다. 또한 유전자변형생물체로 인한 피해 구제를 위한 '나고야–쿠알라룸푸르 추가의정서'를 마련하고 국내 입법을 위한 준비를 하고 있다. 합성생물학이 생물다양성협약과 바이오안전성 의정서의 적용대상이 되는지의 여부는 바이오안전성의정서 당사국회의에서 이미 논의되기 시작했다. 2014년 9월 대한민국 평창에서 열린 제7

차 바이오안전성의정서 당사국회의에서는 합성생물학에 의해 만들어지는 유전자변형생물체의 위해성 평가에 기존의 생물다양성 협약과 바이오안전성의정서의 규정이 동일하게 적용되도록 협력할 것을 권장하였다.

합성생물학의 대두와 발전

●●● 합성생물학의 의미

합성생물학은 2004년 6월 '합성생물학 1.0(Synthetic Biology 1.0)'이라는 제목의 국제학술대회가 미국 매사추세츠공대(MIT)에서 개최되면서 본격적으로 전 세계에 알려지기 시작했다. 이 국제학술대회 홈페이지[96]를 운영하는 '합성생물학 컨소시엄'에 따르면, 합성생물학은 '자연 세계에 존재하지 않는 생물 구성요소와 시스템을 설계하고 제작하는 일, 그리고 자연 세계에 존재하고 있는 생물 시스템을 재설계해 제작하는 일' 등 두 가지 분야를 포괄하는 분야이다.

합성생물학 연구자들은 주로 유전자를 변형한 미생물을 생산해 차세대 에너지, 환경오염 저감기술, 의약품 등을 개발하는 데 박차를 가하고 있다. 듀퐁이나 카길을 비롯한 대기업과 다양한 벤처회사가 미국을 중심으로 이미 연구에 매진하고 있으며, 유럽연합은 2006년 제6차 'R&D 기본프로그램(FP6)'에서 합성생물학 분야에 장기간 수백만 유로를 투자하기로 결정하면서 미국 뒤를 좇고 있다.

합성생물학의 개념은 연구자마다 다소 다르지만, 21세기 들어 여러 과학기술이 융합한 결과 시스템생물학과 합성생물학이 출현했다는 사실은 학계에서 받아들여지고 있는 분위기이다. 20세기 생명공학은 생명체의 기본 단위인 세포를 분자 수준에서 분석하는 분자생물학, 그리고 그 연구결과를 응용하는 유전공학으로 대표된다. 그런데 21세기에는 분자생물학과 유전공학을 토대로 생명체를 분석적이 아닌 종합적으로 이해하는 흐름이 생겼다. 시스템생물학(Systems Biology)과 합성생물학이 그것이다.[97)]

시스템생물학은 생명현상의 기본원리를 규명하는데 중점을 둔다는 점에서 '과학'의 영역에 가깝고, 합성생물학은 인위적인 변형을 통해 원하는 생물 시스템을 얻으려 한다는 점에서 '공학' 분야에 속한다. 시스템생물학은 유전체학, 전사체학, 단백체학, 대사체학 등을 동원해 세포 내 구성성분 간 상호작용을 규명함으로써 생명체를 통합적으로 이해하려는 학문이다. 이에 비해 합성생물학은 시스템생물학의 지식을 활용해 세포의 구성요소와 시스템을 제조하는 분야이다.[98)]

합성생물학에 적용되는 기술로는 신속하고 저렴한 유전자(DNA) 염기서열 분석 및 합성 기술, 시스템을 설계하고 시뮬레이션할 수 있는 소프트웨어, 그리고 시스템 상태를 관찰할 수 있는 측정도구 등이 있다. 현재 합성생물학의 연구대상은 주로 미생물에 맞춰져 있으며, 기존의 LMO를 만드는 경우처럼 외부 유래 유전자를 삽입하는 일에서 아예 유전자와 세포구성요소를 직접 만들고 새로운 미생물을 생산하는 일까지 그 범위가 다양하다. 이 과정에서 보통 컴퓨터와 나노(10억분의 1) 수준의 미세조작이 포함되기 때문에 합성생물학은 흔히 BT, IT, NT가 융합된 분야로 인식된다. 합성생물학이 응용이 예상되는 분야는 기존의 유전자변형생물체가 응용되고 있는 분야와 유사하다. 식량부족, 의약품부족, 환경오염, 에너지고갈 등 인류가 직면한 현안의 대부분에 적용이 가능하다. 최근 특히 주목받고 있는 분야는 의약제조기술과 환경저감기술, 그리고 차세대 에너지생산기술 등에 맞춰져 있다.

●●● 연구 및 정책동향

2004년 MIT에서 제1회 합성생물학 학술회의인 SB 1.0(Synthetic Biology 1.0)이 열린 이후 2013년에는 영국의 임페리얼 칼리지에서 SB 6.0이 개최되었다. 2017년에는 싱가폴 국립대학에서 SB 7.0이 개최될 예정에 있다. 합성생물학이 신생분야이긴 하지만 합성생물학의 올바른 방향 설정을 위한 과학자들의 정기적인 토론과 협의체가 이미 구성되어 활동 중이다. 또한 영국의 임페리얼 칼리지에는 합성생물학 및 혁신센터(Center for Synthetic Biology and Innovation)가 합성생물학 관련 과학과 정책, 그리고 대외협력 등의 업무를 수행하여 주목받고 있다.

한편, 미국은 합성생물학 분야의 연구가 가장 활발하고 투자도 활발하다. 특히 주목할 점은 2010년 미국 대통령인 버락 오바마가 대통령 직속 생명윤리자문위원회(PCSBI)[99]에 합성생물학 연구의 파급효과와 향후 발전 방안에 대해 조사를 요청하여 '합성생물학 윤리 및 기술에 관한 대통령 정책자문 보고서(NEW DIRECTIONS: The Ethics of Synthetic Biology and Emerging Technologies)'가 발간되었다. 본 보고서는 현직 미국 대통령이 최초로 발동한 연구조사위원회 활동에서 나온 결과물이며, 합성생물학의 현주소, 발전방향, 그리고 연구지원 방향이 제시되어 있다. 국내에서도 합성생물학에 대한 관심이 고조되고 있는 바, 본 보고서의 분석은 국내 합성생물학 연구관련 정책결정에 중대한 자료로 이용될 것이다.

본보고서를 간단히 요약하면, 일각에서 제기되는 합성생물학의 사회적, 윤리적 위험성은 현 기술 수준으로 볼 때 우려할 정도는 아니며, 현재의 생물연구 관련 감독, 규제안 이외의 추가조치는 필요 없다는 것이다. 대신, 대통령 집무실(Executive Office of the President) 주관하에 합성생물학의 발전상황과 위험성에 대해 지속적으로 파악하고, 합성생물학 연구자들– 특히 생물학 전공이 아니거나 개별적으로 활동하는 연구자들 – 에게 생명연구 윤리를 교육시킬 것을 제안하고 있다. 본 보고서는 미국의 크레이크 벤터 연구팀이 유전자 901개, 염기쌍 107만7947개를 가진 박테리아 'JCVI–syn1.0'을 합성하는 데 성공한 것을 계기로 만들어졌다. 2016년 3월에는 여기서 유전자 일부를 녹아웃시켜 그 수를 절반 정도로 줄인 JCVI–syn3.0개발에 성공했다.[100)]

합성생물학은 정부와 민간의 투자, 연구 참여기관, 신규시장 진입자의 증가와 DNA 시퀀싱 비용 감소가 합성생물학 발전의 주요 성장 요인으로 작용하고 있다. 2012년 영국 정부는 합성생물학 관련 연구회(Research Council UK)와 기술전략위원회(Technology Strategy Board)의 투자를 조율하기 위해서 합성생물학 리더쉽위원회(Synthetic Biology Leadership Council)를 설립했다. 영국의 경우 경제성장을 위한 8대 중점기술 중 하나로 합성생물학을 선정하여 약 2.7억달러를 투자했다. 시간이 흐름에 따라 윤리, 안전, 보안 관련 이슈와 DNA 시퀀싱 비용 등이 감소할 것으로 예상됨으로 합성생물학에 대한 각국 정부의 투자와 민간의 연구개발이 활성화 될 것으로 예상된다.

●●● 향후 성장 전망

글로벌 합성시장의 규모는 2020년까지 147억 달러 규모로 성장할 것으로 예상된다.[101)] 글로벌 합성생물학 시장은 2014년 약 43

억달러 규모를 형성하였으며 이 후 5년간('15-'20) 연평균 성장률(CAGR) 23%로 빠르게 성장해 2020년에는 147억 달러 규모로 확대될 전망이다. 전세계 지역별 합성생물학 시장 비중은 유럽 지역이 2014년 15억 달러(35.5%) 규모로 가장 큰 시장을 형성하고 있으며 2020년까지도 가장 큰 비중을 유지할 전망이다. 그 다음으로 북아메리카 지역이 13.5억 달러(31.5%) 규모의 시장을 형성하고 있으며, 아시아-태평양 지역 9.4억달러(22%), LAMEA(중남미 · 중동 및 아프리카) 지역 4.7억달러(11%) 순으로 합성생물학 시장을 형성하고 있다('14년 기준).

기술별로 분석해보면, 합성생물학의 주요 기술 중 뉴클레오티드 합성 및 시퀀싱 분야의 시장은 2014년 20억달러(47.4%) 규모의 시장을 형성하여 가장 큰 비중을 차지하고 그 다음으로 바이오인포메틱스 9.8억달러(22.9%), 미세유체공학 8.7억달러(20.4%), 유전공학 4억달러(9.3%) 순으로 시장을 형성하고 있다('14년 기준). 제품별로 분석해 보면, 합성생물학 기술로 제작되는 주요 제품 중 합성 올리고 시장이 2014년 11억달러(25.6%) 규모의 시장을 형성하여 가장 큰 비중을 차지하고 있다. 용도별로는 의약품 및 진단 영역('14년 기준, 12억달러, 28.7%)에서 가장 큰 비중으로 활용되고 있으나 그 외 바이오연료, 바이오화학, 바이오플라스틱 분야 등 다양한 분야에서 유사한 비중으로 고르게 활용되는 추세이다.

글로벌 합성생물학 시장은 기술적으로 DNA 합성 및 시퀀싱, 유전공학, 미세유전체 공학기술, 바이오인포메틱스로 구분할 수 있으며, 이 가운데 시장의 성장성과 매력도 측면에서 DNA 합성 시퀀싱 영역이 가장 우수한 것으로 조사되고 있다. DNA 합성 및 시퀀싱은 합성생물학 산업에서 중점 투자기술로서 유전체 분석비용 절감에 영향을 미치며, 다양한 최종 수요자들의 맞춤형 DNA 합성 요구 증가에 따라 성장이 기대된다. 합성생물학 시장은 다양한 합성생물학 제품 생산에 관한 전문화된 소수의 공급자들로 인해 공급자의 교섭력이 높은 반면에, 합성생물학 제품에 대한 구매자의 수가 많고, 합성생물학으로의 전환 비용이 높기 때문에 구매자의 교섭력은 낮게 분석되고 있다.

합성생물학의 규범적 논의의 기초

●●● 국제환경협약과 생물다양성협약

2010년은 생물다양성의 해이면서 생물다양성협약에 내에서 의정서가 두 개나 채택된 해이자, 기후변화협약의 당사국총회도 열린 해이다. 1992년 이후의 다자간협약 중에서 가장 많은 당사국이 참가하고 당사국 총회를 통해 꾸준히 지구환경에 대한 전 세계적 합의를 모으는 국제환경협약의 대표적인 두 가지는 생물다양성협약과 기후변화협약이라 할 수 있다. 우루과이 라운드 이후 그린라운드가 새로운 무역규제 장벽으로 등장하면서 국제환경협약에 대한 관심이 높아지고 있다.

1933년부터 1990년에 이르기까지 체결된 국제환경협약은 150여 개에 달하지만 모두 개별적인 사안이거나 국제규범으로서의 일정한 한계를 가지고 있었다. 본격적인 국제환경협약의 발전은 1992년에 열린 리우회의를 전후해 빠르게 진행되고 있다. 지금 국제적 영향력이 큰 환경협약으로 한국이 가입한 협약은 바젤협약, 몬트리올 의성서, 기후변화협약, 생물다양성보존협약, 런던협약 등이 있다.

이 중 1992년 리우회의에서 채택된 기후변화협약(UNFCCC: United Nations Framework Convention on Climate Change)과 생물다양성협약(CBD: Convetion on Biological Diversity)은 그 규모와 의미면에서 국제환경협약을 대표한다고 할 수 있다. 왜냐하면 이 두 협약은 인류가 고민하는 지구적 환경문제를 전반적으로 포괄하며, 개도국과 선진국을 비롯한 모든 나라들이 한자리에 모여 지구환경문제에 대한 해결책을 모색하는 자리를 마련하기 때문이다. 2010년은 이 두 국제협약이 각각의 당사국총회에서 의미 있는 신전을 이룬 한 해였다.

생물다양성 협약은 지구에서 서식하는 생물종을 보호하기 위한 협약으로, 생물종은 지구상에 존재하는 모든 생물과 이 생물들이 서식하는 생태계 및 생물이 가진 유전자도 포함한다. 1992년 6월 리우회의에서 158개 국가의 대표가 이 협약에 서명함으로써 채택되었으며 1993년 12월 29일부터 발효되었다. 생물다양성 협약은 생물다양성의 지속가능한 이용, 생물다양성의 보전, 유전자원으로 발생한 이익의 공평한 분배라는 목표를 실현하기 위해 만들어 졌으며, 이에 따라 이미 2000년 1월 바이오안전성의정서가 채택되어 2003년 9월 11일부터 국제적으로 발효되고 있다. 2002년 생물다양성총회의 결정으로 2010년을 생물다양성해로 정하고 그에 따른 계획과 프로그램을 사무국을 중심으로 시행해 왔다. 하지만 많은 부분이 부족했고 이에 따라 2008년 제9차 총회에서 2011~2022년까지의 계획을 다시 수립하였다. 2010년 일본 나고야에서 열린 당사국총회는 이러한 생물다양성협약의 발전 방향과 맞물려 국제적 관심이 집중된 총회였다. 2010년 일본 나고야에서 열린 제10차 당사국총회에서는 '나고야의정서'가 채택되어 유전자원을 이용하여 이익을 얻는 자가 원산지 국가와 이익을 공유해야 한다는 것과 2011-2020 생물다양성 전략계획 및 목표가 채택됐다. 2012년 인도 하이데라바드에서 열린 제11차 당사국총회에서는 2015년까지 생물다양성 보호를 위한 자금을 2배로 조성하는데 동의했고, 해양 및 연안지역의 인프라와 여타 개발프로젝트들이 연관된 환경영향평가를 생물다양성의 요인으로 하는 새로운 방안을 결정하는 등의 결과를 도출했다. 이후 2014년 9월부터 10월까지 제12차 생물다양성협약 당사국총회가 한국의 강원도 평창에서 열려 2011-2020 생물다양성 전략 및 목표 이행 중간점검 및 이행 촉진 수단(평창로드맵)을 논의하고 향후 유엔개발의제(Post 2015 Development Agenda)협상에서 생물다양성 관련 목표를 반영했다. 또한, 유전자원의 접근 및 이익 공유에 관한 나고야의정서 이행체계 구축을 논의했다. 합성생물학과 관련해 미진했던 논의는 2016년 12월 멕시코 카큔에서 열린 제13차 생물다양성협약 당사국총회에서 보다 진전된 논의를 진행하였다.

●●● 바이오안전성의정서의 의미와 한계

유전자변형은 새로운 것이 아니다. 수천 년 동안 농민들은 생산성을 증가시키고 인간의 욕구를 충족시킬 수 있는 형질을 얻기 위해 선택육종(selective breeding), 교잡수정(cross-fertilization) 등의 방법으로 동식물을 변형시켜왔다. 또한 곡물을 빵과 맥주로, 우유를 치즈로 변환시키기 위한 재래 발효기술이 이용되었다. 이러한 자연세계의 인위적 변형과정을 통해 인류의 복지는 엄청나게 향상되어 왔다.

수천 년 동안의 발전과 비교해볼 때 생물형태를 바꾸는 인간의 능력은 지난 30여 년 동안 현대생명공학기술을 통해 가히 혁명적으로 발전하였다. 과학자들은 단순한 생물 종부터 보다 복잡한 생물 종까지 생물체의 발달과 성장을 관장하는 생화학적 도구가 존재하는 DNA와 유전자들의 가닥들을 어떻게 추출할 것이며, 어떻게 하면 변화시킬 수 있는가를 탐구하고, 알아냈다. 과학자들은 매우 정교한 기술을 이용하여, 살아있는 세포 하나하나의 아주 복잡한 유전자 구조를 조작할 수 있게 되었다. 예를 들어, 찬물에 사는 물고기의 유전자를 토마토에 삽입하여 서리를 견딜 수 있는 품종을 개발할 수 있으며, 박테리아 유전자를 이용하여 제초제 내성이 있는 작물을 만들 수 있다. 이러한 기술을 이용한 산물을 유전자변형생물체(Living Modified Organisms; LMOs, 보다 광범위하게 쓰이는 용어는 Genetically Modified Organisms 즉, GMOs이다)라 부른다.

1994년 미국에서 처음으로 GM토마토가 상업화된 이래로, 보다 많은 상업적 가치 창출, 생산성 증가, 영양성분 향상, 병해충 내성 등을 목적으로 수십 종의 식용 작물과 가축이 유전자변형 되었다. 유전자변형을 찬성하는 사람들은 생명공학기술을 통해 지속가능한 식량 생산이 가능해짐으로써 늘어나는 세계 인구에 대처할 수 있는 식량안보능력이 향상될 것이라 말한다. 농지의 확장, 관개용수의 확보, 농약 살포의 필요성을 줄임으로써 환경에도 이득이 될 것이다. 또한 보다 약효가 좋은 치료제나 백신, 품질 좋은 섬유, 성능 좋은 연료 등의 신제품이 개발될 것이다. 하지만, 많은 사람들은 급속한 과학적 발전으로 인해 윤리적, 환경적, 사회적, 보건적 문제가 발생할 수 있음을 우려하고 있다.

아직까지는 현대생명공학기술이 새로운 것이기 때문에 어떻게 GM산물이 우리에게 작용할 것이며, 다른 생물 종과는 어떻게 상호 작용할 것인지 알지 못한다. GM작물의 제초제내성 능력이 다른 근연종에게로 전이될 가능성은 없는가, 해충을 퇴치하도록 유전자변형된 식물이 다른 익충에게도 해를 주는 것은 아닐까, 유전자변형생물체의 경쟁력이 너무 강하여 생물다양성을 파괴하지는 않을까 하는 다양한 우려가 제기되는 상황이다.

이러한 우려들이 유전자변형생물체를 세계적 논쟁거리로 올려놓았다. 한쪽에서 새로운 연구를 통하여 유전자변형생물체의 위험이 거의 없음을 증명하면, 다른 쪽에서는 또 다른 문제를 제기한다. LMO가 없음을 선언한 수출용 선박에서 GM콩이 발견되고, GM옥수수의 꽃가루가 근처의 일반 농경지에서 검출된다. 유전자변형생물체와 관련된 무역 분쟁이 예상되고, 현대생명공학기술에 대한 찬반 논쟁이 너무 감정적으로 흐르지 않을까 염려된다. 다행스럽게도 이러한 논쟁의 결과, 현대생명공학기술이 줄 수 있는 잠재성은 많지만 적절한 안전 조치, 특히 환경에 대한 안전 조치와 함께 개발되고, 이용되어야 한다는 광범위한 합의가 있었다.

생명공학산업이 발달한 국가에서는 관련 규제와 위험평가시스템이 시행되고 있지만 현대생명공학기술과 그 산물에 관심이 많은 개발도상국들은 아직까지 규제를 준비 중에 있다. 또한 생명공학기술은 국제적 산업에 응용되며, LMO는 국가간에 이동이 되기 때문에 국제적으로 적용되는 규칙이 필요하다.

1995년 생물다양성협약 당사국들은 이러한 요구에 부응하여, LMO의 잠재적 위험을 다루게 될 법적구속력 있는 국제조약의 협상을 시작했으며, 2000년 1월 바이오안전성의정서를 채택하였다. 바이오안전성의정서에는 LMO의 국가간 이동에 따른 안전한 운송, 취급, 이용을 보장하는 포괄적 규제 내용이 마련되어 있다. 바이오안전성의정서는 소비자, 산업계, 그리고 환경적 요구를 충족시키기 위한 역할을 현재 수행 중에 있다. 그러나 그 자체가 LMO에 대한 통제로 완벽하지는 않으며 일정한 한계를 가지고 있다.[102)]

●●● 새로운 국제규범의 채택

협약의 발전과정에서 중요한 의미를 가지는 2010년 제10차 생물다양성협약 당사국 총회(COP10)와 제5차 바이오안전성의정서 당사국총회(COP-MOP5)에서는 생물다양성협약이 발효된 이후 새로운 변화와 발전의 계기가 될 2개의 의정서가 채택되었다. 특히 유전자변형생물체(LMO; Living Modified Organism)의 피해에 대한 배상과 구제를 위한 나고야-쿠알라룸푸르 추가의정서(Nagoya-Kualalupur Supplementary Protocol on Liability and Redress to the Cartagena Protocol on Biosafety; 이하 '나고야-쿠알라룸푸르 추가의정서')와 유전자원의 이익 공유를 위한 나고야 의정서(Nagoya Protocol on Access to Genetic Resources and The Fair and Equitable Sharing of Benefits Arising from their Utilization to the Convention on Biological Diversity; 이하 '나고야 의정서')의 채택은 생물다양성협약이 시작된 1992년 이래로 가장 큰 발전이라 할 수 있다.

나고야 쿠알라룸푸르 추가의정서의 경우 LMO로 인한 피해에 대해 손해를 배상할 수 있는 법률체계를 만든 것이다. 생물다양성협약 내에 바이오안전성의정서가 LMO의 국가간 이동을 규제하고 관리하는 성격을 가진 반면에, 이번 추가의정서는 이러한 LMO의 국가간 이동으로 인해 발생한 피해를 배상하기 위한 국제적 규범체계를 합의한 것으로 평가된다. 이는 기존의 LMO 관리를 위한 법체계와 함께 사후적인 손해에 까지 배상을 받을 수 있는 국제규범이 만들어져 LMO 관련 국제적인 법률체계가 완성된 것을 의미한다.

나고야 의정서는 생물다양성의 3대 목표 중 하나인 유전자원의 공평하고 공정한 이익 공유가 가능하게 할 수 있도록 만든 의정서이다. 생물자원과 유전자원에 대한 국가의 주권을 인정하고 이를 바탕으로 자원제공국과 자원이용국이 공평하게 그 관련 이익을 공유하는 것이 이번 의정서의 핵심적 목적이다. 이번에 채택된 '나고야-쿠알라룸푸르 추가의정서'는 유전자변형생물체로 인한 사후적인 피해에 대해 배상하고 국가기관에 일정한 조치를 요구할 수 있는 민사절차를 마련하는 것을 핵심적인 내용으로 하고 있다. 쉽게 말하면 LMO 피해에 대한 손해배상법이라 할 수 있다. 바이오안전성의정서 제27조는 '배상책임 및 구제'라는 조항에서 이를 규정하고 있지만 구체적인 민사절차의 규정문제와 손해배상 범위 등의 복잡한 문제로 인해 추가의정서 라는 또 다른 의정서가 이번 당사국 총회에서 채택되기에 이르렀다.

이번 의정서는 LMO 관련 국제규범을 완결하고 유전자변형생물체와 관련된 법적 체계를 완성한 측면에서 의미를 가진다. 이 의정서가 탄생하기까지 2004년 2월 말레이시아 쿠알라룸푸르에서 열린 제1차 당사국 총회에서 그 작업을 시작한 이래 5차에 걸친 작업반회의와 4차에 걸친 프랜드 그룹회의를 통해 많은 내용이 추가되고 삭제되는 우여 곡절을 겉쳤다. 그 큰 이유 중 하나는 각국의 민사법 체계가 다르고 통일적이고 국제적으로 적용될 수 있는 민사절차를 만들기가 법 기술적으로 어렵다는 측면 때문이었다.

또한 손해배상은 결국 금전배상으로 귀결되는데 각국이 이런 국제 규범에 대해 부담스러워하는 측면도 강했다. 그러나 결과적으로 이번 의정서의 타결로 개인은 민사절차를 통하여 LMO의 피해로 인한 손해에 배상을 받을 수 있고 적절한 조치를 요구할 수 있는 길이 마련되었다. 물론 LMO 생산자나 유통업자 입장에서는 민간을 직접 상대해야 하는 부담이 있는 것도 사실이다. 특히 이 법의 범위가 살아 있는 LMO 그 자체에만 적용되는 것이 아니라

LMO 제품에 전반적으로 적용될 수 있는 길이 열려있기 때문에 그 자체로 파급효과는 상당하다고 할 수 있다. 유전자변형옥수수로 만든 전분만 하더라도 식품업계에서 광범위하게 사용되고 있으며 우리는 알게 모르게 유전자변형식품을 섭취하고 있는 것이 현실이다. 혹시라도 있을지 모르는 유전자변형생물체 내지 식품으로 인한 피해에 대해 관련 국제 규범이 만들어진 것은 소비자에게 유전자변형식품에 대해 긍정적인 법적 신뢰를 제공할 기초를 마련한 것으로 평가된다.

하지만 이번 추가의정서는 쉽지 않은 국내 입법과정을 거쳐야 할 것으로 보인다. 앞서 살펴본 나고야 의정서가 유전자원 이용기업의 이익에 직접적인 연관성이 있다면 이번 '나고야–쿠알라룸푸르 추가의정서'는 소비자의 이익을 직접적으로 대변하는 국제 규범이기 때문이다. 이 의정서의 입법은 LMO 소비자 모두에게 관련되는 사안이고 그들의 권리를 보호하고 손해를 배상하는 것을 핵심으로 한다. 따라서 이 법은 소비자의 입장에서 다양한 의견 수렴과정이 필요할 것이다. 그리고 입법과정에서도 다양한 검토와 함께 법학계의 심도 있는 의견수렴도 필요한 상황이다.

●●● 제기되는 이슈들

합성생물학은 앞서 살펴본 바와 같이 그 산업이 확대되고 자금도 대량으로 확보하여 제품의 출시가 이미 이루어지고 있다. ETC

그룹이 2012년에 실시한 조사에 따르면 합성생물제품에 대한 주요 투자 및 개발업체에는 세계 10대 화학회사 중 6개사, 10대 에너지회사 중 6개사, 10대 곡류거래업체 중 6개사, 그리고 세계 7대 제약회사가 있다고 한다. 동 업체들과 투자기관은 수십억 달러를 100개 이상의 순수 합성생물학 개발업체에 투자하고 있다고 한다. 현실적으로 이미 합성생물학은 우리 삶에 실질적으로 영향을 미치고 있는 것이다.

가장 근본적으로 제기되는 이슈는 합성생물학이 기존의 재조합 DNA 기술과 차별된다는 점이다. 생명공학 규제체계가 성립될 당시와는 다른 기술적 차이를 가지고 있다는 점이 가장 큰 문제일 것이다. 합성생물학은 기존 재조합 DNA 기술보다 발전 속도가 빠르고 그 규모가 크며 전례 없는 새로움과 복잡성을 가진 유전공학의 형태를 제시한다는 것이다. 이러한 합성생물학에 빠른 상업적 개발과 산업에 대한 막대한 적용가능성에 대해 시민사회 등이 우려를 제기하고 있으며 이는 전 세계적으로 확산되고 있다.

합성생물학은 아직까지 국가 또는 국제기관의 통제 및 감시를 받지 않고 있다. 합성생물학을 통하여 개발된 유기체와 요소들은 바이오안전성 관련 인증된 위험평가 모델을 가지고 있지 않으며 기존의 위해성 평가방법은 합성생물학의 새로운 특성 때문에 연관성이 떨어진다. 따라서 생물다양성협약(CBD) 체제를 통해 합성생물학이 논의되고 관리되는 체계를 만들 필요가 있다. 새로운 생물체는 생물다양성과 생태계 안전에 직접적 혹은 잠재적 위협이 될 가능성이 있으므로 생물다양성협약(CBD)의 체제를 활용 이를 관리하고 통제할 필요가 제기되는 것이다.

한편, 합성생물학은 유진자원에서 비롯되는 이익의 동등한 공유를 위협한다. 생물다양성협약(CBD) 당사국들이 유전자원의 접근과 이익 공유에 관한 나고야 의정서의 협상을 마쳤을 때, 이는 유전자원을 개발하고 지켜 온 공동체의 동의 및 이익 공유 없이는 생명공학회사들이 이러한 자원을 남용할 수 없다는 중요한 첫걸음으로 여겨졌다. 그러나 합성생물학의 기법은 나고야 의정서가 제시했던 형평성 원칙을 와해했다고도 볼 수 있다. 나고야 의정서는 유전자원의 물리적 이동과 관련된 규칙을 세웠지만 합성생물학자들은 유전자원을 디지털화 하여 이동시킬 수 있다. 이에 따라 음악, 영상, 서적의 디지털저작권 침해행위만큼 유전자원의 디지털 침해행위가 가능하고 흔해질 우려가 있다.

합성생물학의 기존 법체계 적용가능성

합성생물학이 기존 법체계에 적용가능한시의 여부는 우선 바이오안전성의정서와 이를 토대로 2001년 제정된 지식경제부의 '유전자변형생물체의 국가간 이동 등에 관한 법률(이하 LMO법이라

한다)'을 통해 판단해야 할 것이다. LMO법에서 제시된 LMO는 매우 포괄적으로 정의돼 있어 합성생물학의 연구내용이 포함되고 있다. 즉 제2조 1항에 따르면 "유전자변형생물체란 다음 각 항목의 현대생명공학기술을 이용하여 얻어진 생물체로서 새롭게 조합된 유전물질을 포함하고 있는 생물체"를 의미한다.

여기서 가리키는 현대생명공학기술은 두 가지이다. "첫째, 인위적으로 유전자를 재조합하거나 유전자를 구성하는 핵산을 세포 또는 세포 내 소기관으로 직접 주입하는 기술, 둘째, 분류학에 의한 과(科)의 범위를 넘는 세포융합으로서 자연 상태의 생리적 증식이나 재조합이 아니고 전통적인 교배나 선발(선발)에서 사용되지 아니하는 기술" 등이다.

LMO법은 '합성 LMO'의 환경위해성에 대비한 내용 역시 담고 있다. 법률 제13조에 따르면 LMO의 위해성 심사를 하는 경우 인체에 미치는 영향에 대해서는 보건복지부장관, 환경으로 방출되거나 방출될 우려가 있을 때 작물재배환경에 미치는 영향은 농림수산식품부장관, 자연생태계에 미치는 영향은 환경부장관, 그리고 해양생태계에 미치는 영향은 국토해양부장관과 미리 협의해야 한다. 그리고 위해성 심사의 기준과 방법 등은 관계중앙행정기관의 장이 정해 고시한다. 한편 제14조에는 국민의 건강과 생물다양성의 보전 및 지속적인 이용에 위해를 미치거나 미칠 우려가 있다고 인정하는 LMO, 그리고 국내 생물다양성의 가치와 관련하여 사회 · 경제적으로 부정적인 영향을 미치거나 미칠 우려가 있다고 인정하는 LMO의 생산을 금지하도록 명시돼 있다. 만일 이 사안을 어길 경우 5년 이하의 징역 또는 7000만원 이하의 벌금에 처하도록 규정돼 있다.

그러나 LMO법의 실질적인 규제 대상은 '합성 LMO'가 아니라 '기존 LMO'이다. 이 사실은 제1조 목적에서, LMO법이 만들어진 배경이 '바이오안정성 의정서'라는 국제협약을 국내에서 이행하기 위한 것이라고 명시한 사실에서 알 수 있다. 즉 합성생물학이 태동하던 시기가 2000년대 초반이므로 '바이오안전성 의정서'가 채택될 당시 규제의 대상인 LMO는 유전자 한 두개를 삽입하거나 기능을 없애는 '기존 LMO'에 해당한다.

최근 OECD는 식물육종신기술을 정리하여 분류하였는데 이러한 신기술들은 새로 개발된 기술은 아니고 예전부터 그 원리와 기법이 밝혀진 기술들이다. OECD의 식물육종신기술(NPBT, Novel Plant Breeding Technologies)워크숍 준비자료(OECD 2014)에 의하면, 이들 7개의 기술은 1) Site Directed Nucleases (SDN), 2) Oligonucleotide Directed Mutagenesis (ODM), 3) Cisgenesis/Intragenesis, 4) Reverse Breeding (RB), 5) RNA-directed DNA Methylation (RdDM), 6) Grafting on GM-rootstock on wild-type Scion 및 7) Agroinfiltration이다. EU는 위의 기술에 합성생물학(Synthetic biology)을 포함하여 8개 기술을 신기술로

정의한다. EU의 합성생물학 개념은 세포 또는 염색체를 재설계(redesign)하거나 합성하여 새로운 종 또는 물질을 만드는 것이다. 이와는 달리, 생물다양성협약(CBD)의 바이오안전성 의정서 위해성평가 분야에서의 합성생물학 개념은 위의 8개 신기술을 모두 포함하고 생물정보학, 대사공학, 공학 등의 관련분야를 포괄하여 확대 적용하고 있다.

새로운 식물에 대한 위해성평가에서 고려되는 가장 중요한 개념은 신규식물(LMO를 포함한 새로운 품종)과 전통적인 재배종(또는 야생종) 대조군(conventional counterpart 또는 non-GM comparator)의 상호 비교분석(comparative analysis)이다. OECD는 비교분석이 GM작물 또는 LMO 유래의 식품의 안전성을 결정하는 데 있어 가장 실제적인 방법으로 이들이 유사한 종류의 식품(들)과 실질적 동등성(substantially equivalent)이 있는지를 분석하는 것이라고 밝혔다.

실질적 동등성은 안전성평가 방법 그 자체는 아니지만 신규식품과 기존의 전통적인 것을 상호 비교하여 의도적 또는 비의도적 차이를 규명함으로써 안전성평가의 시작점을 제공하는 것이다. 실제적으로 이는 식물의 개발과정보다는 결과를 중시하는 개념으로서, 식물의 최종산물의 구성요소 분석(composition analysis)을 중요한 평가근거로 활용한다. 즉, 개발된 신규식물의 구성성분(단백질, 지질, 탄수화물, 무기물, 2차 대사산물, 영양성분과 항영양성분 등)과 알려진(또는 잠재적인) 위해 요소들을 전통적인 육종에 의하여 개발된 재배종 및 자연에 존재하는 야생종과 비교 분석하여 그의 동등성(또는 차별성)을 비교하는 것이다.

비교분석 방법들 중에서 인류외의 친숙성(familiarity or history of safe use)과 식품으로 안전하게 이용된 역사(history of safe use as food)의 개념이 매우 중요하다. 현재 인체 또는 동물에서의 안전성을 판단하는 중요한 잣대로 활용되며 특히, 안전성의 과학적 증명이 어려운 부분에서 논리적(합리적) 유추를 할 수 있는 근거로 활용된다. 친숙성 개념과 관련 있는 GM식물의 위해성(환경위해성)평가는 생물학적 특성이 잘 알려져 있거나 이용 경험이 있는 적합한 대조군(comparator, 대개의 경우 전통육종으로 개발된 재배종)과의 비교를 통하여 이루어져야 한다는 의미이다. 즉, GM식물이 환경에 방출(노출)될 경우 환경에 미치는 영향이 대조식물과 비교할 때 차이가 있는지 유무를 판단하고 그 차이가 얼마나 큰 영향을 미치는가를 판단하는 것이다. 아울러 식품으로서 안전하게 이용된 역사를 고려하여야 한다는 개념은 노출량평가(exposure assessment)와 직접 연관이 있다. 이는 사람 또는 동물이 GM식물 유래의 잠재적 위해성물질에 노출되는 양과 빈도를 평가하고 사람이나 동물에 위해를 미칠 수 있는 최소 노출량을 산정하여 평가에 활용하려는 개념이다. 고려되는 위해성 요소는 독성물질, 알레르기성 및 항영양성분 등이 있다. 또한 인류가 일상생활에서 이들 잠재적 위해 물질을 얼마나 자주, 많이 섭촉하였는지도 중요한 평가 기준점이 된다.

사실, 현재의 각국의 LMO 안전성평가는 이러한 비교분석에 의한 실질적 동등성의 개념을 적용하고 있으며 많은 경우에, 안전성평가 결과에 “as safe as”, “as nutritionally valuable as” 또는 “unlikely to have adverse effects on” 등의 문구가 사용됨을 볼 수 있다. 이는 안전성평가가 현재의 과학기술 수준으로 접근할 수 있는 방법을 이용하고 도출된 결과를 지금까지 밝혀진 학문적 논리에 근거하여 설명(즉, 지식의 한계범위 내에서)해야 하기 때문이기도 하다. 이에 근거하여 NPBTs 기술로 만들어진 신규식물의 위해성평가도 실질적동등성의 개념 안에서 다루어져야 한다는 것이 일반적인 경향이다.

이와 관련하여 2014년 9월 한국에서 열린 제12차 생물다양성협약 당사국총회와 제7차 바이오안전성의정서 당사국총회에서는 합성생물학에 의하여 만들어지는 LMO에 대한 위해성의 평가의 경우, 현재 생물다양성협약과 의정서에 명기된 각종 조항들이 동일하게 적용되도록 협력할 것을 권장하였다. 결정문을 통해 사전예방주의 원칙에 따라 위해성 평가 · 관리를 위한 시스템을 구축하고, 합성생물학 산물의 실험실 외 사용은 국가 · 지역 · 국제적 사전 위해성평가 후 승인하도록 하였다.

합성생물학과 관련하여 제12차 생물다양성협약 당사국총회에서 논의된 점은 합성생물학 이 기존의 규제체제인 바이오안전성 의정서의 체제에서 규제될 것인가 아니면 새로운 국제적인 프레임이 필요한지의 여부였다. 우리나라를 비롯한 EU 및 일본 등은 합성생물학이 생명공학의 일부로 바이오안전성 의정서 틀에서 규제가능하며 논의도 의정서의 틀에서 다루어야 한다고 주장했다. 반면에 이집트, 에티오피아 및 콜롬비아 등은 자연에서 나오지 않는 유기체를 통제하기 위해서는 새로운 국제적 프레임을 설립할 필요가 있음을 주장하였다. 최종적으로 채택된 결정문에서는 "각 당사국에 합성생물학으로 만들어진 유기체의 현장 실험은 적절하게 국가, 지역 그리고/또는 국제 프레임워크에 따라 위험 평가를 거친 뒤에만 승인(approve)할 것을 요청"하는 것으로 결론이 났다.

국제 프레임워크의 적용에 대해서는 각 당사국이 생물다양성협약 제3조[103]의 원칙에 따라 합성생물학으로 생성되는 산물의 환경으로의 배출에 대한 위험평가 절차를 설립하기를 요청하는 항목을 추가하면서 국제 프레임워크 적용은 선택 사항으로 남겨두는 선에서 합의하였다. 최종 결정문에는 합성생물학에 대한 임시기술전문가그룹(Ad Hoc Technical Export Group on Synthetic Biology)이 합성생물학 관련 쟁점사항에 대해 지속적 논의를 시작하기로 하였다.

합성생물학의 미래와 사회의 통제

합성생물학은 인간을 신처럼 만들 수 있는 연구 영역이다. 새로운 생물을 창조할 수 있는 가능성이 열리는 연구이기에 이에 대한 법적 규제와 사회적 수용의 문제는 그리 간단치 않다고 할 수 있다. 현재로서는 '생물다양성협약'의 발전적 논의를 통해 합성생물학의 사회적 수용과 통제에 대해 고민할 수밖에 없다. 유전자변형생물체(LMO)에 대한 사회적 논쟁이 아직 끝나지 않은 시점에서 우리는 이보다 더 논쟁적인 '생물체'에 대해 논의를 시작해야 할지 모르겠다.

구체적인 합성생물학의 결과물로 '새로운 생물체'가 등장하고 이를 상업적으로 이용하려는 시도가 시작된다면 사회는 많은 혼란을 겪을 수 있다. 따라서 이러한 혼란이 시작되기 전에 생명윤리의 문제를 시작으로 법적 · 사회적 통제 방안에 대해 미리 고민할 필요가 있다. 아직은 구체적으로 어떤 것이 문제되고 어떤 위험성이 문제될 수 있을지 구체적으로 알 수 없다.

단지 '생물다양성협약' 등을 통해 유전자변형생물체(LMO)를 국제적으로 규제했던 방법이 도움이 될 수 있을 것이다. 가능한 이슈로 '새로운 생물체'의 법적 지위, 소비를 위한 국가적인 이동과 그 규제 방안, 환경에 방출될 경우에 영향, '새로운 생물체'로 인한 손해의 양상과 배상문제 등이 있을 수 있다. 생명공학의 급격한 발전과 혜택의 이면에는 '우리가 이를 사회적으로 어떻게 수용하고 통제할 수 있느냐'라는 인문사회학적인 근본적인 질문이 도사리고 있다.

9장

+

초연결 사회에서 인간과 사회의 변화

네트워크 확대와 초연결 사회

세상은 네트워크의 연결 증폭으로 소통의 장(場)이 급속히 커지고 있는 중이다. 사람들의 인터넷을 통한 소통이 급격히 확대되어 사람의 연결을 넘어 사물 연결로까지 급속히 진행하는 중이다. 사람들은 인터넷 네트워크를 통해 서로를 연결하고 소통하는데 그 대상, 방법, 폭을 증폭시켜 우리들 삶의 시공간을 지속적으로 좁혀오고 있다. 네트워크에 연결된 기기의 수가 전 세계 인구를 이미 초과할 정도로 증가했고, 연결대상도 사람뿐 아니라 사물 중심으로 크게 확대 중이다. 과거 PC 기반 인터넷에 의한 간헐적 연결 방식이 최근 스마트폰 등의 등장으로 실시간 연결로 변하고 있는 등 정보통신 환경 변화 흐름이 연결의 극치를 지향하고 있다.

사회를 기존의 연결에서 이를 월등히 뛰어넘는 초연결 상태로 진행시키는 강력한 동인이 우리 사회 속에 내재되어 있으며 그 힘의 발휘가 시작했다. ICT에 친숙한 세대로서 현실과 가상 세계를 넘나들며 네트워크를 형성하고, 거대한 양의 정보를 생산·소비하며 '연결'을 지향하는 C세대(Connection Generation)[104]가 출현하여 성장하고 있는 중이다. 연결 비용이 격감하고, 최근 4세대 LTE는 5세대 LTE까지 발전할 정도로 연결 속도가 증가하는 추세이다. 장차 연결의 극치인 초연결사회(Hyper-connected Society)의 도래가 예상된다. 초연결 상태에서는 센서와 액추에이터로 물리세계와 사이버 세계가 실시간 연계되거나 하나로 융합된 새로운 네트워크 환경이 조성된다. 초연결성은 인터넷 네트워크에 의한 인간을 중심으로 한 연결이 사람 →사물 → 데이터, 프로세스 → 시간과 공간, 지식 등 지구상의 모든 요소로 확장되어 가는 일련의 과정이다.

초연결 사회에서의 일상생활 시스템은 생활통신망, 단말기, 플랫폼, 서비스 콘텐츠 계층 구조를 통해 사물 간 통신, 연결 상태를 지능형으로 구현한다. 초연결 사회에서는 지능로봇의 부각, 재택근무 보편화, 전자종이의 만능 디스플레이화, 웨어러블 단말기의 확대, 유비쿼터스 네트워크와 클라우드 컴퓨팅의 보편화 등이 큰 트렌드를 형성한다.

사람의 인격은 뇌에 자극이 주어지는 과정, 즉 밈(meme)을 통해 형성된다. 예를 들어 아이가 부모와 대화를 나누면서 뜻도 모르는 단어를 따라 말하는 것이 바로 밈이다. 다르게 표현하면 밈은 '사회적 교류의 양상'이다. 2015년 7월 1일 '더 MBA 포럼(The MBA Forum)'에서 최재붕 성균관대 교수는 "초 연결사회 시대, Next 10년을 준비하라"를 주제로 강연하며 인터넷의 영향으로 새로운 인류시장인 '스마트 신인류(neo-smart-human)'가 형성됐다고 말했다.

최 교수는 '초연결 사회'를 정의했다. 그는 "물리적으로 '초연결 사회'는 인터넷에 연결된 기기의 수가 인구수보다 많아지는 시점을 의미 한다."고 했다. 그리고 '초연결 사회'에서는 인격의 형성 과정, 즉 '밈'의 형성 과정이 달라진다고 했다. 과거에는 얼굴을 보며 타인과 교류해 밈이 생겼다면, 이젠 스마트폰이 뇌에 자극을 줘 한 사람의 인격, 성품, 생각을 형성하는 것이다.

최 교수는 이렇게 스마트폰으로 형성되는 밈의 문제는 양(量)에 있다고 말했다. 그는 한 진화론 연구자와의 대화를 소개했다. 최 교수는 그에게 "5년 전과 비교해서 스마트폰을 통해 인간이 행동(action)을 100배 이상 더 하게 되었다면 인간은 어느 정도로 진화했다 할 수 있는 것인가"라고 물었다. 그리고 "그 정도 진화라면 완전히 새로운 인류가 됐다고 해도 과언이 아니다."는 답을 들었다. 즉 '스마트 신인류'가 탄생했다는 말이다.

최 교수가 정의하는 '스마트 신인류' 특성은 다음과 같다. 첫째, 항상 인터넷에 연결되어 있어야 한다. 스마트폰에 의존하기에 이제 사람들은 인터넷에서 무언가를 검색하지 않으면 지식이 확보돼 있지 않다고 생각한다. 이는 소비행동에 대표적인 영향을 미친다. "소비를 결정하는 데 사람들이 신뢰하는 정보가 변한다."고 최 교수는 말했다. 이제 사람들은 인터넷에 검색했을 때 나오는 객관적인 자료만 신뢰한다는 것이다. 두 번째로 '스마트 신인류'는 모든 정보를 빠르게 얻길 바란다. "스마트폰 확산 속도가 빠른 것도 이 때문"이라고 최 교수는 단언했다. 세 번째로는 즉각 카피해서 전파하길 원하는 성격이 있다. 소셜미디어에서 재미있는 이야기를 봤다고 가정해보자. '스마트 신인류'는 이를 본인 혼자만 보지 않고 내용을 복사해 다른 친구들에게 공유한다. 최 교수는 이런 반응이 나타나는 이유는 "밈을 통해 다른 사람을 따라하고 카피하듯이 뇌의 활동영역이 온라인에 확산돼 이런 현상이 일어나는 것"이라고 설명했다. 네 번째로 '스마트 신인류'는 다른 이들에게 자랑하기를 즐겨 한다. 자신의 존재감을 나타내기 좋아하는 인간의 기본적인 본성은 여전히 표출되는 것이다. 또한 재미를 추구하고 함께 공감하고 나누기를 좋아하며 엄청나게 빠른 속도로 변화하는 특성을 지닌다.

이와 같은 신인류의 특성은 차별화 된 경험을 소비하려는 현재의 트렌드와도 일치한다. 커뮤니티 구성원들에게 인정받을 수 있는 가능성이 단순 제품 구매에 비해 높고 많은 돈을 들이지 않더라도 시간과 공간에 기반한 희소성을 바탕으로 커뮤니티 구성원들의 관심을 끌 수 있으며 사진 · 동영상 등 커뮤니티 구성원들에게 공유할 만한 콘텐츠 생산이 상대적으로 용이한 '차별화된 경험'은 사회적 소비의 대상으로 부상하고 있는 것이다.

사회적인 소비의 양상은 단순 재화의 구매에서 희소한 경험, 즉 스토리를 구매하는 것으로 변화하고 있다. 초연결 시대에 사회적인 자신의 모습을 콘텐츠를 통해 지인들에게 제시해야 하는 개인 미디어의 시대가 됐고 미디어와 스토리는 뗄 수 없는 관계에 놓여 있다. 자기 자신의 스토리가 아니더라도 사람들의 관심을 끌 수 있는 재미있는 스토리를 많이 알고 있는 것이 사회적 자산이 돼 가고 있다. 경험에 대한 소비, 진정성에 대한 갈구는 모두 이러한 개인의 미디어화에서 촉발된 현상이다. 그리고 자신의 미디어 '방송 분량'을 채우기 위해 소비자들은 차별화된 경험을 찾아 동분서주하고 있다.

미래사회의 분석 틀로서 '초연결성'

미래사회의 핵심 특징이 될 것으로 전망되는 초연결성(hyperconnectivity)을 만물지능인터넷의 관점에서 개념화함으로써 미래사회 분석의 기초를 마련할 수 있을 것으로 보인다. 사물인터넷(Internet of Things)과 만물지능인터넷(Intelligent Internet of Everything) 사이의 간극을 최근 부상하고 있는 연결성 키워드인 Cisco의 만물인터넷(IoE: Internet of Everything)[105] 개념을 이용해서 체계적으로 개념화 할 수 있다. 기존의 IoP[106]와 IoT[107]에 고착된 ICT 분야의 인식론적 한계를 극복하고 디지털 데이터와 프로세스, 시간과 공간, 지식 등의 지구와 인류 문명의 모든 요소가 상호 연결되고 있다는 개념적 이해를 바탕으로 미래사회로의 전환을 폭넓게 분석할 수 있는 기반을 마련했다고 볼 수 있다.

만물지능인터넷 기반의 초연결 사회는 만물인터넷(IoE)으로부터의 개념 확장을 통해 정의할 수 있다. 시스코의 만물인터넷이 사물인터넷에서 사물에 이어 프로세스와 데이터를 추가함으로써 개념이 확장된 것처럼 만물인터넷에 추가적인 것들을 연결함으로써 만물인터넷의 업그레이드 버전인 '만물지능인터넷'으로 확장 가능하다. 만물지능인터넷(Intelligent Internet of Everything)은 인간을 중심으로 사물, 데이터, 프로세스, 시간과 공간, 지식 등의 지구상 모든 요소를 서로 연결하고, 센서와 액추에이터를 통해 물리적 세계와 디지털 세계가 연계되거나 하나로 융합된 새로운 네트워크 환경이다. 즉, 개인, 사회, 인류 차원의 가치와 지구의 물리적 요소(시간, 공간, 생물, 무생물, 자연), 디지털 자원(데이터와 정보), 그리고 인류의 지식이 양방향 및 실시간으로 연결됨으로써 지구 차원의 지능이 발현되는 새로운 네트워크 환경이다. 만물지능인터넷이 지향하는 미래는 사이버와 물리 세계가 통합되는 세상이다.

'행위자-네트워크 이론'으로 본 초연결 사회

인간과 사물, 현실과 가상의 모든 정보를 연결하려는 사물인터넷은 다양한 서비스 제공을 목적으로 하기 때문에 사물기기를 포함한 이종적인 주체들이 센싱, 네트워킹, 정보처리 등의 연결망에 의해 상호작용한다. 사물인터넷은, 웨어러블 기기처럼, 기술철학자 시몽동(Gilbert Simondon)이 언급했던 '인간-기계 쌍'의 협력적인 '기술적 앙상블'에서, 더 나아가 프랑스의 브루노 라투르(Bruno Latour)를 비롯해 미셸 칼롱(Michel Callon), 존 로(John Law) 같은 과학기술학자들이 "행위자 · 네트워크 이론(Théorie de l'acteur-réseau, Actor-Network Theory, ANT)"에서 주장한 '인간-비인간은 물론 비인간 사물들끼리의 잡종적 네트워크'로 진화해 가고 있다.

행위자 · 네트워크 이론(ANT)은 1980년대 중반에 과학기술학(Science and technology Studies, STS)을 연구하는 브루노 라투르, 미셸 칼롱, 존 로 같은 학자들이 주축이 되어 사회란 인간만이 아니라 다양한 질료의 이종적인 네트워크로 구성되어 있기 때문에 인간–비인간의 상호작용적 네트워크를 연구해야 한다고 강조한다. 이런 이유로 ANT는 사회를 제대로 파악하기 위해서는 미시적 · 거시적 관점에서 고찰하는 것에서 벗어나 "그래프, 설계도, 표본, 기관, 병균 같은 '비인간'에 주목"[108]하였다. 최근에는 자연과학과 정보기술학은 물론 인문사회학(철학, 사회학, 경제학)과 예술학 전반의 학제 간 연구에 폭넓게 활용되고 있다.

그러나 과학자의 주관적인 기입행위를 인정해 기존의 주요개념들이 다르게 사용되거나 계속해서 새로운 개념들이 만들지는 ANT는 계속 변화하고 있어 난해하고 논쟁적인 부분들이 많지만 홍성욱은 ANT의 주요 테제를 7가지, 즉 '이분법적 경계 넘기, 비인간 행위자 인정, 이종적인 네트워크, 번역에 의한 네트워크 생성, 네트워크 기술, 권력의 기원에 대한 새로운 통찰, 민주주의를 위한 사물의 정치학'으로 간략하게 기술했다.[109] 요컨대 비인간의 역할에 주목한 ANT는 인간과 비인간의 잡종적 연결이 불안정할지라도 사회문제 해결방안을 '새롭고 다양한 네트워크 구축과 통찰'에서 찾아야 한다고 보았다.

ANT 연구가인 라투르는 〈행위자네트워크 이론에 관하여〉[110]에서 사회를 "네트워크와 흡사한 존재론"으로 접근하였다. 즉 라투르는 사회를 "지위, 계층, 영역, 범주, 구조, 체계"와 같은 위상적,

정치적 관념이 아닌 "섬유 모양의, 실과 같은, 철사 같은, 끈 같은, 밧줄 모양의, 모세관의 성격"으로 파악해야 한다고 강조한다. 사회를 자연과학적 · 사회학적 사실들과 공학적 인공물들의 "비환원적이고 관계적인 존재론"으로 연구한 라투르가 보기에 네트워크란 이미 구축된 기술네트워크나 사회네트워크를 의미하기 보다는 사회이론 재구축에 필요한 기본적인 "물체"[111]를 의미한다.

나아가 라투르는 물체로서의 모든 네트워크에 존재하는 '멈 · 가까움, 큼 · 작음, 내부 · 외부"[112]라는 공통적인 성질들이 지리적 차원에 속한다고 비판하고 그 성질들을 '관계 구조, 연결의 메타포, 경계 해체'로 대체한다. 그 결과 네트워크의 공간적 차원은 '연합과 연결'로 대체된다. 보편적인 사회법칙으로 환원될 수 없고 서로 연결되지 않은 국소적인 것에서 시작한 라투르의 연구는 행위자네트워크가 "집중, 순수성, 통일성"보다 "확산, 혼성, 약한 연결들의 엮임"에서 비롯되었음을 밝혀 준다.

여기서 라투르는 네트워크를 위상학적 개념으로는 온전히 설명할 수 없다고 판단하고 완전히 이질적인 "행위자"라는 개념을 추가해 "행위자 네트워크라는 새로운 잡종"[113]으로 정의한다. 이때 행위자는 개별적인 행위자가 아니라 '행동의 원천으로 인정받은 것 모두'가 될 수 있어 네트워크는 마침내 정적이고 위상학적 성질에서 벗어나 동적인 존재가 된다.

이런 라투르의 ANT 관점에서 볼 때 기술과 같은 비인간도 인간 같은 행위자가 되어 네트워크를 형성하는데 대칭적인 관계로 참여할 수 있다는 것이다. 기술적인 인공물들이 인간과 함께 네트워크 노드(node)를 구성하는 행위자이기 때문에 세계를 인간과 비인간 같이 주체와 객체로 양분하는 이분법적 도식이 거부된다. 다시 말해 잡종적인 여러 행위자들로 결합된 행위자네트워크에서 비인간들도 인간 행위를 바꿀 수 있기 때문에 라투르의 입장에서 비인간 기술은 인간과 동등하고 대칭적으로 다루어야 한다. 그렇다면 사물인터넷은 인간 행위자와 기술인 비인간 행위자가 서로의 행위에 일원이 되어 상호 능력을 교환하며 안정된 시스템을 구축해가는 네트워크라고 볼 수 있다.

한 행위자에서 다른 행위자를 결합, 연결하는 과정인 네트워킹이 ANT에서는 가장 중요한 "번역"이다. 여기서 번역이란 두 행위자들을 연결해 네트워크를 형성하는 과정으로 "한 행위자의 이해나 의도를 다른 행위자의 언어로(즉 다른 행위자의 이해나 의도에 맞게) 치환하기 위한 프레임을 만드는 행위"를 의미한다. 미셸 칼롱에 따르면, 두 행위자의 이종적인 연결망을 한 행위자처럼 만드는 번역은 통상 한 행위자가 다른 행위자의 문제를 떠맡으며 '문제 제기, 관심 끌기, 등록하기, 동원하기' 등의 과정으로 이루어진다.[114] ANT 연구자들은 이 과정에서 두 행위자가 서로에게 어떤 영향을 주었는지 정확히 기술하는 것이 중요할 뿐만 아니라, 과학기술(technoscience)이 비인간을 "표준화된 지식"으로 바꾸어 인간에게 의미 있는 존재로 길들이는 활동을 한다고 보았다. 인간-비인간의 연결로 간주되는 번역은 표상과 사물의 절대적 경계를 해체하지만 환원이 아니라는 것을 알 수 있다.

요컨대 라투르의 ANT가 사회를 다양한 행위자들의 잡종적인 네트워크로 보기 때문에 '기술의 인간적 특성'은 부정적으로 이용될 수 있다고 비판받지만 자연-인간, 인간-기술로 양분되었던 근대 세계관을 극복할 수 있게 해준다. 사회는 인간과 비인간 행위자가 대칭적으로 끊임없이 결합, 교환하는 상호작용을 통해 혁신될 수 있다. 그런데 시몽동에 따르면, 인간이 기계에 동등하게 참여하는 "인간과 기계 사이의 상호개체적인 쌍"에 의해 실현되는 기계의 자기조절 작용은 환경과의 상호 회귀적인 정보교환을 통해 새로운 환경을 창조할 수 있다. 따라서 기술이 탈근대적 행위자가 되기 위해서는 이성의 인지 작용에만 의존하는 행위자보다 감각적으로 체화된 인지를 지닌 인간 행위자와 대칭적인 상호작용이 필요하지 않은가? 결국 사물인터넷의 이종적 행위자들의 네트워크가 조화로운 정보교환과 새로운 환경을 창조하기 위해서는 인간과의 순환적이고 감각적인 인지에 입각해야 한다. 따라서 인간-비인간 행위자네트워크의 행위 모델은 상호 순환적이고 체화적인 인지모델에서 찾아볼 수 있다.

초연결 사회에서 '잊혀질 권리'에 대한 보호

2014년 5월 유럽사법재판소의 '잊혀질 권리'에 대한 판결이 나오면서 우리 사회에서도 이에 대한 논의가 구체적으로 시작되었다. 우리가 보통 '잊혀질 권리'라는 말을 쓸 때 "누구의 기억으로부터 잊혀질 권리"인지가 문제된다. 그것은 구글 혹은 정부, 포털이 아니다. 일반시민들, 우리 동료들의 기억으로부터 '잊혀질 권리'를 말한다. '잊혀질 권리'는 일반인들이 타인에 대해 합법적으로 알고 있는 것을 다시 볼 수 없도록 하여 그것의 기억이 시간의 흐름에 따라 망각되도록 할 권리를 뜻한다.

무엇이 잊혀지길 원하는가? 대개 '잊혀질 권리'라는 규범이 프라이버시에 속하는 것들이 잊혀지도록 하기 위해 존재한다고 생각하기 쉽다. 하지만 실상은 그렇지 않다. '프라이버시'라는 규범만으로도 그런 목적을 달성할 수 있었다면 '잊혀질 권리'라는 새로운 개념이 필요 없었을 것이다. '잊혀질 권리'는 잊혀져야 하는 내용이 프라이버시에 속하지 않는 경우에도 그 내용을 차단·삭제하기 위해 존재한다.

처음 '잊혀질 권리'가 논의된 때는 성폭행 피해자나 과거에 매매춘에 종사했던 사람들이 갱생할 자유를 보장하자는 논의와 동반되었고 이러한 '과거'의 생성과정과 공개과정을 따져보면 프라이버시로 인정될만 하였다. 그러나 '잊혀질 권리'는 프라이버시와 전

혀 무관하게 단순히 '자신이 싫어하는 과거를 타인의 기억으로부터 삭제할 수 있는 권리'로 확장되고 있다

●●● 유럽사법재판소의 '잊혀질 권리'에 대한 판결

지난 2010년 스페인 변호사 마리오 코스테하 곤잘레스 (Mario Costeja Gonzalez)는 1998년 스페인 유력지 '라 뱅가르디아 (La Vanguardia)'에 게재된 기사와 구글 검색 링크가 자신의 프라이버시 권리를 침해했다며 소송을 제기하였다. 곤잘레스는 "1998년 기사 내용의 채무 내역과 재산 강제매각 부분이 해결됐는데도 기사와 구글 검색이 계속되고 있다"며 스페인 감독기관인 정보보호위원회에 구글과 신문사를 제소했다. 구글과 신문사 측은 "기사 내용이 사실이며 법적으로 문제없다."며 삭제 요청을 거부한다. 개인정보보호원은 '라 뱅가르디아' 기사가 법적으로 문제없다며 이를 기각했으나, 구글과 구글 스페인에 대해서는 해당 링크를 삭제할 것을 지시했다. 이에 불복해 구글과 구글 스페인 지사는 스페인 고등법원에 개인정보보호원의 조치를 무효화 해달라고 소송을 제기했다.

스페인 법원이 이에 대한 법률적인 판단을 유럽사법재판소에 의뢰하면서 잊혀질 권리가 글로벌한 이슈로 부상한다. 2014년 5월 13일 유럽사법재판소는 '유럽개인정보보호지침(1995)' 규정에 의거해 구글에 관련 링크를 삭제하라고 최종 판결을 내린다. 이

판결의 의의는 EU는 물론 전 세계적으로 '잊혀질 권리(right to be forgotten)'를 처음으로 인정했다는 것이다.

유럽사법재판소 판결의 주요 내용과 의미는 다음과 같다. 구글 검색엔진 이용자는 검색 결과에서 '잊혀질 권리'를 보유하고 있다고 판단한 것이다. 유럽사법재판소는 구글 이용자가 시효가 지나고 부적절한 개인정보를 삭제해달라고 요구할 때 이를 따라야한다고 명시했다. 해당 정보가 검색에 노출시키는 데 있어 문제가 없는 합법적인 정보라고 해도 개인이 요청하면 공공의 이익과 비교해 데이터를 삭제해야 한다고 판결한 것이다. 구글이 EU 개인정보보호지침 상에 규정된 '정보관리자(data controller)'에 해당한다고 해석했다.

지난 1995년 제정된 EU의 개인정보보호지침 상에는 인터넷 검색에 관한 구체적인 조항이 존재하지 않으나, 유럽사법재판소는 구글이 데이터를 수집, 검색할 수 있도록 자동화툴을 활용하고 있다는 점에서 동 지침 상에 규정된 '정보관리자' 역할을 하고 있는 것으로 해석했다. 지난 2013년 6월 유럽사법재판소의 닐로 자스키닌 수석법률보좌관은 구글을 지난 1995년 제정된 EU의 개인정보보호지침에서 규정한 '정보관리자(data controller)'로 볼 수 없으며, '잊혀질 권리'가 개인정보보호지침상 보편적인 것이 아니라고 평가했다. 또한 데이터가 부정확하거나 비방 또는 범죄 정보를 담고 있는 경우에만 삭제를 요구할 수 있다고 주장했다. 따라서 이번 판결은 자스키닌 수석법률보좌관의 의견을 전면적으로 뒤집은 새로운 해석이라는 점에서 관심이 집중되었다.

또한 구글의 스페인 지사가 유럽사법재판소의 관할 범위에 해당한다고 판단했다. 구글 본사가 EU외부 지역에 있지만, 자회사인 '구글 스페인' 사무소는 EU 개인정보지침 상에서 정의한 '시설(establishment)'의 범주로 볼 수 있다고 판단한 것이다. 비록 구글 본사와 서버가 EU 외부에 있다고 하더라도, 구글 스페인이 EU 내에 있는 '시설'이라는 점에서 EU재판 관할이라는 의미로 해석된다. 또한, 재판부는 구글 스페인이 구글 검색 서비스를 제공하는 데 있어 스페인에서 독자적인 광고영업 사업을 전개하고 있다는 점에 주목했다.

유럽사법재판소의 이번 판결은 인터넷 사용자의 '정당한 이익(legitimate interest)'과 개인정보 보호간의 균형을 모색한 것이라 할 수 있다. 재판부는 일반적인 인터넷 이용자가 '정당한 이익'의 관점에서 정보에 대한 접근권을 갖고 있다고 인정했다. 그러나 이번 사건과 관련해서는 일반 인터넷 이용자의 정당한 이익보다 개인의 프라이버시가 더 중요하다고 판단한 것이다.

●●● 유럽사법재판소 판결에 대한 각계 반응

이번 판결에 대해 개인정보 보호의 새로운 지평을 열었다는 평가와 표현의 자유를 포기했다는 양극단의 평가가 동시에 분출되고 있는 상황이다. 비비안 레딩(Viviane Reding) EU 사법감독관은 이번 판결이 현행 개인정보보호 관련 법 규정을 "디지털 석기시대"에서 "현대 컴퓨팅 세계"로 이행시키는 데 기여한 "유럽 개인정보보호의 확실한 승리"라고 평가했다. 영국의 개인정보보호 감독기관인 정보보호위원회는 이번 판결이 개인정보보호 정책을 위한 개인정보보호감독기구의 중요성을 강조하고 있다며 이번 판결을 보다 심도 있게 연구해 구체적인 실행방안을 마련할 것이라고 발표했다.

한편, 표현의 자유를 중시하는 영국 단체 '인덱스 온 센서십(INDEX ON CENSORSHIP)'은 뉴스 소스의 변경 없이 진실한 내용을 삭제하는 것은 표현의 자유를 훼손하는 것이라며 이번 판결이 검색엔진의 역할과 책임을 오해한 퇴행적인 판결이라고 주장했다. 또한, '인덱스 온 센서십' 측은 이번 판결이 불과 1년 전 닐로 자스키닌 수석법률 보좌관이 내놓았던 주장과는 정면으로 배치된다는 점을 지적했다.

우리나라에서도 고려대학교 박경신 교수의 비판적인 견해가 있다.[115] 박교수는 "명예훼손은 물론 사생활의 침해도 아닌 합법적인 정보를 안내하지 말라고 해석되는 '잊혀질 권리'는 결국 동료들이 이미 적법하게 알고 있던 자신에 대한 진실을 국가의 힘을 빌려 동료들의 기억으로부터 삭제하겠다는 시도일 뿐"이라고 비판한다. 또한 이를 "동료들의 머릿속에 들어가서 물리적으로 삭제할 수는 없으니, 그 기억을 상기시켜주는 관련 정보가 상호 간에 소통되지 못하도록 차단하여 기억이 시간에 의해 파괴되도록 하는 것"으로 파악하고 있다. 최 교수는 "결국 여기서 잊혀질 권리를 주장하는 자는 대중들 사이의 합법적인 소통을 차단하고 검열하여 자신이 좋아하는 이미지를 구축하겠다는 것"으로 보고 있다.

미국 컴퓨터커뮤니케이션산업협회 역시 이번 판결을 계기로 엄청난 규모의 사적인 검열이 가능해지게 되었으며, 정치인을 비롯해 자신에 관한 불리한 사항을 의도적으로 숨기고자 하는 사람들에 대해 판결이 악용될 가능성이 크다고 우려한다. 이번 판결은 표현의 자유와 프라이버시 권리 간에 뜨거운 논쟁을 촉발하였으며, 위키피디아(Wikipedia) 창업자와 월드와이드웹(World-WideWeb) 창시자의 상반된 의견이 이와 같은 상황을 대변한다.

개방형 온라인 백과사전인 '위키피디아(Wikipedia)'의 창업자 지미 웨일즈(Jimmy Wales)는 이번 판결이 위키피디아와 같은 인터넷 서비스 사업자들에게 진실한 정보를 사전에 검열할 것을 요구하고 있다며 반대 의사를 표명했다. 반면, 월드와이드웹의 창시자인 팀 버너스 리(Tim Berners Lee)는 이번 판결이 월드와이드웹의 '웹사용자 권리장전(Bill of Rights for Web Users)' 캠페인과 일맥상통한 판결이라며 이와 같은 개인정보보호 강화 기조에 환영 의사를 표시했다.

EU 판결 이후 구글을 비롯한 검색엔진 업체에 개인정보 삭제 요청이 쇄도할 것으로 예상된다. 정치인의 스캔들 관련 기사 삭제, 범죄자의 범죄 기록 삭제 등 불법적인 삭제 요청이 많아 이번 판결의 의미가 훼손될 가능성 제기되고 있다. 이번 판결이 실제로는 효력을 발휘하지 못할 것이라는 전망 역시 강력히 대두되고 있으며, 유사한 소송이 계속해서 나타날 가능성도 높다.

이번 판결을 계기로 지난 95년 제정된 EU 개인정보보호지침에 관한 개정 논의가 EU를 중심으로 활발해질 전망이다. 이미 지난 2012년 1월 비비안 레딩 EU 사법감독관은 '잊혀질 권리'의 법제화를 제안했다. 이에 대해 EU 의회는 지난 해 '잊혀질 권리' 대신 개인정보보호지침상 '삭제권(right of erasure)'의 도입을 주장하고 있다. 유럽 각국의 사법부와 개인정보보호감독기구들이 '잊혀질 권리'에 관한 구체적인 지침 마련 작업에 나설 계획이다. 그러나 EU 사법재판소가 판결과 함께 개인이 삭제를 요청할 수 있는 데이터의 범위에 관해 구체적인 지침을 내놓지 않아 향후 상당 기간 판결의 해석을 놓고 혼란이 가중될 것으로 전망이다.

이와 함께 미국 등 유럽 이외 국가에서도 개인정보보호와 '잊혀질 권리'에 대한 법률적인 검토 및 논의가 활발해질 전망이다. 미국의 경우, 수정헌법 1조에 '표현의 자유'를 규정하고 있어 유럽 사법재판소의 이번 판결이 직접적이고 즉각적인 영향을 미치기는 어려울 것으로 전망된다. 미국 '통신품위에 관한 법률' 제23조는 인터넷 서비스 사업자가 제3자의 콘텐츠를 사전에 검열하지 않았다는 이유로 소송을 제기할 수는 없다고 규정하고 있다. 특히 미국에서는 인터넷 업체들의 로비력과 함께 표현의 자유를 위축시킬 경우 인터넷 시장에도 부정적인 영향을 미칠 것이라는 시각이 많아 유럽과 같이 전 이용자층을 대상으로 하는 포괄적인 '잊혀질 권리' 채택은 어려울 것으로 예상된다. 다만, 미국 캘리포니아주의 경우, 2015년부터 미성년자에 한해 인터넷에 게재된 개인 콘텐츠를 삭제할 수 있도록 하는 법률을 시행할 예정이다. 이 밖에도 호주 법률개선위원회가 최근 호주 연방정부에 '삭제할 권리(right to be deleted)'의 채택을 권고했다.

인간 중심의 초연결 사회

지난 2007년 등장한 스마트폰이 불과 10년도 안 된 사이에 세상을 바꿔 놓았다. 지금은 스마트폰 없이 살기 어려운 '포노 사피엔스(Phono Sapiens)' 시대가 되었다. 현재의 스마트폰은 통신기기로서의 기능과 함께 책을 읽을 수 있고, 택시도 잡아주고, 이용자 위치 기반의 서비스를 제공하고, 은행 등의 금융거래를 하고, 전 세계의 물건을 바로 구입할 수 있게 해준다. 스마트폰은 삶을 풍요롭게 하고, 산업 전체를 재편하며, 나아가 사회도 바꾸고 있는 중이다. 이미 우리는 초연결 사회를 살고 있다. 초연결 사회는 개인과 조직이 서로 협력할 수 있는 네트워크의 고도화를 통해 이루어진다. 빅데이터와 클라우드의 연결은 난해한 사회, 경제 문제를 다루는 것을 돕고, 지식의 접근성과 유용성을 증대시키고, 미래의 예측의 정확도를 높이는 데 기여할 것이다.

반면에 정보기술에 대한 사회의 의존성이 커지고 상호연결성이 심화되면 사회와 인간에 상당한 파괴력을 갖는 도구로 이용될 수 있다. 사이버 공격과 해킹에서 사이버 전쟁까지도 가능한 시대가 되었다. 감시사회에 대한 두려움은 시민들이 사물인터넷이나 빅데이터를 활용하는데 장애요소로 작용할 수 있다. 프라이버시와 개인의 정보보호의 활용 사이의 균형을 어떻게 잡느냐가 사회적 · 법적으로 중요해 질 것이다.

인간과 사회의 모든 영역이 연결되는 초연결 사회의 중심축은 사물이 아니라 인간이 되어야 한다. 진정한 초연결이란 인간을 위해 이루어져야 하고 인간이 통제할 수 있어야 한다. 최근 테슬라의 앨런 머스크나 마이크로 소프트의 빌 게이츠는 모두 인공지능이 지나치게 발전하는 데 우려를 표시했다. 인간을 보조하고 지원해야 할 과학기술이 거꾸로 인간을 지배하는 사태가 올 수 있다는 데 대한 우려일 것이다. 마찬가지로 초연결의 결과가 인간과 사회의 통제를 벗어나 그 이상의 것이 되어서는 안 될 것이다. 더 나아가 초연결 사회가 공공성을 증대하고 사회의 갈등을 해소하며 사회 통합의 잠재력을 구현하는 시스템으로 발전시켜야 한다.

초연결 사회에서 정부통신기술이 가져오는 혁신은 기존의 혁신과는 차원이 다르다. 혁신의 형태와 사회적 영향이 다르고 그 규모가 다르다. 혁신이 즉각 일어나고 파급력이 크다. 지식의 생산과 공유에 접근할 수 있는 방법이 아주 다양해진다. 지식의 대중화가 일어나고 있고, 이는 사회 전체의 지적 시스템을 발전시킨다. 인류 역사상 지금과 같은 지식의 풍요를 경험하는 시기는 없었다. 초연결 사회는 사회 전체가 추구해야 할 어젠다가 이미 된 것이다.

신뢰, 소통, 협력 등은 사회 통합의 주요 요소로 간주된다. 신뢰와 소통은 동전의 양면과도 같다. 사회를 이루는 주체들, 개인 · 정부 · 기업 · 시민사회 등이 서로 소통할 때 신뢰는 커지고 그렇지 않은 경우 사회 갈등은 증폭된다. 신뢰와 소통을 위해 사회의 각 주체들이 자신의 영역에서 초연결 사회의 혁신을 긍정적으로 활용하는 것이 중요하다. 초연결 사회는 연결을 통해 개방과 공유를 극대화 할 것이다. 정보통신기술은 사회 통합에 기여할 수 있는 가장 중요한 기술적 기반이다. 초연결 사회는 정보통신기술이 경제적 영역을 넘어 사회와 문화의 영역까지 결합하여 새로운 가치를 창출하는 시대적 요청에 부응해야 할 것이다.

10장

+

바이오헬스케어 시대를 위한 사회체계

바이오산업과 바이오헬스케어 시대의 개막

●●● 바이오산업 시대의 전개

최근 화두가 되고 있는 제4차 산업혁명은 새로운 에너지원의 등장이 아닌 기존 에너지 기술이 정보통신, 전자, 화학, 바이오 등 연관 분야의 신기술과 융합되어 새로운 산업혁명의 기폭제가 될 것으로 예상된다. 바이오산업은 생명공학기술(biotechnology)을 바탕으로 생물체의 기능과 정보를 활용하여 유용물질을 상업적으로 생산하는 산업이다. 생물들이 가지는 고유 기능을 높이거나 개량하여 자연에는 극히 미량으로 존재하는 물질을 대량 생산하거나 유용한 생물을 만들어내는 산업을 말한다.

바이오산업의 기본기술은 생물체에서 특정한 정보만을 꺼내어 생육이 빠른 미생물의 유전자에 집어넣는 유전자재조합기술이다. 이외 세포융합기술, 대량배양기술, 바이오리액터(bioreactor)기술 등이 있다. 제품을 기준으로 구분하는 기존 산업과는 달리 바이오산업은 생물공학기술 적용 여부에 기초하여 의약, 화학, 전자, 식품, 섬유, 농업, 환경 등의 다양한 산업분야에서 접목된 산업이라 할 수 있다.

바이오산업은 의료 · 제약, 농업 · 식품, 산업, 융합분야에 걸쳐 광범위하게 걸쳐 있다. 각 산업군과의 융합으로 이제까지는 없었던 새로운 제품이나 시스템을 만들어내고 신사업을 창출할 동력이 될 전망이다. OECD는 지난 2009년 “바이오경제2030(The bioeconomy to 2030)” 보고서를 통해 오는 2030년 바이오경제 시대가 올 것이라고 전망했다. OECD가 말하는 바이오경제 시대란 바이오 기술과 타 기술들이 융합하여 IT가 경제에 초래한 변화만큼이나 큰 영향을 주는 시대를 말한다.

바이오산업은 크게 레드바이오(의료/제약), 그린바이오(농업/식품), 화이트바이오(산업), 융합바이오로 나뉜다. 융합바이오는 최근 들어 각광 받기 시작한 분야로 다른 기술과의 융합이 강조되는데 특히 센서나 분석기기, 유전자분석 서비스로 대표된다. 바이오산업 중에서도 국가별로 가장 크게 육성하고 있는 것이 레드바이오(의약품/백신 등)다. 국내에서는 바이오산업을 8개로 분류해 국가표준으로 제정했는데 바이오의약, 바이오화학, 바이오식품, 바이오환경, 바이오전자, 바이오공정 및 기기, 바이오에너지 및 자원, 비이오검정 · 정보서비스 및 연구개발 등 8개 분야가 있다.

LG경제연구원은 보고서를 통해 바이오기술의 핵심은 다른 기술과 결합해 만들어 내는 '새로운 가치'에 있다고 분석하고 있다. 최근 바이오기술에 획기적인 사건으로 유전자 분석 비용의 하락이 있는데, 유전자분석 시장을 주도했던 Illumina가 2014년 출시한 'HiSeQ X10'이라는 유전자분석 시스템을 사용하면 분석비용은 1,000달러 선까지 내려간다. 유전자분석 비용의 감소는 바이오기술의 대중화 시기가 앞당겨 진다는 것으로 매우 의미가 큰 사건이다.

●●● 바이오헬스케어 시대의 개막

한국의 바이오헬스케어 산업은 IT혁명이후 세계경제를 선도할 핵심 전략산업으로 급부상하고 있으며 생명공학이 기술영역에서 산업영역으로 전환됨에 따라 시장의 전망도 높아지고 있다. 바이오 관련 산업도 공자, 시료분야에서 점차 확대되어 사료첨가제와 바이오연료, 기타 바이오의약품, 건강기능식품, 식품첨가물, 바이오화장품/생활화학제품, 항암제, 호르몬제, 면역제제, 인공종자 및 묘목 등 10개 분야로 확대되었다.

2015년 8월 한국산업마케팅연구소의 '2015 바이오산업 분야별 시장 동향과 유망기술 개발전략' 보고서에 따르면 한국의 바이오산업 시장은 2009년 6조 9,654억 4,400만원에서 연평균 6.71% 성장률을 보이며 2013년 9조 332억 8,800만원을 기록했고, 2013년에도 전년대비 7.10%증가했다. 특히, 2013년 대비 바이오식품이 1조 8천757억원이 증가해 가장 크게 확대될 것으로 전망되며 바이오에너지 및 자원(1조 2천 840억원 증가), 바이오의약(7천703억원 증가), 바이오전자(985억원 증가), 바이오화학(448억원 증가) 순으로 확대될 것으로 보인다. 반면 바이오공정 및 기기는 1천682억원 감소할 것으로 전망되며, 바이오환경과 바이오검정, 정보개발서비스 및 연구개발도 각각 1천9억원과 134억원 감소가 예상된다.

바이오헬스케어라는 통합적 개념으로 산업을 고찰하기 위해 의약품, 의료기기, 화장품 등을 포함한 바이오산업 생산과 의료서비스로 대변되는 헬스산업 규모를 합산하여 바이오헬스케어 산업규모를 추정하면 2015년 1108조 2천억원, GDP대비 7.13%달하고 있다. 보건산업정보통계와 OECD Health Data를 기초로 2020년까지 추정해보면 2020년에는 1145조 3천억원, GDP대비 8.59%에 달할 것으로 예상된다.

우리가 일반적으로 알고 있는 바이오산업 즉 제약, 의료기기 등은 실제 바이오헬스케어 산업에 있어서는 전체 1108조 2천억원

중 29.85%(32.3조원)에 지나지 않으며 많은 부분은 헬스케어산업 부분이 담당한다. 바이오헬스케어 산업은 장기간 R&D에 집중해야 하는 특성상 매출액 달성이 용이하지 않고, 또한 큰 규모의 영업손실이 발생한다. 따라서 주요 투자원은 중소기업육성 목적으로 조성되는 창업투자조합이 큰 역할을 하고 있다. 지난 2011년부터 2015년까지 한국벤처캐피탈협회가 발표하는 통계자료를 보면 2011년 창업투자조합에서 바이오분야에 대한 투자액은 933억원으로 전체 1조 2천억원 대비 7.4%를 차지했으나, 2014년에는 바이오분야에 2,928억원이 투자되어 전체 1조6천억원 대비 17.9%로 성장. 2015년에는 3,170억원이 투자되어 전체 투자액 2조 858억원 대비 15.2%를 차지한다.

이는 2011년 투자액 933억원에서 2015년 3,170억원으로 3.39배 증가하였으며 전체 분야에서도 바이오헬스케어 산업분야가 차지하는 비중이 크게 성장한 것이다. 국내 바이오헬스케어 분야에서 투자가 괄목하게 성정한 배경에는 한국거래소가 있다. 2005년 12월에 한국거래소는 기술성평가를 통한 상장특례조항을 신설하여 바이오헬스케어 기업들에게 적용하기 시작했다. 기존에는 상장을 위한 기업들은 형식요건을 갖추어야 했는데 경상이익 실현, 영업이익률 5%이상이라는 조건을 충족해야만 했다.

그러나 바이오헬스케어 기업들은 연구개발비 집행에 따라 순이익이 발생하지 않는 경우가 대부분으로 위 형식요건을 통과할 수 없어 상장이 불가능했다. 2005년 바이오로메드, 바이오니아, 크리스탈지노믹스에 최초로 적용된 기술성 특례제도는 우수한 바이오헬스케어 기업들에에거 상장기회를 제공하였으며, 공모자금을 토대로 추가개발에 성공할 수 있었다. 특히 바이로메드, 제넥신 등 선발 기술성평가 상장업체들은 뛰어난 신약개발 가능성을 인정받아 최근 시가총액 7천억원에서 2조원을 상회하고 있다. 2015년에는 전체 11개 기업이 기술성평가를 통한 상장특례제도[116]로 상장되었는데 이중 10개 기업이 바이오헬스케어 업체이다.

바이오의약품 시대의 개막

●●● 합성의약품을 대체할 바이오의약품

화학 합성의약품은 특허 만료와 R&D효율성 저하라는 도전 앞에 점점 힘을 잃어가는 중이다. 바이오의약품 시장의 고성장이 예상되는 이유는 아직까지 합성의약품에 비해 정부정책이 비탄력적이고, 블록버스터급 바이오의약품의 특허가 만료되지 않아 비교우위의 약가를 받을 수 있기 때문이다.

바이오의약품(Biopharmaceuticals, biological drugs, bio-logic(cal) agents)의 정확은 정의는 "살아있는 생명체에서 직접 얻어진 의약품이나, 그 생물이 가진 생물학적 특징을 이용하여 제조된 의약품으로 질병의 예방, 진단 및 치료에 이용되는 물질"이다. 바이오의약품은 전통적으로 화학적 합성에 의해 만들어지는 기존 의약품과는 달리 유전자재조합을 통한 생명공학기술로 만들어져 기존의 의약품이 해결하지 못하는 질병치료도 가능하며 무엇보다도 부작용이 작다는 장점이 있다. 또한 임상성공률이 높고 휘귀성이나 난치병 질병에 치료가 가능하다. 반면 살아 있는 생명체를 기원으로 하므로 개체마다 구성 성분이 달라 유효 성분의 정의가 어렵고 불순물 등에 의한 오염가능성이 크다. 바이오의약품은 생산공정에 있어서도 비교적 간단한 화학공정을 거치는 화학합성의약품에 비해 더 복잡한 생물공정을 거치기 때문에 생산도 어렵고 의약품 가격도 비싸진다.

바이오의약품은 초기에 많은 수의 고급인력과 막대한 연구개발비가 투입된다. 이런 투자에도 불구하고 기술이 공개될 경우에는 제3자에 의해 모방생산이 쉽다는 치명적인 약점도 보유하고 있다. 이런 제3자의 침해방어를 막기 위해 장기간의 임상시험을 통해 시장진입을 어렵게 하고 가격을 고가로 책정하여 투자비 회수 및 부가이익을 창출하려 하고 있다. 또한 별도의 특허권을 확보하여 시장을 녹점하려고 하는 것이 일반적이다. 따라서 이 시장에 효과적으로 진입하기 위해서는 기존 출원 및 등록 특허의 분석과 함께 틈새시장 공략을 위한 전략이 필수적이다. 우리나라는 바이오시밀러 의약품 시장에서 한발 앞서 있는 상황이지만 이를 유지하고 글로벌 시장을 선점하기 위해서는 전략적 접근이 필요하다.

●●● 바이오의약품 시장 현황

바이오의약품 시장은 2009년부터 연평균 6.9%로 성장해 2012년 1,795억달러 규모에 이른다. 전체 제약시장의 약 18%를 차지하며 2016년까지 연평균 9.9%로 성장하여 전체 제약시장 대비 20%(2,382억달러)에 이를 전망이다. 바이오의약품 시장이 고성장할 수 있었던 원인은 치료가 어려운 난치성 중대질환의 비중이 증가함에 따라 바이오의약품 수요가 늘고, 글로벌 제약사들의 주력제품들이 특허만료가 되면서 막대한 투자 대비 생산성이 떨어지는 합성신약 개발보다는 바이오의약품 위주의 M&A나 라이센싱이 급격하게 늘어났기 때문이다. 또한 개발도상국에서 바이오의약품에 대한 수요가 꾸준히 늘고 있는 것이 시장 성장을 선도하고 있다.

현재 제약산업은 특허만료와 R&D 생산성 위기라는 두 가지 과제에 직면. 2009년부터 2012년까지 4년간 특허만료로 인한 매출액 감소는 1,660억 달러에 달하며, 2012년에만 670억달러 정도의 매출 손실 발생했다. 미국에서는 2011년 기준 R&D 파이프라인에 들어 있는 신약의 수는 총 11,959개이며 같은 기간 동안 최종 판매 승인을 받은 신약의 수는 30개에 불과하다. 즉 전임상을 포함한 파이프라인에서 임상이 성공할 확률이 대략 0.25%에 불과한 것이다. 또한 합성의약품의 경우 1996년 53개였던 신약허가 품목수가 2011년 24개로 줄어든 반면, R&D투자액은 169억달러에서 495억달러로 3배 가까이 증가했다. 임상승인 기준마저 엄격해지고 절차의 투명성, 정보공개 확대 등의 규제로 임상 성공률은 향후 더욱 낮아질 것으로 전망된다. 글로벌 제약사들이 바이오의약품 시장에 지속적인 관심을 갖는 이유는 신규 물질에 대한 특허권으로 독점시장을 형성해 오던 글로벌 제약사들이 더 이상 화학합성의약품에서 신규물질을 찾는 것이 쉽지 않아진 반면, 바이오의약품은 잠재적 신규질환 타켓의 범위가 넓으며, 그 잠재 시장규모도 크기 때문이다.

바이오시밀러의 의미와 관련 동향

●●● 바이오시밀러의 의미

의약품은 크게 합성의약품, 단백질의약품, 세포치료제 등 3가지로 나뉜다. 앞으로 5년 안에는 DNA, RNA등을 직접 투여하는 제4의 의약품인 유전자치료제의 등장도 가능할 것으로 전망된다. 바이오시밀러는 특허가 만료된 단백질의약품의 제네릭 의약품을 말한다. 즉, 기존 오리지널 의약품과 동일한 것을 목적으로 만들어지는 의약품이기 때문에 효능이 동일한 수준이라 할 수 있다.

바이오제네릭이라는 용어를 사용하지 않는 이유는 단백질의약품이 합성의약품과 다른 두 가지 특성을 고려했기 때문이다. 두 가지는 생산방법과 물질특성인데 생산방법은 단백질의약품의 경우 현재 생명체(미생물, 동물세포 등)를 이용해 생산한다는 것이고, 물질특성은 단백질이 케미칼과 달리 고분자로 분자량이 크고, 구조도 복잡한 특성을 지니고 있다. 이 두 가지 특성이 기존 합성의약품의 카피약을 일컫는 '제네릭'이라는 용어를 단백질의 경우에 사용하지 않는 주된 이유이다.

● ● ● 바이오시밀러 관련 현황 및 전망

식품의약품안전처에 따르면 2016년 현재 국내 바이오시밀러 관련 임상시험은 총 22건이다. 다국적 제약사가 국내에서 행하는 임상시험을 합친 것으로 선두기업 셀트리온은 리툭산의 바이오시밀러 'CT-P10'의 임상3상을 진행하고 있으며, 엔브렐과 휴미라 등은 5종의 바이오시밀러를 개발 중이다. 삼성은 반도체 다음으로 바이오에 기업 역량을 집중하고 있는데 삼성바이오로직스와 삼성바이오에피스를 통해 바이오시밀러 개발과 생산에 적극적으로 나서고 있는 상황이다.

국내기업들은 글로벌 제약사에 비해 신약개발 능력이 다소 부족한 만큼 바이오시밀러 시장을 선점해 단기간에 성장을 이루고 이를 기반으로 바이오신약을 개발하는 전략을 선택했다. 현재까지 국내 식품의약품안전처는 6개 제품을 허가했으며, 22개 제품에 대해 임상시험이 진행이다. 이 중 셀트리온의 '램시마'와 '허쥬마', 삼성바이오에피스의 '브렌시스'와 '렌플렉시스' 등은 미국과 유럽에서 허가를 받거나 질차를 진행 중이다. 보건복지부 산하 식품의약품안전처는 국내 바이오시밀러의 세계 진출 지원을 목표로 '바이오시밀러(동등생물의약품) 민관 실무협의체'를 지난 2011년 3월 구성 · 운영 중이다. 협의체에는 국내 바이오시밀러 개발업체 10개사와 식약처가 공동으로 참여한다.

글로벌 바이오시밀러 시장은 블록버스터 바이오의약품의 특허가 대거 만료되는 2015년부터 급성장하여 2019년 약 240억 달러 규모를 형성할 전망이다. Merck, Pfizer, GSK 등 글로벌 제약사들은 바이오시밀러를 새로운 성장 기회로 인식하며 바이오벤처의 인수합병과 전략적 제휴 등 적극적으로 시장 진출 중이다. 세계 1위 제약사 노바티스는 미국 최초의 바이오시밀러인 '작시오(Zarxio)' 시판을 개시했고(2015년 9월), 세계 2위 제약사 화이자는 바이오시밀러 개발 전문업체인 호스피라(Hospira) 인수 합병했다(2015년 9월). 미국을 대표하는 바이오기업인 암젠도 미국 FDA(식품의약국)와 유럽 EMA(의약품청)에 항체의약품 휴미라(Humira)의 바이오시밀러 'ABP 501' 허가를 신청(2015년 12월)하는 등 본격적으로 바이오시밀러 시장에 진입했다.

●●● 바이오시밀러 다음 주자인 바이오베터

바이오베터는 바이오시밀러를 개량한 의약품이다. '슈퍼바이오시밀러'라고도 불리는데 기존 바이오의약품 보다 더 낫다는 의미로 베터(better)라 불린다. 바이오시밀러는 기존 바이오신약을 복제한 것을 말하며 바이오베터는 효능, 투여 횟수 등이 더 차별화된 약품이다. 바이오베터는 이미 시장에서 안전성을 인정받은 바이오의약품을 기반으로 하기 때문에 안전성을 보장 받고, 오리지네이터보다 더 효능이 좋은 약품 개발도 가능하다. 바이오시밀러는 카피약인 반면, 바이오베터는 개량신약에 가까워 기술특허도 가능하다. 가격도 오리지네이터보다 더 높게 책정할 수 있고 바이오의약품 특허가 만료되기 전에 출시 가능하다.

현재 많은 업체들이 더 경쟁력이 좋은 바이오베터보다 바이오시밀러에 집중하는 것은 바이오베터가 투자 성숙의 단계가 아니고 바이오베터의 완제품이 시판되기에 한참이 걸려 바이오시밀러의 경쟁력을 앞서기가 어렵기 때문이다. 바이오베터 상용화에서는 미국의 암젠이 앞서가고 있다. 이 회사는 자사가 개발한 호중구감소증 치료제 '뉴포젠'의 지속성을 개선한 '뉴라스타'를 2002년 미국 FDA(식품의약국)로부터 허가받았다. 현재 전 세계 80여 개국가에서 판매되고 있으며, 이는 바이오베터의 초기 버전으로 평가된다. 또 빈혈치료제 '에포젠'의 바이오베터인 '아라네스프' 판매도 허가받아 바이오베터 기술력을 입증했다. 암젠은 지난 2001

년 주사 횟수를 대폭 줄인 빈혈치료제인 '아라네스프'를 출시하여 한해 30억달러의 놀라운 매출을 기록했다.

세계 최대 인슐린 생산사인 덴마크 노보노디스크는 환자의 편의성과 혈당조절 효과를 개선한 혼합 인슐린 치료제를 개발 중이다. 또 재조합인자 바이오베터 제품으로 기존 제품보다 효능을 개선하고 효과지속 기간을 늘린 글로코페질화 유도체와 속효성 유사체에 대한 임상을 진행하고 있다. 미국 제약사 MSD는 자궁경부암 백신 '가다실'의 바이오베터를 개발하고 있고 로슈는 항암제 및 류머티스관절염 치료제 '맙테라'와 비 호지킨 림프종 치료제 'R7159', 류마티스관절염 · 다발성경화증치료제 등의 바이오베터를 개발 중이다.

국내 바이오베터 업체로는 한미약품, 한올바이오파마, 제넥신, 녹십자 같은 기업들이 있다. 상대적으로 앞서 있는 녹십자가 2012년 자체 개발해 세계에서 두 번째로 상용화에 성공한 '헌터라제'는 기존 다국적사 젠자임의 '엘라프라제'보다 임상에서 6분간 걷는 거리 증가율 등 개선점이 확인돼 바이오베터로 인정받았다. 희귀질환으로 분류되는 헌터증후군 치료제인 헌터라제는 기존 엘라프라제가 독점하고 있던 시장에 성공적으로 진출해 2014년 오리지널 매출인 156억원을 167억원으로 뛰어넘었다. 녹십자는 항암치료제 '허셉틴'의 바이오베터 'MGAH22' 임상 3상을 진행 중이다. 한미약품은 2006년 자체개발에 성공한 '랩스커버리'라는 바이오베터 기술을 보유 중이다. 이 기술도 매일 맞아야 했던 주사 횟수를 최대 월1회로 획기적으로 줄인 것이다. 한미약품은 이 기술을 토대로 당뇨병 치료제, C형간염치료제, 성장호르몬 등 6개 바이오베터를 임상 중에 있다.

대웅제약의 자회사인 한올바이오파마는 C형간염 치료제인 '한페론'과 경구용 성장호르몬제 '비타트로핀'을 개발 중이다. 한페론 역시 약효를 높여 일주일에 한 번만 주사를 맞으면 된다. 2013년 미국에서 임상2상을 마치고 글로벌 제약사와 파트너쉽을 맺으려 하고 있다. 임상3상에 드는 비용이 크기 때문이다. 한독은 2015년 11월 자가염증 질환치료제 'HL2351'의 임상 2상을 승인받았다. 대조약 '아나킨라(Anakinra)'에 비해 반감기가 늘어난 이 제품은 바이오벤처 제넥신의 지속형 항체융합기술을 적용, 1~2주에 1회만 투여해도 되도록 개발되었다. 한올바이오파마도 2016년 11월 안구건조증 치료신약 'HL036'의 임상 1상을 승인받았다. 항염증 작용이 뛰어난 항-TNF 항체를 기본 물질로 하는 HL036은 기존 물질보다 조직분포율과 안전성을 향상시켰다. 알테오젠은 체내 반감기를 연장시켜 매일 투여받아야 하는 단백질치료제의 투여 횟수를 1~2주에 1회로 줄이는 차세대 지속형 단백질의약품을 개발하고 있다. 또 항체 · 약물접합기술(ADC)로 자체 개발한 넥스맵(NexMab) 기술을 활용해 기존 항암 항체치료제보다 높은 효능의 ADC 항암치료제를 개발 중이다. 2016년 유럽에서 엔브렐 바이오시밀러 최종 허가를 획득한 삼성바이오에피스도 바이오베터로 영역을 확장, 2~3개 제품을 개발한다는 계획이다.

대규모 투자를 통해 돌파구를 찾는 분야가 바이오시밀러라면 바이오베터는 차별화된 기술을 이용해 오리지널 바이오의약품을 업그레이드하는 영역으로, 기술력을 갖춘 국내 기업들이 집중하기에 적합한 분야이다. 국내 기업들도 바이오베터 분야에서 경쟁력을 갖고 있다. 바이오베터는 바이오시밀러보다 기술이전 성공확률이 높고 처음부터 세계 시장을 대상으로 하는 것인 만큼 임상 1·2상 후 글로벌파트너를 잡는 것이 중요하다. 현재 국내에서는 스위스 제약업체 로슈의 C형간염 치료제 '페가시스'가 70%이상을 점유하고 있는데 만약 한페론이 출시되면 페가시스를 대체할 것으로 전망이다. 바이오벤처인 제넥신에서도 빈혈치료제, 성장호르몬제, 백혈구 감소증 치료제 개발이 한창이며 녹십자는 유방암 치료 바이오베터를 개발 중에 있다.

현재 바이오베터는 400억달러에 달하는 전 세계 단백질 바이오의약품 시장에서 47.7%(190억달러, 20조 규모)를 점유한다. 높은 가격과 편의성을 강점으로 매년 폭발적인 성장세를 이어가는 추세이다. 가격도 다른 제품에 비해 높다. 통상 바이오시밀러가 오리지널 의약품의 70% 수준에서 가격이 결정되는 반면, 바이오베터 의약품은 오리지널 대비 2~3배의 높은 가격을 형성한다. 약가 인하 등으로 어려움을 겪고 있는 제약업계는 이런 이유에서 바이오베터 의약품에 눈을 돌리고 있다. 바이오의약품 시장이 커지고 특허 만료 제품이 증가하면서 바이오베터와 바이오시밀러간의 경쟁이 치열해지고 있다. 바이오시밀러가 시장을 선점하기 전에 개발에 박차를 가해야 한다는 게 바이오베터 업체들의 과제이다. 오리지널 보다 효능과 안전성이 우수한 바이오베터가 등장하면서 바이오시밀러가 자칫 무용지물이 될 수 있다는 우려 때문에 바이오시밀러 개발사들이 촉각을 곤두세우고 있다.

바이오시밀러 관련 분쟁사례

●●● 바이오시밀러 특허 분쟁의 이유

바이오시밀러는 바이오의약품의 복제약이므로 태생적으로 기존 바이오의약품의 특허 기술을 이용할 수밖에 없다. 의약품의 특허권 존속기간을 20년으로 보면 바이오시밀러를 개발하려는 회사의 입장에서는 특허권 존속기간이 만료되는 시점에 바로 바이오시밀러 제품이 출시될 수 있도록 준비해야한다. 따라서 바이오시밀러 제품을 만드는 과정에서 기존 바이오의약품의 기술을 모방하게 되는데 이것이 기존 바이오의약품에 관한 특허권을 침해할 소지가 있고 이로 인해 특허 분쟁이 생기게 된다.

●●● 씨제이(CJ) vs 제넥틱스인스티튜트(GI)

1996년 9월 3일 씨제이는 제네틱스인스티튜트의 에리트로포이에틴(이하 EPO라 한다)의 제조방법에 관한 특허발명(A특허)은 그 우선권을 인정할 수 없으며 그 출원 전에 반포된 간행물에 기재된 발명이거나 그로부터 A특허발명이 속하는 기술분야에서 통상의 지식을 가진 자가 용이하게 발명할 수 있는 것으로 구 특허법(1990. 1. 13. 법률 제4207호로 개정되기 전의 것) 제6조 제1항 및 제2항, 제69조 제1항의 규정에 의하여 무효가 되어야 하므로 그 권리를 인정할 수 없고, 씨제이의 EPO 제조방법에 관한 발명(B발명)은 A특허발명의 권리범위에 속하지 않는다는 이유로 특허심판원에 소극적 권리범위확인심판을 청구한 것으로부터 분쟁은 시작되었다.

특허심판원은 A특허발명의 우선권은 인정되므로 그 출원 전에 반포된 간행물에 기재된 발명이거나 그로부터 용이하게 발명할 수 있는 것이라고 할 수 없어 무효로 될 수 없으며, B발명의 유전자는 A특허발명으로부터 당연히 예상되는 동일 범주의 것이고 B발명의 발현벡터에 사용된 어얼리 프로모터도 A특허발명의 범위 내의 것이며, A특허발명에 비해 발명의 수율이 현저하다고 인정할 수 없으므로 B발명은 A특허발명의 권리범위에 속한다고 판단하여 씨제이의 심판청구를 기각한다.[117)]

이에 씨제이는 특허법원에 소를 제기했는데 특허법원은 B발명은 A특허발명의 균등의 범주에 속한다고 할 수 있지만, A특허발명이 등록되기전까지의 과정을 살펴볼 때 B발명에 대하여는 제네틱스인스티튜트가 스스로 권리범위로서 주장하는 것을 포기하였다고 할 것이어서 B발명은 A특허발명의 권리범위에 속하지 아니한다고 판단하여 씨제이가 승소한다.[118)]

이번에는 제네틱스인스티튜트가 상고하였는데 대법원에서는 B발명이 A특허발명의 권리범위에 속한다고 할 수 있기 위해서는 A특허발명의 각 구성요소와 구성요소간의 유기적 결합관계가 B발명에 그대로 포함되어야 한다고 하면서 B발명의 치환된 구성요소는 특허발명의 대응되는 구성요소와 균등관계에 있는 것으로 보아 A특허발명의 권리범위에 속한다고 보았고 제네틱스인스티튜트가 DNA서열의 기재를 추가하여 보정을 함에 있어서 추가된 DNA서열과 균등관계에 있는 것을 자신의 권리범위내에서 제외할 의도였다고 단정하기 어렵다고 판단하여 원심판결을 파기환송 한다.[119)]

파기환송에 대해 특허법원은 다른 이유, 즉 미생물의 기탁에 관한 요건을 충족하지 못한 A특허발명은 미완성 발명에 해당하고, 미완성 발명의 경우는 특허무효심결의 확정 전이라도 그 권리범위를 인정할 수 없는 법리이므로, 씨제이의 B발명이 A특허발명과 대비할 것 없이 A특허발명의 권리범위에 속하지 않는다고 판단한다.[120)] 이에 다시 제네틱스인스티튜트가 상고하였지만 씨제

이가 승소한다.[121]

우리나라는 2010년 이전의 특허법에서는 특허권의 효력이 미치지 않는 범위에 "연구 또는 시험을 하기 위한 특허발명의 실시"를 규정하고 있었고 여기에 제네릭의약품의 임상시험이 포함되는지 여부가 논란이 되었지만 2010년 1월 27일 특허법이 개정되어 연구 또는 시험에 '약사법'에 따른 의약품의 품목허가 · 품목신고 및 '농약관리법'에 따른 농약의 등록을 위한 연구 또는 시험을 포함한다고 명시적으로 규정하고 있다.

미국의 경우 Bolar v. Roche 사건[122]을 계기로 특허권자와 제네릭의약품 제조업자 사이의 조화로운 균형이 문제가 되었고, 이러한 정책적인 고려를 반영하여 허가를 위한 생물학적 동등성 시험에 대해서 명시적으로 특허침해의 예외를 규정하였고 이는 Bolar Exception으로 불리고 있다. 영국의 경우도 2005년 8월 30일 특허법에 미국의 Bolar Exception과 같은 규정이 입법화 되었다.

독일의 경우 1981년 특허법 개정을 통해서 시험적 실시의 특허침해 면제에 대한 명문의 규정이 마련되었지만 제네릭의약품 허가를 위한 시험에 대해서는 명시되지 않았다. 하지만 판례를 통해 제네릭의약품 제조업자들에게 특허 만료 전에 제네릭의약품 허가를 위한 시험을 제한적으로 가능하도록 한다. 일본의 경우 2010년 이전 우리나라 특허법의 규정과 동일한 형태를 갖추고 있어 제네릭의약품의 허가를 위한 시험이 특허침해에 해당하는지 논란이 있었으나 일본 최고재판소는 메실산카모사타트 사건에서 제네릭 의약품의 약사법 소정의 승인신청을 위해서 특허권 존속기간 중 특허발명의 기술범위에 속하는 화학물질 또는 의약품을 생산하고 그것을 사용하여 필요한 시험을 행하는 것은 특허권 침해가 되지 않는다고 판시했다.

바이오시밀러의 경우는 배양배지, 배양온도, 배양크기에 따라 매우 민감하여 오리지널 바이오의약품과 똑같은 복제약을 제조하는 것이 불가능하며 단지 유사한(similar) 복제약을 만들기 때문에 다양한 조건의 변화를 통해 다양한 결과를 얻어낼 수 있으므로 기술진보에 기여할 가능성이 제네릭의약품의 경우보다 훨씬 크므로 바이오시밀러 허가를 위한 시험의 경우 특허침해를 구성한다는 비판은 상대적으로 약하다.

특허법 시행령 제4조에서는 기탁된 미생물에 관계되는 발명을 시험 또는 연구를 위하여 실시하려는 자는 그 미생물에 관계되는 발명에 대한 특허출원이 공개되거나 설정 등록된 경우에 기탁기관 또는 국제기탁기관으로부터 그 미생물시료를 분양받을 수 있다고 규정하고 있다. 바이오시밀러는 그 특성상 미생물을 이용하는 경우가 많으므로 바이오시밀러 개발사 입장에서는 미생물시료의 분양을 이용할 수 있을 것이며 바이오시밀러 개발과정에서 다른 특허를 받았을 때는 일정한 경우 미생물 기탁을 해야 된다. 또한 오리지널 바이오의약품 제약사와 특허분쟁에서 오리지널 제약사의 특허가 무효임을 주장할 수 있는 하나의 근거가 미생물기탁을 하지 않았다는 점을 들 수 있다.

●●● 셀트리온과 녹십자

바이오시밀러 개발에 있어 중요한 기술 중 하나가 동물세포배양 기술인데, 동물배양세포 배양을 통해 특정질환에 효과가 있는 단백질을 얻어내야 비로소 바이오시밀러 개발이 가능하기 때문이다. 이 과정의 핵심 요소인 동물세포 발현 벡터 기술을 놓고 대형 제약사인 셀트리온은 2006년도에 녹십자와 유사한 특허를 출원했지만 2007~2008년도에 특허심판원으로부터 특허등록이 거절되자 녹십자 기술의 핵심 부분이 이미 논문 등에 공개된 만큼 특허로서의 가치를 잃어 녹십자의 특허가 무효라며 2008년 8월 26일 특허심판[123]을 청구했다.

이에 녹십자는 셀트리온이 녹십자의 핵심 연구원을 빼내가는가 하면 녹십자의 기반 기술을 사용해 1~2가지 기술만 덧붙인 것이기 때문에 특허로서의 신규성 및 진보성이 없다며 적극 대응하였지만 2010년 7월 12일 셀트리온이 심판청구를 취하함으로써 마무리된다.

●●● 바이오시빌러 개발과 특허분쟁 쟁점

우리나라 특허법에서는 연구 또는 시험('약사법'에 따른 의약품의 품목허가 · 품목신고 및 '농약관리법'에 따른 농약의 등록을 위한 연구 또는 시험을 포함)을 위한 특허발명의 실시에 있어서는 특허권의 효력이 미치지 않는다고 규정하고 있다. 이러한 특허권의 효력이 미치지 않는 예외적 상황이 적용될 수 있는 한계선상에 바이오시밀러 개발과정이 있다. 단백질 세포 등을 이용하여 만드는 바이오시밀러의 경우 아무리 염기서열이 동일한 의약품을 개발하려고 해도 구조적 복잡성을 인해 특성 분석이 어렵고, 배양배지, 배양온도, 배양크기에 따라 매우 민감하여 오리지널 의약품과 똑같은 복제약을 제조하는 것이 불가능하고 단지 유사한(bi-osimilar) 복제약을 개발할 뿐이므로 오리지널 바이오의약품 제조기술의 특허를 가지고 있는 특허권자의 입장에서는 각 단계마다 다양한 방법으로 자신의 특허권이 침해된다고 주장 가능하다.

씨제이와 제네틱스인스티튜트의 특허분쟁의 경우, 사용된 유전자, 발현벡터, 숙주세포와 발명의 수율, DNA 서열 등을 중심으로 기존 특허발명의 권리범위에 속하는지 여부를 판단하고 있는 것을 주목해야 한다. 또한 미생물 기탁에 관한 요건을 충족하지 못한 경우 특허발명은 미완성 발명에 해당하고, 미완성 발명의 경우 특허무효심결의 확정 전이라도 그 권리범위를 인정할 수 없으므로 특허분쟁 발생 시 미생물 기탁에 관한 부분도 주의가 필요하다. 셀트리온과 녹십자와의 분쟁처럼 기존 특허기술에 1~2가지 기술을 추가하였을 경우 이것이 발명특허 요건을 갖춘 특허를 인정받으면 특허권의 침해 문제는 발생하지 않는다. 그러나 1~2가지 기술을 추가한 것만으로 신규성 및 진보성을 인정받지 못하는 경우는 특허권 침해 문제가 발생할 수 있다.

바이오시밀러 개발을 준비하는 입장에서는 자신들의 기술이 신규성 및 진보성을 갖출 수 있을 정도의 기술이 되도록 노력해야 하며, 그렇지 못한 경우 특허분쟁에 덜 휩싸이기 위해서는 바이오의약품 제조의 기초를 이루는 재료 및 제조 단계마다 자신들의 방법이 특허권자의 제조 방법과 기초가 다를 수 있도록 연구하는 것이 바람직하다. 이러한 판례는 바이오시밀러 개발사 입장에서는 특허 분쟁의 소지를 줄이고, 분쟁이 생길 경우 어떻게 대처해야 되는지의 모범 케이스가 될 수 있다.

바이오헬스케어 산업을 위한 사회체계

●●● 바이오산업 지원을 위한 지원체계 정비

최근 다국적 제약사들이 미국에서 바이오시밀러 허가를 먼저 진행하면서 시장을 선점하는 경향이 있다. 바이오시밀러에 미온적이던 미국 보건 당국이 전향적인 자세를 보이는 것으로 평가된다. 바이오시밀러에 대한 각국의 제도와 규제 절차가 확립되어가는 상황에서 우리의 바이오시밀러 정책도 법령의 지속적인 업데

이트를 통해 시장상황에 맞게 제도를 갖출 필요가 있다. 특히 바이오시밀러 시장의 규모가 커지고 분쟁 등이 급증하고 있어 선제적인 제도 대응이 필요하다.

싱가포르는 2000년부터 '아시아의 바이오 허브'를 준비했다. 세계 최대 시장인 미국과 달리 자국 제약사가 없는 싱가포르는 낮은 세금과 고급 인력을 무기로 글로벌 제약사를 끌어들이는 정책을 취하고 있다. 최고 법인세율을 17%로 낮추고 첨단기술 선도기업으로 선정된 기업에는 법인세를 최대 15년간 면제한다. 생산과 연구중심으로 두 개의 바이오 단지를 조성한 정책도 주효하고 있다. 투아스는 생산설비 중심의 바이오 클러스터이다. 투아스의 바이오 의약품 생산능력은 2013년까지 18만L 규모로 아시아 최대 수준이다. 로슈, 론자 등 바이오 의약품 위탁생산기업(CMO)이 설비를 공격적으로 지었기 때문이다. 투아스에서 차로 20분 떨어진 바이오폴리스는 연구개발(R&D) 센터가 몰려있는 바이오 클러스터이다. 일라이릴리 등 다국적 제약사가 이곳에 R&D 센터를 세웠다. 한 해 배출되는 생명공학 전공자는 6000여명에 그치지만 싱가포르 정부는 이들 모두를 국비로 해외 제약사에 교육시키고 있다.

한국은 바이오 클러스터에 필요한 3박자 가운데 인프라와 연구인력은 갖췄지만 조세 혜택 등 글로벌 기업을 유인할 정책 및 제도 기반은 부족하다. 송도의 바이오 생산능력은 연 36만L로 아시아 최대이다. 삼성바이오로직스와 셀트리온의 추가 증설이 완료되는 2020년께는 연 60만L 규모로 세계 단일 바이오단지 가운데 최대 규모를 자랑한다. 국내에선 연간 5만2000명의 생명공학 관련 전공자와 의사 3500여명이 배출되는 등 인적 자원도 풍부하다. 글로벌 기업이 진출할 수 있는 제도적 지원 등의 종합적 대체 마련이 필요한 상황이다. 법인세율을 낮춰 글로벌 제약사를 유치하고 바이오 기술 전문교육기관을 설립하는 등의 노력을 제도적으로 뒷받침해야 국내에도 세계적인 바이오 클러스터 조성이 가능하다.

●●● 바이오시밀러 관련 규정 개선

우리나라의 바이오시밀러 허가에 관한 규정은 바이오시밀러 허가를 받기 위한 자료제출범위가 외국과 다르고, 미국의 경우와 같이 바이오시밀러와 대체가능한 바이오시밀러를 구별하지 않고 오직 바이오시밀러 한 가지로 규정하는 문제점이 있다. 따라서 국제적인 표준을 갖춘 허가심사 제도가 필요하다. 바이오시밀러 개발을 통해 국외로 수출할 것을 대비하여 국제적인 표준에 맞는 자료제출 범위를 설정할 필요가 있다. 바이오시밀러와 대체가능한 바이오시밀러로 구별하고 각기 다른 기준을 제시하며 빠른 허가가 이루어질 수 있도록 하는 것이 타당하다. 바이오시밀러를 보호하기 위한 입법에 대해 검토하는 것이 바람직하며 퍼스트 바이오시밀러에 독점권을 부여하는 방안 등 초기 바이오시밀러 개발사가 성공적으로 바이오시밀러 시장에 진입할 수 있는 여건을 마련하는 것이 필요하다.

●●● 바이오시밀러 관련 특허전략 모색

미국 바이오기업 바이오젠이 셀트리온의 바이오시밀러(바이오의약품 복제약) '트룩시마'에 대해 특허침해소송을 제기했다. 바이오젠은 삼성바이오에피스의 지분 9.7%를 보유한 2대주주이기도 하다. 2016년 2월 12일 오리지널약 '맙테라' 개발사인 바이오젠은 셀트리온을 상대로 한국 특허심판원에 '적극적 권리 범위 확인 심판'을 청구했다.

맙테라와 트룩시마(물질명 CT-P10)는 혈액암 치료에 효과가 있는 제품이다. 셀트리온은 2015년 11월 유럽에서 트룩시마의 임상3상을 마치고 유럽 의약품청(EMA)에 허가를 신청했다. 셀트리온은 이 제품의 국내 임상 3상 종료를 앞두고 있다. 양측의 특허공방은 이번이 처음은 아니다. 셀트리온은 2015년 바이오젠을 상대로 한국 특허심판원에 5건의 특허무효심판을 청구했다. 셀트리온은 2015년 유럽에도 특허무효소송을 제기했다. 맙테라 특허는 2019년 8월 11일 만료되기 때문에 특허가 끝나기 전까지 트룩시마를 출시할 수 없어 특허무효소송을 제기한 것이다. 바이오젠의 입장에서는 다국적 제약회사 화이자, 노바티스, 베링거인겔하임 등이 맙테라 바이오시밀러를 개발하고 있어 특허 보호가 필요하다고 판단한 것이다.

위와 같이 오리지널약 개발사와 복제약 개발사 간의 특허 분쟁은 흔히 일어나며 해외로 수출되는 국산 바이오시밀러가 늘어날수록 오리지널약 개발사와 특허 소송이 빈번하게 일어날 것으로 예상된다. 바이오시밀러 관련 특허분쟁이 발생하고 있는 것은 오리지널 바이오의약품 개발사 입장에서는 자신의 특허권을 지키기 위해 끊임없이 노력하고 있다는 것을 보여주는 예이다. 바이오의약품 개발사의 특허권을 보장해주는 것이 허가-특허 연계제도이고 특허권자가 스스로 특허를 유지하기 위해 사용하는 방법이 에버그리닝 전략[124)]이다.

바이오시밀러는 의약품으로써 산업상 이용가능성이 있는 발명이다. 하지만 신규성의 경우 발명의 내용인 기술적 사항이 종래의 기술적 지식, 선행기술에 비추어 알려져 있지 않은 새로운 것임을 의미하므로 기존 발명된 바이오의약품과 유사한 물질을 개발하는 바이오시밀러는 신규성이 없다. 물질이 신규성이 없다고 하더라도 물질을 만들어내는 제법 또는 용도는 개별적으로 신규성 여부를 판단해 보아야 하지만 바이오시밀러의 경우는 기존의 특허의 제법과 용도를 그대로 사용할 확률이 크므로 신규성을 획득하기 어려움이 있다. 진보성의 경우도 바이오시밀러는 선행기술에 창작을 가하기보다는 기존 기술을 그대로 이용하기 때문에 진보성이 없을 가능성이 크다.

따라서 바이오시밀러의 경우는 특허의 요건 중 신규성과 진보성을 갖추기 힘들어 물질특허를 획득하기는 어렸다. 대신에 바이오시밀러 개발사 입장에서는 물질을 만들어 내는 과정에 있어서 본인들만의 기술을 첨가하거나 새로운 용도를 개발해낼 수 있다. 이러한 기술이 산업상 이용가능성, 신규성, 진보성을 갖춘다면 제법특허, 용도특허를 받을 수 있다. 따라서 바이오시밀러 개발사 입장에서는 이러한 점에 착안하여 바이오시밀러를 개발할 때 고유의 기술을 적극적으로 개발하고 특허를 받을 수 있는 요건을 갖추고 있다고 판단되면 특허출원을 통해 특허를 적극적으로 획득하는 전략을 취하는 것이 필요할 것이다.

PART 3

과학기술과 제도의 조화

11장

+

첨단 금융공학시대의 법과 경제

금융시스템과 정보비대칭성

현대자본주의에서 금융시스템(Financial System)은 필요한 자원을 배분하는 중요한 역할을 담당한다. "돈은 있으나 이를 생산적으로 사용할 기회를 찾지 못한 주체(예금자, lenders)에게서, 기회는 있으나 돈이 없는 주체(차입자, borrowers)에게로 사용권을 넘겨줌으로써 자본주의 체제의 동태적 효율성이 제고"되는 것이다. 금융의 도움을 받는 대표적인 경제주체인 기업은 금융시장에서 자금을 조달한 뒤 투자를 함으로써 생산력을 증가시킨다. 그렇다면 왜 대부분의 기업은 은행 등의 금융중개기관을 통해 자금을 간접적으로 조달할까? 물론, 은행중심 금융제도(Bank-Based Financial System)를 가진 국가도 있고 시장중심 금융제도(Market-Based Financial System)가 발달한 국가도 있다. 그렇지만 은행중심 금융제도에서나 시장중심 금융제도에서나 은행이 중요한 역할을 담당하는 건 변함없다.

금융시스템 내에서 은행 등의 금융중개기관이 큰 역할을 담당하는 이유는 바로 정보비대칭성(Asymmetric Information)때문이다. 금융시스템 내의 돈을 빌려주는 쪽(lenders)은 차입자(borrowers)에 대한 정확한 정보를 알지 못하는 경우가 많다. 차입자의 신용, 차입자가 투자하려는 사업의 기대수익, 대출손실 가능성 등, 차입자 본인은 모든 정보를 파악하고 있으나 돈을 빌려주는 쪽은 그렇지 않다. 이 때 돈을 빌려주는 쪽과 차입자 사이의 정보비대칭 상황이 발생하는 것이다. 이러한 정보비대칭성은 금융기관이 정보와 관련된 활동을 벌이는 과정에서 그 스스로 우월한 정보를 지닌 주체가 되어 문제를 일으키는 경우에도 발생한다.

정보비대칭성이란 개념은 시카고학파의 정보경제학에 그 뿌리를 두고 있다. 시카고학파를 이해하기 위해서는 정보경제학을 살펴볼 필요가 있다. 정보경제학이란 게임이론, 행동경제학 등과 더불어 지난 20여 년 간 급속하게 발전을 이룬 미시경제학의 한 분야다. 정보경제학이 문제로 삼은 것은 바로 경제 주체들 간 '정보의 비대칭성' 이다. 현대 사회의 사람들에게 정보가 비대칭적으로 제공되는 것으로 인해 발생하는 제반 문제들을 체계적으로 분석하는 분야이다.

정보경제학은 2001년 정보경제학을 연구한 공로로 조지프 스디글리츠가 노벨경제학상을 수상하는 등 그 학문적 업적을 인정받고 있다. 이와 함께 정보의 비대칭성을 없애거나 경제주체들의 자발적인 선택에 의해 정보의 비대칭성 문제를 자연스럽게 제거할 수 있는 기제를 설계하는 제도설계이론(Mechanism design theory)이 주목받고 있다. 이에 대해 연구를 했던 매스킨, 마이어슨과 같은 학자들이 2007년 노벨 경제학상을 수상하면서 정보경제학이 현대사회에서 중요한 분야라는 사실을 다시 입증하게 되었다.

새로이 대두되는 정보경제학에서 중요한 개념은 '도덕적 해이'다. 이는 상대방의 감추어진 행동(hidden action)에 주목한다. 과거 미국 프로농구(NBA)에서는 시즌 최하위 팀에게 다음해 신인 드래프트 1순위 지명권을 주는 제도를 시행해왔다. 반비례하여 선발하게 한 이유는 바로 팀 간의 균형을 위하고, 독식을 막고, 관객의 즐거움을 보호하던 제도였다. 그런데 1990년대 중반에 현재까지 시행되고 있는 로터리 시스템으로 변경했다. 이는 취지와 달리 나타난 팀 간 발생한 '도덕적 해이' 때문이었다. 바로 신인 지명권을 위해 일부러 '져주기' 의 행위를 한 것 때문이었다. 소송에서 법률 대리인들이 시간제가 아닌 성공 보수제를 실시하는 것, 보험

계약에서 보험금때문에 가입자가 예방노력을 잃지 않도록 하는 시스템을 구축한 것들이 바로 도덕적 해이와 관련된 문제들 이다.

두 번째로 다루는 것은 바로 '역선택'이다. 이는 상대방의 감추어진 특성(hidden type)이 문제가 되고 있다는 점을 지적한다. 백화점 브랜드를 걸고 판매하는 기획 상품전에 사람이 몰리는 이유는 구매자들이 신뢰를 할 수 있는 판매자들을 구분할 수 없기 때문이다. 구매자들은 백화점의 브랜드를 믿기 때문에 결국 정보가 부족한 구매자들이 고육지책으로 백화점의 기획상품전에 발길을 돌린다. 20대 남성이 소유한 스 포츠카에 대한 자동차 보험료가 비싼 이유, 중고차 시장에서 품질 인증제를 도입하자고 하는 이유, 미국에서 하드커버로 된 신간이 출간된 이후 소프트 커버로 된 책이 나오는 이유들 역시 바로 이 역선택과 관련된 행위들이라 볼 수 있다.

정보비대칭성의 의미

금융기관에 관한 이론적 연구들은 대부분 금융기관의 특이성 혹은 금융기관이 어떤 특수한 기능을 수행하는가 하는 것 등에 집중되어 있다. 그러한 연구들은 금융시장의 상황을 어떻게 가정하느냐에 따라 다른 결론을 보이는데, 기본적으로 금융시장이 완전한가 여부에 대한 가정에 따라 결론을 달리 한다.

Copeland and Western에 의하면 완전시장이란 첫째, 거래비용이나 세금이 없고 모든 자산이 완전히 분할가능하며 시장성이 완전하고 기타 규제가 없는 등 아무런 마찰요인이 없는 시장, 둘째, 상품시장과 증권시장이 완전경쟁적인 시장, 셋째, 정보의 생산과 전달에 비용이 들지 않고 모든 사람이 동시에 정보에 접할 수 있는 시장, 넷째, 모든 투자자는 합리적인 기대효용 극대화를 추구하는 시장을 의미한다.[125] 금융시장이 완전성을 가정할 경우에 금융기관과 일반투자자 사이에는 아무런 차이가 존재하지 않고 따라서 금융기관의 특이성을 존재하지 않는다.

Fama는 완전시장에서 금융중개가 경쟁적으로 이루어질 경우, 금융기관은 전체적인 최적 생산수준이나 여러 가지 자원의 가격결정에 영향을 미치지 못한다고 말한다.[126] 그는 규제가 없을 경우에는 금융기관이 개별 투자자에 비해 비교우위가 있는지 여부에 무관하게 자금의 수요자와 공급자를 연결하는 역할을 할 뿐이므로 여타 개별 투자자와 마찬가지이며, 또 규제가 있을 때에는 수동적인 중개기관에 불과하다고 말하고 있다. 금융기관에 특이성이 존재하는 것은 금융규제 때문이라는 것이 그의 주장이다

하지만 Fama의 세계에서는 금융시장이 완전하기 때문에 정보비용, 거래비용 등이 무시될 수 있고, 그로 인해서 금융기관은 포트폴리오의 수동적인 보유자가 될 수밖에 없다. 이러한 세계에

서는 금융기관의 행위가 예금주의 개인적 포트폴리오 결정에 의해 상쇄될 수 있기 때문에 금융기관의 포트폴리오나 금융체계의 규모는 아무런 차이를 만들어 내지 못하게 된다.[127] 또 Campbell and Kracaw는 완전시장의 경우를 금융기관 존립에 관한 귀무가설이라고 말하고 있다. 규제가 없는 경쟁시장에서는 금융기관은 수수료만 받는 포트폴리오 관리자에 불과하다고 보는 것이다. 이와 같은 가설은 완전자본시장을 가정할 때 자본시장의 비대칭성 등 정보를 둘러싼 문제가 금융기관을 설명하는데 의미를 가지지 않는다는 것을 말한다.[128]

그런데 사실 시장에서는 거래비용, 정보불균형 등 많은 불완전 요인이 존재하고 있는 것이 현실이고, 금융기관이 이러한 불완전 요인을 이용하기 위해 전문화한다면 금융기관은 다른 투자자에 비해 우위가 있을 수 있게 되어, 금융기관의 특이성이 존재하게 될 것이다. 따라서 금융기관에 관한 많은 연구들이 이와 같은 시장의 불완전성에 주목하고 있다. 그리하여 정보비대칭성 문제를 강조하는 Leland and Pyle은 '정보비대칭성이 금융기관이 존재하는 주요 이유'라고 까지 말한다.[129] 그런데 일반적으로 금융시장에 존재하는 정보의 불완전성은 주로 자금의 수요자와 공급자간의 정보비대칭성에 기인하게 된다. 자금의 수요자는 자신의 현 상태와 미래의 투자전망 등에 관해 자금의 공급자를 포함한 다른 어느 누구보다도 잘 알고 있을 텐데 이러한 정보의 비대칭성으로 인해 문제가 발생할 수 있는 것이다. 이 때 발생할 수 있는 문제의 대표적인 것으로 역선택(adverse selection)과 도덕적 해이(moral hazrd)의 문제가 있다.

정보비대칭성 상태에서는 차입자는 자신의 재무 상태나 사업의 안전성 등 자신의 질에 대하여 가능한 좋게 보이려는 경향이 있을 텐데, 자금의 공급자는 차입자의 질을 정확히 평가할 수 없으므로, 모든 차입자의 질을 평균적인 것으로 평가하게 된다. 그렇게 되면 담보능력이나, 정직성, 사업성 등에서 좋은 질을 가지고 있는 차입자는 자신의 질에 맞는 적당한 차입비용보다 높은 비용을 요구 받게 되므로 자금을 차입할 수 없게 되는 지경에 이르게 된다. 결국은 우량한 차입자는 축출되고 평균이하의 질을 가진 열등한 차입자만 시장에 남게 된다. 이것이 역선택의 문제이다.[130] 도덕적 해이의 문제는 대리인 문제와 관련되는데[131] 일단 자금을 공급받은 후에는 기업가가 사업의 성공적인 수행을 위한 노력을 덜 기울이게 되고, 자금을 사적으로 유용하든가, 혹은 보다 더 위험한 사업에 투자하려고 하는 등의 문제가 발생하기 쉽게 되는 것을 말한다.

Darrough and Stoughton에 의하면, 역선택의 문제는 기업가가 그의 노력을 가치로 변환시키는 능력을 외부인은 관찰할 수 없기 때문에 발생하고, 도덕적 해이의 문제는 투사결정이 자금조달 이후에 이루어지므로 발생한다고 한다.[132] 대리인(agency) 문제는 대리인의 행위가 도덕적으로 해이하고 관찰 곤란하고 대리인이 본인(principal)과는 다른 가치, 목적함수를 가지고 있는 경우에 발생하게 되나, 역선택은 대리인이 본인보다 더 많은 정보를 가지고 있는 경우(도덕적 해이와 목표 불일치의 조건과 함께)에 발생하게 된다.

Leland and Pyle의 연구 이래로 많은 이론들이 자금 수요자와 공급자 사이의 정보의 비대칭성으로 인해 생기는 문제의 해결에 금융기관이 기여를 할 수 있다고 보고 있다. 정보문제에 관심을 두는 이론들 외에, 자산변환과 포트폴리오 최적화에 의해 금융기관을 설명하는 이론들이 있기는 하지만, 많은 이론들이 시장의 불완전성에 주목하여 금융기관을 설명하고 있다. 그 이론들은 크게 거래비용의 절감측면에 주목하여 금융기관을 설명하는 이론과 정보비대칭성 문제의 완화를 강조하는 이론으로 구분된다. 그리고 후자는 다시 금융기관의 신호전달과 정보생산 기능을 강조하는 이론과 감시의 기능을 강조하는 이론으로 나누어 볼 수 있다. 그 밖의 거래비용이나 정보비대칭성 등 시장불완전성 요인을 종합한 좀 더 폭넓은 이론에의 시도도 있었다.

금융기관과 자금공급자 사이의 정보비대칭성과 규제의 필요성

지금까지 우리는 주로 자금의 수요자와 공급자 사이에 존재하는 정보불균형에 관해 논의하면서 그로 인해 생길 수 있는 문제를 금융중개기관이 어느 정도 해결할 수 있음을 보았다. 하지만 금융기관이 정보와 관련된 활동을 벌이는 과정에서 그 스스로 우월한 정보를 지닌 주체가 되어 자금의 공급자와 사이에 정보비대칭성으로 인한 문제를 일으킬 수도 있다. 금융기관과 자금공급자 사이에 정보비대칭성이 생길 수 있는 이유는, 금융기관이 상대적으로 훨씬 값싸고 손쉽게 정보를 접할 수 있기 때문이다. 그것은 거래비용이나 정보비용의 절감과 관계가 있다.

이에 관해 Benston and Smith는 다음과 같이 설명하고 있다.[133] 첫째, 금융기관은 전문화를 통해 규모의 경제를 달성할 수 있다. 이는 하나의 고객에 관해 수집된 정보나 업무 등이 다른 고객들에게도 똑같이 이용될 수 있기 때문이다. 둘째, 금융기관은 자금 차입자들의 정확한 신용상태와 같은 중요한 정보를 다른 경제주체보다 쉽게 획득할 수 있다.[134] 이 또한 전문화를 통해 그러한 정보를 보다 쉽게 식별하고 판단하여 사용할 수 있기 때문이다. 셋째로, 금융기관은 자금의 공급자나 수요자를 탐색하는데 드는 비용을 절감할 수 있다. 물론 개별 경제주체들도 각기 개별적으로 자금의 수요자 혹은 공급자를 찾을 수 있다. 하지만 이러한 탐색과정은 이와 같은 거래에 전문화되어 있는 금융기관이 수행할 경우에 더 쉽게 이루어질 수 있다. 그밖에 다각화의 경제(economics of diversification)에 의한 비용절감도 들 수 있다. 이러한 여러 가지 이유로 인해 금융기관과 일반투자자 사이에 정보의 비대칭성이 생기게 되면 자금의 공급자와 수요자 사이에 정보의 비대칭성이 있는 경우에 발생한 것과 같은 역선택, 도덕적 해이 등의 문제가 발생하게 될 것이다.[135)]

한편 개별 투자자 입장에서는 거래비용 등으로 인해 자금을 다루는데 규모의 경제가 존재하게 되어, 대부분의 투자자들은 소수의 금융기관만을 이용하게 되는 것이 보통인데, 이 때 거래 금융기관의 잘못으로 인해서 또는 시장에서의 구조적인 문제로 인해서 자금의 손실이 오게 되면, 그것은 그 투자자 개인에게는 매우 커다란 타격이 되기 쉽다. 따라서 사전적으로 금융기관이 어떤 문제를 일으키는 것을 막기 위해 금융기관의 형태에 어떤 규제를 부과할 필요가 있고, 또 사후적으로는 지급불능 등의 사태로 인한 피해를 줄이기 위한 규제와 보험이 필요한 것이다.

이와 관련하여 Kareken and Wallace는 우리에게 중요한 경고를 하고 있다.[136)] 그들은 모든 예금주가 은행의 전략과 그 잠재적 결과에 대해 완전한 정보를 가지고 있다면, 예금보험과 금융규제 없이도 스스로 파산의 위험이 없는 전략을 선택할 것이라고 말하고 있다. 물론 투자자가 금융기관의 전략선택에 관해, 그리고 금융기관 포트폴리오의 위험, 수익률 등에 관해 완전한 정보를 가지고 있다고 가정하는 것은 비현실적인 것이다. 하지만, 만일 예금보험이 금융기관의 포트폴리오 위험에 정확이 비례하도록 보험료가 정책되지 않는다면, 보험은 손실의 위험을 투자자로부터 보험기관으로 이전시키고, 오히려 금융기관으로 하여금 가능한 한 가장 위험한 포트폴리오를 구성하도록 부추기는 결과를 초래하고 말 것이라는 그들의 주장에는 귀를 기울일 필요가 있다. 현실적으로 금융기관의 위험도에 따라 정확한 보험율을 책정하는 것은 매우 어려운 일이므로, 예금보험을 실시할 경우 금융기관의 형태에 대한 직접적인 규제는 오히려 보완적으로 꼭 필요한 것이 될 것이다.

한편 Darby and Karni는 정부의 개입이 합리화되기 위해서는 거래비용의 감소 혹은 공권력에 의한 강제의 필요 등 합리적인 근거가 있어야 할 것이라고 밝히고 있다.[137] 그들은 전문서비스의 경우에는 판단(diagnosis)과 서비스의 제공이 결합되어 함께 일어나는 경우가 많은데, 그런 경우에는 부정(fraud)이 일어나더라도 그것을 발견하는데 많은 비용이 소요되므로 부정이 쉽게 일어날 수 있으리라고 한다. 게다가 서비스 구매자의 무지 때문에, 그리고 범위의 경제(economics of scope) 등으로 인해 판단기능과 서비스기능의 분리에는 추가적 비용이 소요되므로 부정행위가 발생할 유인은 더욱 커지게 된다. 이런 상황에서는 정부의 개입이 합리화될 수 있다. 일반적으로 전문서비스의 질 평가는 잠재적인 고객 모두에게 가치가 있는 것이 되겠지만, 평가에는 많은 비용이 소요되고 또한 평가로부터 얻은 정보의 보급에도 비용이 소요될 것이기 때문이다.

그리고 이와 같은 정보의 생산에 드는 비용을 지불하기 위한 계약을 일일이 개별적으로 체결하는 데에는, 그로부터 얻을 수 있는 수익에 비해 상대적으로 매우 높은 비용이 소요될 것이다. 만일 이 때 정보의 개입에 의해 이 계약비용이 낮아질 수 있다면 정부에 의해 직접 정보가 생산되는 것이 바람직할 것이다. 실제로 정보의 공공성이나 개별적인 사적 계약에 드는 많은 비용 등으로 고려한다면 정부의 강제에 의한 정보생산이 바람직한 측면도 있다. 하지만 정부에 의해 정보가 생산될 경우, 정보의 질 저하 또는 감시기능의 저하에 따른 평판의 악화가 정보생산행위나 감시 등에 커다란 영향을 미치지 못하므로, 그러한 기능을 게을리하고 오히려 뇌물수수(bribery) 등으로 문제를 일으킬 가능성이 커지게 되어 그런 점에서는 민간생산이 바람직한 측면도 있다.

Goddhart는 전문서비스에 있어서 일반적인 고객은 사전적으로 전문가의 질을 판단하기 곤란하고, 또 사후적인 결과를 가지고 판단한다 하더라도 그 결과가 행운의 소산인지 전문적 지식의 소산인지 판단하기 곤란하므로 대중에게 알려진 자격기준(qualification)이나 개인적 접촉에 기초한 평판 등을 근거로 전문가를 찾게 된다고 하고, 따라서 대중이 알 수 있는 어떤 최소한의 자격기준 혹은 시장진입에 대한 통제가 필요하다고 하고 있다.[138]

정보우월성의 악용 이외에, 정보비대칭성 문제는 금융산업의 안전성을 저해하는 측면도 있다. 일반 투자자는 금융기관에 대한 정보가 부족하므로, 어떤 요인에 의해 불안을 느껴 투자자금을 회수하게 되는 경우, 연쇄반응을 일으켜 금융시장의 실패를 야기하고 나아가 경제전체를 위협할 수도 있는 것이다. Campbell은 이처럼 정보비대칭으로 인해 시장실패가 일어나게 되는 것을 방지하기 위해 규제가 필요하다고 하고 있다.[139] 그 밖에 그는 금융규제가 첫째, 금융기관들이 담합 등을 통해 독점적 행위를 하게 되는 것을 방지하고 경쟁을 촉진시키기 위해, 둘째, 계약당사자 사이의 정보비대칭성으로 인해 발생하기 쉬운 전용(expropriation)의 기회를 제한하기 위해, 그리고 셋째, 대리인 본인의 의사에 반하는 행동을 하지 않도록 하기 위해 필요하다고 말한다.

금융거래 복잡성의 원인과 소비자의 선택

●●● 정보비대칭성과 협상력 불균형의 증가 원인

당사자들 사이에서 계약이 체결되는 가장 큰 이유는 계약을 통해 계약 당사자 모두 이익을 얻는다는 각자의 판단 때문이다. 만약 일방 당사자에게 이익이 발생하지 않는데도 불구하고 계약을 체결하는 경우는 다음과 같은 두 가지 경우가 있다.[140] 첫째, 상대방이 일방 당사자에게 이익이 발생한다고 믿게 만들거나 또는 일방 당사자 스스로 이익이 발생한다고 오신하는 경우가 있을 수 있다. 둘째 일방 당사자가 자신이 얻을 수 있는 이익을 산정할 수 없었거나 이러한 협상 기회조차 얻지 못한 상태에서 계약을 체결하는 경우가 있을 수 있다. 계약 목적물에 대한 정보가 계약 당사자들에게 대칭적으로 존재하지 않는 경우와 계약 당사사의 협상력이 불균형을 이루는 경우가 각각 전자와 후자에 해당될 것이다. 오늘날 이러한 정보비대칭성과 협상력의 불균형성이 증가하고 있다면 이러한 증가는 계약 당사자들 간의 관계 변화와 시장의 역할에 한계 때문일 것이다.

현재와 같은 대량소비 사회에서 사업자들의 행동양식은 "기술혁신(innovation)"과 "지대추구(rent-seeking)"의 두 가지 양태가 나타난다고 할 수 있다. 일반적으로 "기술혁신"을 통해 공급단가를 줄이거나 같은 가격으로 제품의 성능과 서비스의 질을 향상시키는 방법을 통해 경쟁 우위를 생각할 수 있다. 또 다른 방법으로 생산과 직접 관련이 없는 부분을 통해 매출과 이윤을 증가시킬 수 있는데 이것을 "지대추구"라 부를 수 있다. "지대추구"란 이익 창출을 위해 "rent"를 추구하는 행위로 정의할 수 있으며, 경제학적으로 시장 내 경쟁적 노력을 통해 기대수익(expected gain)의 성향이 비용으로 해석될 수 있는 것으로 정의되기도 한다.[141)]

실제로 시장에서 발생하는 모습은 크게 "기술혁신"을 통한 수익증대 모델이냐 아니면 "지대추구"를 통한 수익증대 모델 중 어느 것이냐를 대답하기 쉽지 않다. 그 이유는 사업자들은 "기술혁신"과 "지대추구"를 같이 추구하기 때문이다. 그렇다면 사업자들은 어느 모델을 선호하겠느냐라는 질문이 더 바람직할 것이다. 시장 내 "거래비용(transaction costs)"과 같이 고려하여 그에 대한 답을 생각해 볼 수 있을 것이다.[142)]

시장이 완전하면 할수록, 즉 "거래비용"이 전혀 들지 않거나 매우 적게 든 상태에서 둘 이상의 사업자가 동종 제품에 서비스를 경쟁적으로 공급하게 되면, 대부분의 사업자들은 "기술혁신" 모델을 통해 수익을 증가시키는 것을 선호할 것이다. 반대로 시장이 불완전하면 할수록, 여기서는 둘 이상의 동종 업종의 경쟁 사업자가 존재하지만 소비자 측면에서 "거래비용"이 상대적으로 많이 발생하는 경우, 대부분의 사업자들은 "기술혁신" 모델보다는 "지대추구" 모델을 선호하게 될 것이다. 극단적으로 "거래비용"이 매우 많이 든다면 소비자들은 어느 제품과 서비스가 우수한지 구분할 수 있는 방법이 전혀 없게 된다. "기술혁신"을 통해 보다 우수한 제품과 서비스를 제공하더라도 소비자들은 그 사실을 알기 위해 많은 비용과 시간을 투자해야 하기 때문에 "기술혁신"을 이룬 제품과 서비스를 선택하는 것은 쉽지 않다.

●●● 거래의 복잡성에 따른 소비자의 선택

소비자들과 사업자들 간 계약이 체결되는 과정을 보면 먼저 소비자들이 자신들에게 필요한 제품과 서비스를 결정하기 위해 여러 제품과 서비스들을 비교하여 그 중 자신에게 가장 적합한 제품과 서비스를 제공하는 사업자 또는 판매자와 계약을 체결하게 된다. 또 다른 과정은 사업자들이 제공하는 제품과 서비스 정보를 통해 소비자들이 자신이 이러한 제품과 서비스가 필요하다는 것을 인지하게 된 이후 위의 과정을 거쳐 계약을 체결하기도 한다. 이러한 과정에서 소비자들이 자신에게 필요한 또는 필요하게 된 제품과 서비스들을 합리적으로 선택하기 위해서는 제공된 제품과 서비스에 대한 품질과 가격에 대한 정보를 비교 · 검토할 필요가 있다.

소비자들은 제품과 서비스에 대한 정보를 크게 두 가지 출처로부터 취득할 수 있다. 첫째, 소비자들은 정부, 정부보조단체(한국소비자원 등), 시민단체, 전문가집단 등이 제공한 제품과 서비스에 대한 정보를 취득할 수 있다. 둘째, 소비자들은 사업자들 자신들이 제공하는 제품과 서비스에 대한 정보를 취득할 수 있다. 이러한 정보들은 개인간 정보이해 능력의 차이 및 정보 접근정도의 차이로 인해 정보를 취득하는 비용이 개인별로 달라지기도 한다.

소비자들에게 제공된 정보를 취득하기 위한 비용, 접근비용 측면에서 바라보면, 소비자들은 비사업자가 제공하는 정보보다는 사업자가 제공하는 정보를 취득하는 것이 상대적으로 비용이 적게 든다. 즉, 비사업자가 제공한 정보는 관보를 열람하거나, 기관 홈페이지를 접속하거나, 발간물을 구독하거나, 학술지를 조사하는 방법 등을 통해 얻을 수 있으나, 상대적으로 쉽게 취득할 수 있는 것이 아닌데 비해, 사업자가 제공한 정보는 텔레비전, 신문, 잡지 등의 광고를 통해 비교적 쉽게 취득할 수 있다.

결론적으로 소비자들은 "거래비용"을 줄이기 위해, 사업자들이 제공하는 대중매체를 통한 광고와 판매원을 통한 면담을 통해, 정보를 취할 경우가 많이 발생하게 된다는 것은 어렵지 않게 예상할 수 있다. 그렇다면 소비자들은 자신들이 구매하려는 제품과 서비스의 내용이 복잡해질수록 거래비용이 증가되기 때문에 사업자가 제공하는 상대적으로 비용이 적게 드는 정보를 취득할 가능성이 높아진다.[143]

●●● 정보비대칭성으로 본 설명의무의 존재 근거

금융상품 시장의 투자자는 계약사유주의, 자기결정의 원치에 의하여 누구나 상품거래를 할 수 있는 기회가 부여되며 선택에 대한 결과에 대하여 자기책임을 부담하게 된다. 그러나 금융거래는 다른 거래와 비교하여 소비자가 상대적으로 정보의 비대칭에 노출될 위험이 크기 때문에 거래를 결정함에 있어 비합리적 선택을 할 수 있다는 제한된 합리성(Bounded Rationality)을 갖는 존재로 설명되기도 한다.[144)]

특히 파생상품 등 금융투자상품거래가 급격히 증가하고 소비자와의 분쟁이 증가하면서 '정보의 비대칭' 해소 문제는 금융소비자 보호에 있어 중요한 문제로 부각되어 왔다. 이는 상품에 대한 충분한 설명을 기반으로 한 고객의 자기결정이 시장의 투명성을 이끌고 이러한 투명성은 결과적으로 금융시장의 성장에 있어 불가결한 요소가 되기 때문이다.[145)] 이처럼 금융상품 거래의 전제를 이루는 상품의 정보에 대한 인식에 있어 각 계약 당사자 사이에 기본적으로 정보의 격차가 존재하기 마련이므로 이러한 격차를 시정하여 계약당사자간의 합리적인 의사결정을 이끌어 낼 도구가 필요하다. 이를 위해 도입된 것이 설명의무이다.

즉, 금융상품거래에 있어서의 계약당사자간의 기대를 법적규범이라는 제도에 의해 뒷받침하고자 하는 것으로 당사자 간 책임의 사전적 명확화를 위한 규칙의 정립[146)]을 위한 것이 설명의무에 관한 것이며 이는 자기책임원칙의 근본적인 수정이 아니라 자기책임의 원칙을 적용시키기 위한 전제로서 기능하는 것이다.[147)] 금융계약 당사자 간의 자기책임의 원칙을 이루기 위한 전제로서 기능해 온 계약상 보호의무론은 민법상 계약관계에서 논의되는 이론으로 금융기관과 고객과의 관계에 있어 금융기관의 공공성에 방점을 두어 고객보호를 도모해 온 것으로 기본적으로 대등한 당사자관계를 특징으로 하는 장외파생상품거래에서도 동일한 기능을 한다고 보기는 어려운 점이 있었다. 지금의 자본시장법에서는 설명의무를 명시적으로 규정함으로써 그 법적 근거를 명확히 하였다 할 것이다.

또 다른 측면에서 설명의무를 투자자보호의 관점에서도 설명할 수 있다. 투자자보호는 공정한 경쟁과 이에 따른 금융시장의 발전을 목표로 하는 자본시장법에 있어 또 하나의 규제법적 대명제로서 기능한다. 자본시장법에서는 투자자보호를 규제목적의 하나로 명시함으로써 정보공시를 핵심으로 하는 영업행위규제를 매우 강력하게 규정하고 있다.[148] 공정한 경쟁여건을 촉진하는 기능[149]을 구현함에 있어 투자자보호를 위한 장치는 필수적인 요소가 되는데 자본시장법에서는 투자자 보호체계의 선진화를 목표로 이를 위한 조치의 일환으로 다양한 금융회사의 영업행위규제조치를 두고 있다. 특히 갈수록 복잡 · 다양해지는 금융상품의 추세에 맞추어 투자자보호의 중요성이 증대되어 가고 있는데 자본시장법에서 설명의무를 명시적으로 규정함으로써 법적 구속력을 갖추게 되었고 투자자보호의 핵심적 기능을 수행하게 되었다 할 것이다.[150]

제도설계이론으로 본 설명의무의 가치

●●● 제도설계이론 개관

제도설계이론(Mechanism design theory)은 합리적인 자원배분 규칙을 제시하는 게임이론의 한 분야다. 이 이론은 정보의 비대칭성과 불완전한 경쟁 하에서 던져지는 문제에 대해 해법을 찾는다. 먼저 제도설계이론을 알기 위해선 게임이론과의 차이점을 이해해야 한다. 게임이론은 게임의 규칙이 주어졌을 때 개인들이 어떤 행동을 하느냐에 관심을 갖는 반면, 제도설계이론은 게임의 규칙을 어떻게 설정해야 하느냐에 초점을 맞춘다.

게임이론에서 출발한 제도설계이론은 사람들이 개인적 이익을 우선시하며 각기 다른 이해관계를 가진다는 가정 아래, 상이한 이해관계의 충돌을 어떻게 최소화하고 사회적으로 바람직한 목표를 달성하기 위한 최적의 정책이나 제도를 설계할 수 있는지를 설명한 이론이다. 따라서 제도설계이론은 게임이론을 이용해 더 고차원의 문제를 푸는 것이라 할 수 있다. 그래서 아담 스미스의 '보이지 않는 손'에 '도움을 주는 손'을 붙여준다는 평가도 나온다. 창시자인 후루비츠는 메카니즘의 설계를 위해 가장 중요한 개념으로 '인센티브'를 도입한다. 그의 이론에서 인센티브는 '유인합치성(incentive compatibility)'으로 표현되며,[151] 정부가 설계한 제도의 효율적 작동을 위해 사회적 비용의 낭비 없이 개인이 제도에 참여할 수 있는 유인을 말한다.

그리고 제도설계이론을 더욱 발전시킨 매스킨은 사회적 균형점을 찾기 위한 방법으로 단조성(monotonicity)의 개념을 적용하여 구현의 문제(implementation problem)를 해결하였다. 매스킨 교수는 1977년에 소위 '내시시행'에 대한 분석을 완성함으로써 제도설계이론의 빅뱅을 일으켰다. 내시시행이란 어떤 사회적 목적이 제도를 통해 구성원들의 균형행위의 결과로 나타나기 위한 절대조건이 무엇이냐에 대한 해답을 제시한 것으로 그 조건을 매스킨 단조성(Maskin Monotonicity)이라 부른다. 마이어슨 교수는 제도설계이론의 세련화에 공헌했는데 특히 1983년의 불가능성에 대한 논문이 유명하다.[152] 즉, 가장 간단한 형태의 거래인 일대일 거래에서 만약 자발적인 참여와 자유거래를 보장한다 해도 정보의 비대칭성 때문에 최적거래가 이뤄지지 않는 경우가 존재한다는 것이다.

마이어슨은 유인합치성의 조건하에서 작동되는 최적의 메카니즘에 직접체계(direct mechanism)의 개념을 도입하여 간단한 수학체계로 만들어 경매(auction), 최적 조세(optimal taxation), 공공재의 배분(public goods)등에 관한 현실적인 사회문제에 적용하여 해결책을 제시하고 있다.

제도설계이론에서 계획자는 자신이 원하는 방식으로 결과가 나오도록 제도를 설계한다. 사실 계획자는 정보가 부족하다. 경제

주체들이 더 많은 정보를 갖고 있나. 제도가 성공하려면 두 가지 조건이 필요하다. 첫째, 경제 주체의 자발적인 참여가 필수다. 게임에 참가함으로써 더 큰 만족을 느낄 수 있어야 한다. 둘째, 참여자들이 가진 정보를 사실대로 공개하도록 유인책을 줘야 한다. 잘하는 일에 인센티브를 제공해야 제도와 참여자의 이해가 일치된다.

제도설계이론은 여러 구성원으로 이뤄진 사회가 제도를 만들 때 궁극적으로 효과 있게 작용하기 위해서는 '개인의 인센티브가 존중돼야 함'을 기본 전제로 한다. 하지만 현실적으로 각 구성원들이 사회적 합의를 도출해내는 일은 매우 어렵다. 개인에게만 적용되는 가장 간단한 제도를 만들 때조차도 그가 처한 상황, 여건, 특성 등 다양한 변수가 고려돼야 한다. 하지만 당사자가 처음부터 이를 거짓으로 보고할 경우 전혀 다른 결과가 나올 수 있는 등 근본적인 문제점을 안고 있다. 하물며 다양한 구성원의 사회적 합의 수준을 넘어 실제 시행되기까지 많은 난관이 도사리고 있다.

메커니즘 디자인은 경제 참여자들이 사적 정보를 보유하고 있는 상황에서 어떠한 자원 배분 방식을 선택해야 효율적인 배분이 이루어지는가를 탐구한다. 그리고 탐구한 결과를 바탕으로 자신의 사적 정보를 감춤으로써 자기 이익을 추구하려는 경제 주체들에게 자신들의 진실한 정보를 나누는 것이 유리하도록 인센티브를 제공한다. 메커니즘 디자인이 정부가 제도를 설계할 때만 유용한 것은 아니다. 메커니즘 디자인은 우리의 생활에서 어떠한 일을 할 때 이 일과 관련된 모든 당사자가 바람직한 행동을 하도록 하는 인센티브를 어떻게 만들어 낼 것인가에 대한 사고의 틀을 제공해 준다.

제도설계이론은 지나치게 하부구조(다이렉트 메커니즘)의 해결책에만 집중되어 있다는 비판이 가능하다.[153] 메커니즘 디자인은 유인합치성을 만족시키는 인센티브를 통해서 개인이 자신의 정보를 정직하게 공개하게 만드는 방법을 통해서 파레토 개선을 이루려고 했다. 물론 이것은 좋은 방법이지만 인간의 욕망은 다양하기 때문에 그들이 정직한 정보를 말하게 만드는 인센티브 또한 다양하다. 따라서 사회 전체적으로 수많은 유인합치성을 갖는 인센티브를 만들어야 한다. 많은 비용이 소모될 가능성이 있다. 또한 사회전체를 개선시킬만한 상부구조에 대한 해결책을 제시하지는 못한다는 취약점이 있다는 평가도 가능하다.

●●● 제도설계이론으로 본 설명의무의 본질

금융상품거래 특히 장외파생상품거래와 같은 복잡하고 고도의 전문성이 요구되는 거래에 있어서 공정하고 합리적인 거래라는 사회적인 목표가 이루어지기 위해서는 어떠한 디자인(제도설계)이 이루어져야 하는지가 문제된다. 여기에는 다양한 방안을 생각할 수 있다. 예를 들면, 정부의 금융거래에 대한 전면적인 개입

즉 거래허가제 등의 극단적인 방법을 생각해 볼 수 있다. 예외적인 경우 부동산 거래의 대상인 토지는 토지거래허가제가 시행되는 경우도 있다. 하지만 제도설계이론의 중심 개념인 유인합치성(Incentive Compatibility)[154]을 고려한다면 금융소비자와 금융기관 모두 궁극적으로 효과가 있는 제도를 설계할 필요가 있다. 금융기관과 금융소비자 모두의 인센티브가 존중되기 위한 제도가 중요하며 그러한 제도 중 하나가 자본시장법 제47조의 설명의무라 할 수 있다.

설명의무는 법에 규정된 제도라는 측면과 함께 금융상품거래 특히 장외파생상품거래가 이루어지기 위한 유인(incentive)로서 작용한다. 필연적으로 복잡한 거래인 장외파생상품거래는 그 상품의 정보를 설명하기 위한 사업자의 유인과 그 사업자의 설명을 바탕으로 상품을 선택해야 하는 금융소비자의 유인이 어느 정도 합치되는 영역이 존재한다고 할 수 있다. 문제는 설명의무라는 게임의 규칙을 어떻게 설정해야 하느냐가 보다 중요하다. 장외파생상품거래에 참여하는 개인과 금융기관이 어떠한 게임의 규칙을 설정하느냐는 제도의 설계자가 정하여야 할 문제이고 대법원의 판결은 설명의무에 대한 게임의 규칙을 정하는 기준이 되기도 한다. 물론 법원의 장외파생상품거래에 대한 인식과 이해부족으로 인해 설명의무에 대한 내용과 한계 설정이 완벽히 이루어지지 못한 측면이 있고 설명의무의 본질적 가치가 제대로 파악되지 못한 아쉬움이 있다.

매스킨의 지적과 같이 '가장 간단한 형태의 거래인 일대일 거래에서 만약 자발적인 참여와 자유거래를 보장한다고 해도 정보의 비대칭성 때문에 최적거래가 이루어지 않는 경우가 존재한다.'는 주장은 금융상품거래에서 그 의미가 보다 분명해 진다고 할 수 있다. 금융소비자와 금융기관이 그들의 정보를 사실대로 내놓을 수밖에 없는 '게임'을 만드는 것이 중요하며 그러한 정보를 사실대로 내놓게 하는 법적 제도가 설명의무라 할 수 있다. 설명의무는 장외상품거래의 성립에 있어서도 중요하지만 장외파생상품거래라는 전체 시장이 유지되기 위해서도 중요하다. 금융소비자가 자신이 금융상품을 선택하기 위한 정보를 제대로 획득하지 못하고 심지어 그것이 왜곡되어 금융기관에 유리한 방향으로 설명되어도 그것에 대해 금융기관이 책임지는 제도가 설계되어 있지 않다는 점을 인식한다면 장외파생상품거래는 그 유효성과 효과성에도 불구하고 거래시장 자체가 붕괴될 가능성이 있다

첨단 금융공학의 발전과 글로벌 경제위기

미국발(發) 글로벌 금융위기의 수범으로 금융공학을 꼽는 전문가들이 늘면서 일반인에게 생소하던 이 학문에 관심이 집중되

고 있다. 금융공학의 역사는 1973년에 시작됐나. 그 이전에도 파생상품 거래는 있었지만 규모는 매우 작았다. 하지만 1973년 미국 시카고 옵션거래소에서 주식옵션을 거래하기 시작하면서 본격적으로 파생상품 시대가 열렸다. 또한 그해에 피셔 블랙(Fischer Black), 마이런 숄스(Myron Scholes), 로버트 머턴(Robert Merton) 교수가 공동 발표한 '파생상품 평가이론'은 혁신적인 투자이론으로 주목받았고, 25년 뒤인 98년 이들은 노벨경제학상을 수상했다.

주가 변화의 수학적 예측을 처음 시도한 인물은 만유인력으로 유명한 아이작 뉴턴이다. 그는 황금분할법칙으로 주가 변화를 수식화 하려 했지만 실패했다. 뉴턴은 1720년 초 스페인령 아메리카에 노예무역을 하는 회사의 주식에 투자하여 지금 돈으로 10억 원 정도를 벌었다. 그 후에도 주가가 자꾸 오르자 되사들였다가 연말에 30억 원을 잃고 파산했다. 뉴턴은 "천체의 움직임은 초 단위로 계산할 수 있지만, 인간의 광기는 그럴 수 없다"는 말을 남겼다.

1980년대에 노벨상을 탄 경제학자 두 명과 미국 우주계획을 주관하던 수학자, 물리학자와 프로그래머가 만든 롱텀캐피털매니지먼트가 다시 금융공학이란 이름으로 금융시장의 분석을 시도했다. 이들은 '위험 없이 이익은 없다'는 공리를 바탕으로, 위험이 거의 없는 채권(미국 국채 등)과 주식의 현물이나 선물과의 가격 관계를 방정식으로 풀어 주식시장을 예측하려 했다. 그러나 1988년

러시아의 대외채무지급유예를 예측하지 못해 파산했다.

그 뒤 첨단금융공학이라는 이름으로 위험을 피하는 금융기법이 지속적으로 나왔다. 특히, 파생상품은 다양한 실물과 선물을 결합해 위험을 최소화했다고 주장하며 세계 투자시장을 좌지우지했다. 그런데 이들이 계산한 위험에 대한 수치모형은 실세계에서 증명된 것이 아니라 머릿속에서만 증명된 것이었다. 더구나 계산방법 자체도 고도의 수학을 사용해 알기 어렵고, 그 방법 자체가 영업비밀이어서 투자자는 알 수가 없다. 따라서 투자자로서는 투자은행으로 불리는 판매자의 주장을 믿고 투자할 수밖에 없었다.

금융공학의 본질은 가치(가격) 결정이다. 금융공학은 본질적으로 상상의 산물에 가격을 부여하는 일이라고 생각할 수 있다. 고대 그리스인들이 쓰는 알파벳을 사용하는 델타, 감마, 베가, 세타 같은 리스크 요소라는 것도 본질적으로 보면 간단하다. 특정 상황에 따라 가격이 어떻게 변하는지 도와주는 도구에 불과하다. 사람이 직관적으로 이런 가격 변화를 알 수 있는 능력이 있었다면, 이런 개념도 필요 없다. 결론적으로 금융공학은 파생상품의 가격 결정과 가격 변화 요소를 구하는 학문으로 볼 수 있는 것이다.

●●● 금융위기의 발생원인

미국 월스트리트에서 투자은행들이 막대한 돈을 벌어들이기 시작한 것은 1980년부터다. 이때 금리 스와프를 필두로 다양한 파생상품이 출현하기 시작했고, 80년대와 90년대 시장 규모는 빠른 속도로 확대됐다. 이 시장에서 미국과 유럽의 투자은행들이 엄청난 돈을 벌어들이기 시작했으며 수학, 물리학을 전공한 공학도들이 투자은행에 몰려들었다. 전 세계 파생상품 시장의 약 15%는 JP모건체이스가 점유하고 있으며 BNP파리바그룹, 도이 치뱅크, 뱅크오브아메리카, 씨티그룹이 그 뒤를 잇고 있다. 이처럼 파생상품 시장은 몇 개의 대형 은행이 거의 독과점하는 실정이다.

1980년대와 90년대는 금리파생상품(interest rate derivatives)이 주를 이뤘다. 지금도 금리파생상품의 시장규모가 가장 크다. 1990년대 말에는 신용파생상품(credit derivatives)이 거래되기 시작했다. 2000년대에 가장 빠른 속도로 커진 시장이 신용파생상품 시장이다. 2008년의 미국발 금융위기는 부동산 가치의 하락에서 출발했으나 이를 증폭시키고 여러 금융기관에 걸쳐 광범위한 손실을 끼치게 된 가장 큰 원인 가운데 하나는 신용파생상품이라 할 수 있다.

특히 주택저당증권(MBS · Mortgage Backed Securities)을 기초자산으로 하는 신용파생상품 가운데 하나인 부채담보부증권(CDO · Collateralized Debt Obligation) 시장이 금융위기의 촉매 구실을 했다. CDO 상품은 투자원금 대비 손실 또는 이익을 매우 크게 만드는 레버리지 효과를 내는데, 예를 들어 메릴린치는 2007년 3분기에 보유한 CDO 자산에서 79억 달러(약 8조원)의 손실을 봤다. 메릴린치는 그 이전 수년간 CDO 자산에서 상당한 이득을 보기도 했으니 효자상품이 갑자기 불효자가 된 셈이다. 신용파생상품 시장은 특이하게도 미국 유럽에서의 큰 증가세와 달리 우리나라를 포함한 아시아에서는 지금도 규모가 매우 작다. 따라서 아시아에서 부동산 가치가 폭락하더라도 현재의 미국 같은 금융 손실 전이현상은 나타나지 않을 것으로 예상된다.

미국발 금융위기의 원인을 다시 한 번 면밀히 짚어보자. 위기의 원인은 2001년 9 · 11테러 이후 미국의 저금리 정책, 신용도가 낮은 고객에 대한 서브프라임 주택담보대출 증가, 주택담보대출을 담보로 채권을 발행하는 증권화(Securitization) 기법의 발달 및 규모 증가, 이러한 채권을 모아서 또 담보로 증권을 발행하는 CDO 시장의 폭발적 증가, CDO를 모아 또 담보로 증권을 발행하는 CDO2 시장 증가 등을 들 수 있다. 증권화가 쉽게 이뤄질 수 있기 때문에 또다시 새로운 대출을 받을 수 있고 새로운 대출도 증가했으며, 또한 증권화의 용이성으로 신용도가 낮은 고객에게 대출해주고 이러한 대출자산을 다른 금융기관에 팔 수 있기 때문에 고객의 신용도 조사를 소홀히 하는 결과를 초래했다.

한편 2000년대에는 신용파생상품의 종류가 다양해지고 규모도 커졌지만 신용파생상품에 대한 정부 규제는 시장을 따라가지 못했다. 특히 금융기관의 위험을 나타내는 지표인 BIS 비율을 계산할 때 다양한 종류의 신용파생상품을 고려하지 못함으로써 금융기관의 위험을 정확히 표현하지 못했고, 신용파생상품의 복잡성으로 인해 이러한 상품에 대한 신용평가기관의 신용평가도 주먹구구식이었다. 트레이딩 부서 직원들이 막대한 보너스를 받다 보니, 복잡한 신용파생상품을 분석할 수 있는 우수 직원들이 모두 트레이딩 부서로만 가고, 직원 대부분이 보너스가 없는 위험관리 부서나 신용평가회사로 가길 꺼려하기 때문에 능력 있는 직원이 부재한 점도 하나의 이유가 될 수있다. 또한 트레이딩 부서에서 막대한 수익을 올리는 경우엔 트레이딩 부서의 입김이 세고 위험관리 부서는 별 힘이 없기 때문에 보유 자산의 위험에 대한 사전 언급이 소홀했을 것으로 보인다.

●●● 현대금융시장의 특징과 규제방향

현대 금융시장에는 세계적으로 중요한 네 가지 추세가 있는데 글로벌화, 증권화, 금융공학 발달, 컴퓨터, 인터넷 등 정보기술(IT) 발달이 그것이다. 이 네 가지 추세가 모두 지금의 세계적 금융위기를 불러온 주범이기도 하다. 이들 추세는 국가 간 공조화, 시장 간 공조화, 금융기관 간 공조화, 기업 간 공조화를 만들어 어느 시대보다 높은 공조화 시대를 이끌었고, 따라서 한 국가에서 문제가 생기면 연쇄적으로 금융위기가 발생하는 시스템이 되어 앞으로 실물시장에 미치는 영향을 속단하기 어려운 상황이다. 반대로 생각한다면, 어느 부분에서는 지금 상황을 잘 넘기면 모두가 이른

시일 안에 금융위기를 극복할 수 있는 시스템이기도 하다. 따라서 금융시장의 네 가지 추세가 앞으로 가져올 수 있는 위험성에 대한 심도 있는 고찰이 필요하며, 이에 대한 적절한 규제와 적극적인 대처 방안에 지혜를 모아야 할 때다.

일본에서는 '규정 중심의 규제'가 금융 · 자본시장 경쟁력 강화를 저해하고 있다고 판단해 이를 극복하기 위한 새로운 규제 방식, 즉 '원칙에 의한 규제'를 그 대안으로 모색하고 있다. '원칙에 의한 규제'는 말 그대로 '일반원칙(principle)에 근거한 규제 방식'을 의미하며, '규정(rule)에 의한 규제'와 대비되는 개념으로 볼 수 있다. 규정에 의한 규제는 상세한 규칙을 제정하고, 이를 개별 사례에 적용시키는 규제 방식을 의미한다. 반면 원칙에 의한 규제는 금융회사가 준수해야 할 주요한 행동규범이나 행동원칙을 '원칙'으로 공유한 뒤 각 사가 이를 바탕으로 보다 좋은 경영을 위해 자발적으로 노력하는 것에 중점을 두는 접근 방식이다.

일본은 과거 심각한 금융시스템 불안 및 부실채권 문제를 경험한 적이 있다. 1997년과 1998년 대형 금융회사가 연쇄 파산했고, 그 후에도 오랜 기간 부실채권 문제가 지속됐다. 이런 위기를 극복하는 과정에서 일본 금융청은 금융회사가 양질의 리스크 관리 시스템을 정착시키고 고도화시켜 새로운 형태의 리스크에 대응할 수 있도록 규제 방식을 개선하는 것이 중요하다고 판단했다. 즉, 금융당국이 "이것을 하라. 이것은 하지 마라"고 지시하는 것이 아니라 개별 금융회사가 리스크 관리를 제대로 할 수 있는 능력을 육성함으로써 자신의 상황에 따라 자구노력을 하고 독창적인 사고방식과 아이디어를 발휘하는 것이 중요하다는 것이다.

일본 금융청은 이런 판단에 따라 2007년 '금융규제의 질적 향상'이라는 목표를 설정하고, 그 목표 달성을 위한 네 가지 축 중 하나로서 원칙중심 규제와 규정중심 규제의 최적 조합을 제시했다. 2008년에는 14개 원칙으로 구성된 '금융서비스업에 대한 원칙'을 발표했다. 일본은 규정중심 규제와 원칙중심 규제를 양자택일 관계가 아니라 상호보완적 관계로 인식하고 있기 때문에 각각의 규제기법이 유효한 분야를 최선의 형태로 조합해 전체로서의 금융규제 실효성을 제고하는 것이 중요하다고 보고 있다.

12장

+

국가연구개발의 정치경제학

정치경제학이란 무엇인가?

본래 경제학을 의미하는 영단어인 'economy'는 오이코스노미아(oikosnomia)라는 단어에서 유래한 것이다. 오이코스노미아란 '가정(oikos)의 통제(nomos)'를 의미하는 말로 당시 그리스 사회에서 가부장적 가정 단위로 자급자족 경제가 운영되던 상황이 반영되어 있다. 이렇듯 각 가정과 기껏해야 농촌 공동체를 중심으로 형성되는 소규모 경제를 의미하는 'economy'라는 개념으로는 당시 근대국가의 형성과 함께 부상하던 대규모 경제, 즉 국민국가 단위의 경제를 지칭할 수 없었다.

따라서 이에 영국과 프랑스를 비롯한 근대국가에서는 정치학의 앞에 '정치(Political)'를 붙인 것이며 마르크스가 후에 비판하게 되는 정치경제학도 이들의 입장을 타겟으로 한 것이었다. 반면 근대국가의 형성이 늦었던 독일에서는 '국민(Volks, National)'이라는 형용사를 붙임으로써 국민경제학을 주장했다. 그러나 정치경제학과 국민경제학 모두 오늘날 행정학의 근간이 되는 관방학의 영향을 많이 받았다는 점에서 근대국가의 정책 수립에 제언하는 형태의 학문적 성격을 강하게 띠고 있었다.

이 용어는 종종 자원의 배분과 총경제활동의 결정을 연구하는 영역을 가리키는 경제학과 동일한 의미로 사용된다. 마르크스주의를 배경으로 하는 정치경제학의 보다 특별한 의미는 경제적 잉여의 분배와 축적, 가격, 임금, 고용, 그리고 축적의 촉진을 위한 정치적 배려의 효율성이나 비효율성을 결정하는 부수적인 문제들을 다룬 저술가들의 연구를 종합한 점과 연관된다.

그것은 주로 아담 스미스와 리카르도의 연구, 맬더스, 제임스와 존 스튜어트 밀, 맥컬로치, 씨니어와 같은 저술가들의 연구와 연관된다. 마르크스 자신은 과학적 정치경제학과 1830년대 이후 발전한 속류 경제학을 엄격하게 구분했다. 마르크스는 그의 주저인 〈자본론〉을 정치경제학에 대한 비판으로 간주하였다.

그러나 최근 마르크스주의에 공감하는 학계의 경제학자들에 의하면, 부르조아, 또는 신고전경제학과 구분되는 급진적 경제학에 대한 표시로서 정치경제학이라는 용어가 사용되고 있다. 스스로를 정치경제학이라고 부르는 이론 경제학의 다른 흐름은 민주주의적 정치과정과 시장결정적 경제관계의 상호작용을 연구한다. 이 연구의 골자는 시장(상품)관계에 근거하지 않는 한, 정치적 과정을 시장경제의 왜곡이라고 간주하는 것이다.

이러한 흐름들은 외견상 독립적인 것처럼 보이지만 모두 다 아담 스미스의 저서에 뿌리를 두고 있는데, 결국 이러한 저서들의 핵심은 시민사회라고 기술되는 자율적인 '자기조절 경제' 개념이다. 정치적 영역(국가)으로부터의 시민사회 독립의 가능성이 만약 방해받지만 않는다면 스스로를 조절할 수 있는 시민사회의 능력, 자유로운 모든 참여자들이 자신의 이익을 추구하는 최대 이익 획득의 그 잠재력으로 인해 시민사회가 국가로부터 독립할 수 있는 상태가 실현되리라는 철학적 희망을 볼 수 있었다는 점에 아담 스미스의 천재성이 있다.

그렇다면 우리가 오늘날 경제학을 비판한다면, 그 대체적인 모습은 어떻게 될까? 현대의 (주류)경제학과 달리 진정한 의미의 경제학은 '근대사회에 특유하게 발생하는' 문제, 그것도 '경제적' 문제에 천착해야만 한다. 1870년대의 한계혁명(marginal revolution)의 결과로 본격적으로 형성된 오늘날의 경제학은 이기심과 합리성이라는 개별경제주체의 행동동기를 중심으로 구성되어 있다. 이리하여 모든 경제문제는 곧 그러한 주체의 합리적 선택과 행동으로 환원되는데, '개별주체의 합리적 선택'이란 언제 어디서나, 어떤 사안을 두고도 벌어지는 것이기 때문에 결코 근대사회에 특유한 것도 아니고 경제적인 것도 아니다.

그러나 그렇다고 해서 오늘날의 많은 경제학 비판자들이 그러하듯, 이기심이나 합리성 자체를 부정하는 것은 답이 아니다. 왜냐하면 이기심과 합리성은 경제학이 전통적으로 이해해왔던 근대사회의 근간이기 때문이고, 그런 의미에서 그것을 부정하는 것은 경제학을 근대 이전의 단계로 되돌리는 시도에 다름 아니다. 따라서 중요한 것은 이기심과 합리성을 어떻게 자리매김 시킬 것이냐이며, 그것이 적절히 되었을 때 경제학은 '근대사회에 특유한 경제문제'를 제기하는 방향으로 한 걸음 더 다가갈 수 있을 것이다.

과학기술의 정치경제학

●●● 경제학은 어떻게 과학을 움직이는가

세계는 지난 100년간 과학기술 분야에서 수행한 연구나 의학연구를 통해 많은 혜택을 입었다. 하지만 그렇다고 이런 연구를 과거에 했던 비율만큼 계속 수행해야 할까. 더 나아가 우리가 공공부문 연구에 투입해야 할 적정 투자 규모는 얼마일까. 우리는 과학 연구나 그 유사 활동에 비용이 많이 투입되는 것을 선(善)이라

여겨왔다. 대부분 이는 혁신과 같은 긍정적인 결과로 이어진다는 믿음 때문이다.

〈경제학은 어떻게 과학을 움직이는가〉라는 책에서는 이런 명제가 '믿음'이 아닌 '맹신'에 기초한 것임을 주상 한다. 이 책은 '공공재'의 특성을 가진 과학 연구의 인센티브는 보통 금전적 보상이 아니라 '인정 욕구'의 충족, 특히 남보다 앞서서 어떤 연구를 했음을 인정하는 '우선권'의 인정이라는 주장으로 시작된다. 처음부터 '과학은 돈이 되지 않는다.'고 털어놓는 것이다.

최근의 힉스 입자를 비롯하여, 과학자의 이름이 붙여진 수많은 개념과 법칙들이 바로 이러한 '인정'의 방식이기도 하다. 과학 경쟁이 토너먼트 방식 내지 경로 의존성(초반에 탈락한 사람들에게 더 이상 기회가 주어지지 않는), 그리고 승자독식(약 6%의 과학자가 전체 논문의 절반을 발표하는)의 특성을 가지고 있다는 점을 우리는 이미 잘 알고 있다. 과학 이외의 다른 분야들도 다 비슷한 양상을 보이고 있다.

책의 저자 폴라 스테판은 미국의 대학 연구기관을 고급 쇼핑몰과 비교한다. 대학은 최신식 건축과 명성을 활용해 뛰어난 학생이나 교수, 자원을 끌어들여 사업을 벌인다. 대학은 교수들이 유치해온 보조금에서 교수 몫의 연봉과 간접비를 해결하는 대신 이들에게 학교시설을 대여해준다. 거대 쇼핑몰이 매장을 대여해주는 것과 같은 구조인 셈이다. 그런데 이 쇼핑몰 모형에는 위험이 도시리고 있다. 대학은 교수라는 세입자가 유치해오는 보조금 덕분에 임대료를 계속 거둬들인다는 가정 아래 대출을 받아 일종의 투기심리로 건물을 짓는다. 그러다가 보조금 지원이 정체되거나 건물 확장을 뒷받침할 만큼 충분한 보조금이 들어오지 않으면 심각한 문제에 직면한다. 〈사이언스〉의 편집장 브루스 앨버츠는 "2008년 부동산 시장 폭락을 떠올리게 하는 과도한 실험실 구축 경쟁은 위험스런 수준이며 현 상황은 지속하기 어렵다."고 경고했다.

당연히 부작용이 따른다. 우선 획기적인 성과를 거두기 위해 모든 과학자가 비슷한 연구를 하게 된다. 또 정부가 지원하지 않는 연구에 선뜻 나서지 않는 풍토도 초래된다. 출판이 되지 않는 연구는 경력을 쌓는 데 도움이 되지 않고, 보조금을 지원받기도 어려운 탓이다. 스탠퍼드대 생체공학과 스티븐 퀘이크 교수는 "오늘날, 교수들에겐 연구비를 지원받을 것이냐, 굶주릴 것이냐는 선택지가 남아있다"고 말했다. 중요한 것은 이러한 구조가 발생하는 원인에 우리가 무감각하다는 것이다. 저자가 지적하는 문제의 근본은 '박사 과잉'이다. 현재의 대학 연구체계가 독립적인 연구원이 될 수 있는 인원보다 더 많은 과학자와 공학자를 양성하고 있다는 것이다. 이는 연구기관과 해당 종사자가 많을수록 좋다는 우리의 통념과는 다른 이야기다.

저자는 박사 과잉 현상이 대학원 지원금이 늘 준비가 된 덕분이라고 주장한다. 또 학부 시절의 보상과 장학금이 연구 직종의 불투명한 전망과 등록금 부담을 잊게 하는 측면도 언급됐다. 즉 과학계가 잘 돌아가지 않는다는 신호들을 잠재운다는 뜻이다. 과학자와 그 연구에 대한 보조금의 규모와 인원, 평가기준 등은 이제 효율성이란 문제에 답해야 한다. 저자의 표현처럼 자원이 부족한 시대에 'GDP의 0.3~4%'라는 임의 기준은 명제라기 보단 주장에 가깝기 때문이다. 과학이 경제학의 생산성 논리로 우리를 설득해야 하는 시대가 오고 있다.

●●● 경제학과 과학

물리학은 이론물리학과 실험물리학으로 나눌 수 있다. 이론물리학의 영역은 천재들의 번뜩이는 영감에 주로 의존하지만, 실험물리학은 실험 장치에 크게 의존하고, 그 장치들은 대개 가격이 비싸고 어떤 것은 천문학적인 비용이 들기도 한다. 예를 들자면 허블 만원경이나 강입자 가속기 같은 것들이다. 게다가 지금은 이론물리학 분야도 학자들에게 연구 환경을 만들어주기 위해 상당한 비용이 든다. 물리학을 먼저 언급한 것은 물리학이 과학의 중심으로 인식되고 있어서이고 과학의 다른 분야들도 상황은 마찬가지다. 그래서 돈과 관련되면 필연적으로 경제학적인 요인이 개입한다. 경제학과 과학은 어떤 관계일까? 둘 사이에는 다양한 연관성이 있다. 경제학은 결국 경쟁적인 필요와 욕구에 부합하도록 희소한 자원을 어떻게 배분할 것인가를 묻는 인센티브와 비용에 관한 학문이다. 이와 마찬가지로 과학에도 돈이 필요하고 인센티브가 핵심적인 역할을 하고 있다.

흥미는 과학 분야로 사람들을 끌어들이는 '올가미'이자 과학을 하는 사람들에게는 핵심적이며 본질적인 보상이다. 노벨상을 수상한 물리학자 파인먼(Richard Feynman)의 말을 인용하면 "상은 무언가를 발견하는 기쁨이며 발견의 활력소다.… 그들은 발견을 처음으로 공표한 사람에게 부여하는 '인정'에도 자극을 받는다. 흥미와 인정의 차이라면 흥미는 연구 과정에서 느끼지만, 인정은 어떤 수수께끼를 처음으로 풀었거나 결과물을 동료들에게 발표했을 때 누린다는 점이 다르다."라고 언급한다. 하지만 수수께끼에 대한 흥미와 사람들의 인정(훈장)이 과학자들에게는 동기로 작용한다는 것을 인정해도 아마 가장 큰 동기는 '부의 추구'일 수 있다. 과학 연구는 경제학자들이 말하는 '공공재'의 특성을 지닌다. 일단 공표되면 타인이 쓰지 못하도록 막기가 쉽지 않다. 또 사용한다고 해서 지식이 줄어 들지 않으므로 다른 사용자의 비용이 제로라는 점에서 비경쟁적 특성이 있다.

한편 말콤 글래드웰이 〈아웃라이어〉에서 말한 것으로 '어떤 분야에서건 성공하려면 가장 중요한 요소는 재능보다는 노력'이라는 말이 과학계에도 통용된다. 흔히 과학자들은 '순간적인 통찰력(유레카 모멘트, eureka moments)을 발휘 한다.'는 말을 하지만,

사실 과학은 시간이 걸리고 끈기가 요구되는 분야다. 성과가 좋은 과학자들, 특히 걸출한 과학자들일수록 의욕이 넘치고 고된 일을 감당할 능력과 '체력'을 갖추고 있으며 장기적인 목표를 세워 꾸준히 추구하는 사람들이라 할 수 있다.

과학계에서도 끈기는 특히 중요하다. 자기 분야에서 성공으로 이끈 덕목이 무엇이냐고 묻자, 절반이 조금 넘는 물리학자들이 25개 단어 중에서 '끈기'를 선택했다. 끈기만한 덕목도 없는 셈이다. "연습이 완벽을 만든다(Practice makes perfect)"는 말에서 보듯, 끈기와 연습은 긴밀한 관계에 있다. 최근의 한 연구는 글쓰기, 테니스, 음악 등 다양한 분야에서 성공으로 이끄는 요인이 재능보다 '연습'이라고 주장한다. 끈기는 창의성과도 연결된다. 창의성을 발휘하려면, (일부 논쟁의 소지가 있겠지만) 둘 또는 그 이상의 아이디어를 조합해 보고, 또 해보고, 거기서 더 연구해 나갈수록 한 가지 창의적인 성과를 거둘 확률이 보다 높아진다고 할 수 있다.

산업혁명 이후 경제가 급격히 성장하게 된 원인에 대해 많은 경제학자가 꼽는 가장 중요한 성장 동력은 사람들이 기술을 진보시키는 데 기여할 '과학 이용법'을 배웠다는 사실이다. 1971년 노벨 경제학상 수상자이자 국민소득 이론의 대가인 사이먼 쿠즈네츠는 경제성장에 대해 "서구는 '과학의 신기원'을 열었다."고 해석했다. "사람들은 기술을 진보시킬 '과학 이용법'을 익혔을 뿐 아니라 반대로 과학을 진보시킬 기술 활용법까지 배웠다."고 말했다.

경제성장에 기여하는 연구 대부분이 공공 부문에서 수행된다. 성장을 위해 지식의 확산은 유익하지만, 시장 논리에 근거해서 운영되는 연구소가 막대한 비용을 투자해야 할 상위 연구에 뛰어들게 만드는 경제적인 동기를 현실적으로 찾는 것은 어렵다. 그렇다 보니 기초연구는 으레 공공 부문의 몫이 된다. 한 조사는 공공 부문에서 민간 부문으로 지식이 이전되는 중요한 메카니즘이 인쇄물임을 보여준다. 기업은 교수들이 쓴 논문과 보고서를 읽고 새로운 지식을 배운다. 지식 이전 과정에서 두 번째로 중요한 메커니즘은 비공식적으로 정보를 교환한 후에 공청회나 회의, 컨설팅을 하는 것이다. 기업은 공공 부문에서 떠오르는 새로운 지식을 배우기 위해 신규 대학원생 채용, 벤처 기업과의 결합이나 협력, 특허 등의 방법은 중요하게 여기지 않는다.

바스카는 "과학은 경험되는 현상에서 그 현상을 발생시킨 어떤 것을 찾아 나가는, 추구하는 활동이다. 그러므로 과학은 경험으로부터 실재로의 도약으로 특징지을 수 있으며, 이 도약 과정에서 인간은 귀납과 연역뿐 아니라 가추와 역행추론으로 불리는 다양한 사유 방법들을 동원한다. 바로 이것이 과학적 방법이며, 통계나 모델 구성이나 실험 등은 다양한 사유 방법을 경험적으로 체현하는 것이다. 이때 과학자들이 세상에 존재한다고 추정하여 사유 속에 재구성한 실체들과 세상에 존재하는 실체들 자체는 구별되며 유사할 수도 상이할 수도 있다. 이것은 과학적 지식을 포함한 인간의 지식이 언제나 오류가능성을 가지고 있으며, 인간의 인식적 실천의 발전과 함께 기각, 수정, 발전될 수 있음을 의미한다."고 말한다.

위의 문장은 바스카의 〈비판적 실재론〉의 한 구절로 과학에 대한 정형화된 하나의 설명을 요구받을 때 곧 잘 인용하는 문장 중 하나이다. 과학에 대한 철학적이고 미시적인 관점은 그의 설명에서와 같이 인간의 호기심으로부터 시작하여, 사유와 실험이라는 체현을 통해 기각, 수정, 발전해 나아가는 것이라고 생각되어지며 또 그렇게 기대하고 있다. 이러한 과학에 대한 일반적인 정의와 생각은 과학을 현실적이고 거시적인 관점에서 설명하지는 못하고 있다.

●●● 정치적 과학

과학은 확고한 팩트를 우리에게 가져다주지만 이러한 팩트만으로 과학이 성립되는 것은 아니다. 과학이란 어떤 특정한 과정이라고 할 수 있는데 이 과정은 자연과학의 경우에는 자연에 대한 지식, 사회과학의 경우라면 우리 자신에 대한 지식을 체계적으로 추구하는 과정이다. 이 과정의 핵심은 예리한 반론과 비판을 충분히 견뎌낼 수 있는 수준이 될 때까지 가설을 검증하고 또 재검증하는 일이다. 하지만 이는 단지 이론일 뿐이다. 실제 현실은 그렇게 간단하지 않다.

과학적 방법이 그러한 이상적 모습을 띠는 일은 거의 없다. 과학자들도 인간이다. 평범한 우리와 만찬가지로 수많은 결점을 지니고 있으며 때로는 그들 스스로도 편견과 미몽에 사로잡혀 있음을 인정하기도 한다. 또한 연구에 강한 영향을 주는 가치관과 지향하는 목표를 지니고 있다. 더욱이 과학 연구는 사회, 문화적 맥락 속에서 수행되는데 사회, 문화적 환경은 과학자의 기본 생각을 형성할 뿐만 아니라 심지어 자연을 평가하고 해석하는 방식까지도 결정한다.

이와 같은 이유에서 과학 연구의 한계를 깨닫는다고 해서 정치적 의사결정에 핵심이 되는 정보의 원천으로서의 과학은 그 위상에 전혀 손상을 입지 않는다. 그 대신에 과학은 우리에게 겸손함의 가치를 일깨워준다. 과학은 절대무오류가 아니다. 과학은 인간의 산물이고 따라서 인간과 마찬가지로 오류를 범할 가능성이 있다. 현재 우리가 진리라고 생각하는 것 가운데 상당 부분이 오류로 판명될지 모른다.

그러나 설사 그렇게 된다고 해도 오류임을 밝혀내는 역할은 과학자의 몫이 될 가능성이 높다. 왜냐하면 과학은 여러 동료 학자들의 검토, 가설 검증 그리고 내적 비판을 통해 스스로를 확인하는 과정을 거치기 때문이다. 다시 말해서 과학은 자연을 이해하는데 있어 우리가 선택할 수 있는 것 가운데 가장 우수한 도구로 여전히 남아 있을 가능성이 높다.

자신이 지니고 있는 이념을 치장하지 위해 과학을 도용하는 사람들은 그 이념의 허구성을 드러내는 명백한 증거가 나와도 자신이 소중하게 여기는 이념을 포기하려 들지 않는다. 외양은 과학처럼 꾸미지만 모두 개개인의 의견을 갖고 있다. 그래도 자신의 이념을 정당화하기 위해 과학을 이용하는 사람들의 경우는 그 정도가 지나치다. 그들은 어떤 경우에도 자신의 견해를 바꾸려들지 않으며 자신의 생각과 배치되는 증거는 전혀 수용하지 않는다.

동시에 과학은 수많은 경로를 통해 정치적 과정과 상호작용한다. 정부는 한국연구재단이나 국가연구개발 에이전시(국가과학기술연구회 등) 등을 통해 과학 연구를 지원할 뿐만 아니라 국회 예산으로 직접 지원하기도 한다. 이때 정치적 고려에 따라 연구비 지원이 이루어지는 경우가 있다. 예를 들면 어느 국회의원은 자신의 지역에 새로운 연구소가 세워지기를 원한다. 논란의 소지가 있는 연구라는 이유에서 연구비 지원을 하지 못하도록 정치적 압력이 행사되는 경우도 있다. 연구비 지원 선정을 두고 불만의 목소리가 어김없이 나오고 있고 과학자들은 더 많은 지원을 얻고자 한다.

이러한 긴장 관계 때문에 기존의 이념적 편향은 순수과학에 상당한 압력을 행사하고 있다. 과학의 정치화는 새로운 현상이 아니다. 하지만 최근 들어 개별적 이익단체들이 국가에 중대한 영향을 주는 논의 내용을 자신들에게 유리한 방향으로 이끌기 위해 조직적으로 과학을 재단하고 심지어 왜곡하려 들면서 과학의 정치화가 이루어지기도 한다.

그런데 과학을 정치화한다는 것은 무엇을 의미하는가? 무엇보다도 과학을 정치적으로 오용한다는 것은 정확하게 무엇을 지칭하는가? 정치적 이유나 이념적 이유 때문에 과학적 과정이나 과학적 결론을 부적당하게 손상시키거나 변경하는 행위 혹은 과학 연구 활동에 부적절하게 개입하는 행위를 가리킨다. 여기서 부적당하다는 것은 그러한 관여를 통해 과학을 자신의 정치적 주장을 옹호하는 수단으로 변모시킴으로써 과학의 엄밀성을 손상하는 경우를 의미한다. 과학과 정치가 완벽하게 서로 분리되기를 기대하기란 어렵다.

●●● 과학기술 민주주의

민주주의 사회에서 모든 시민들에게 영향을 미치는 정책 결정이 민주적으로 이루어져야 한다는 점은 보통 당연하게 받아들여진다. 그러나 과학기술정책은 이러한 원칙에서 중대한 예외로 보인다. 과학기술정책은 분명 모든 시민들에게 심대한 영향을 미친다. 세상은 수많은 과학기술의 발전과 함께 계속해서 재형성되고 있다. 그럼에도 불구하고 과학기술정책은 관례적으로 기업, 정부, 대학이라는 단 세 개 집단의 대표에 의해서 그 틀이 정해지고 있다.

일반적인 통념에 따르면, 이와 같은 상황이 빚어진 이유는 비전문가들이 복잡한 기술적 사안들에 관해 논평할 수 있는 능력을 갖추지 못했다는 데 있다. 전문적 지식이 없는 시민들이 복잡한 과학적, 산업적 쟁점들에 대해 건설적인 기여를 할 수 있으리라고는 상상할 수도 없는 것처럼 보인다. 현대생활에서 과학기술과 그 산물은 마치 공기와 같이 우리의 일상 속에 깊숙히 스며들어 일상생활을 유지하는데 필수적인 것이 되었다. 하지만 과학기술이 일상 속 깊숙한 곳까지 들어오는 것과 동시에 과학기술은 매우 빠른 속도로 전문영역화 되어, 다년간의 전문 교육을 받지 않고서는 이해될 수도 없는 종류의 지식으로 분류되기 시작했다.

최근의 정보혁명은 과학기술의 새로운 발전을 빠른 속도로 이끌어 나가고 있지만, 반대로 그것을 이용하는 최종 수요자 측의 이해를 전혀 필요로 하지 않는 기술을 적용해 나가고, 그 결과 우리의 일상은 그 배후에 무엇이 진행되고 있는지를 이해하거나 변경할 필요가 없는 과학기술의 작동으로 가득하게 되었다. 이 같은 상황은 단지 일반인들에게만 해당되는 것은 아니다. 과학이 여러 전문 분야로 세분화 되면서 과학자들마저도 자신의 분야가 아닌 다른 분야에서 진행되고 있는 과학 발전의 내용을 점점 더 이해할 수 없게 된 것이다.

여기서 두 가지 쟁점이 발생한다. 한 가지는 과학기술의 산물이 대중에게 단지 편리한 도구로서의 기능으로 사용되어지는데 그치지 않는다는데 있다. 다시 말해, 핵발전소의 건설과 독성폐기물 처분장 건설, 갯벌 매립, 쓰레기 소각장 부지 선정, 고속철도 건설에 이르기까지 과학기술의 문제는 생활 그 자체의 문제까지를 포괄하고 있다는 점이다. 이것은 다시 과학기술 문제의 결정에 관한 부분으로 이어진다.

현대 사회는 과학기술의 사회이고 따라서 대중들은 의식하든 의식하지 않든 도처에 펼쳐진 과학기술과 연관된 문제에 맞닥뜨리고, 끊임없이 이 문제들에 대해 나름대로의 판단과 의사결정을 내리지 않으면 안 되는 상황이 되었다. 그리고 날로 빈번하게 요구되는 이러한 의사결정들은 개인이나 집단의 미래에 큰 영향을 미칠 수 있다. 그러나 과학기술 산물의 직접적 수혜자이자 당사자인 대중은 과학기술 그 자체와 과학기술의 방향 그리고 생활을 결정하는 정책 결정 과정에서 상당부분 배제되고 있다.

많은 사람들은 과학기술의 수많은 성공 사례들에도 불구하고 전후 시기에 나타난 과학 산물들이 한결같이 이롭기만 한 것은 아님을 깨달았다. 이러한 인식의 변화는 원자폭탄과 쓰리마일 섬의 재난, 독성폐기물 처리와 관련한 수차례의 환경 문제를 겪으며 한층 심화되었다. 그러나 이러한 논란에 따른 논의와 정책결정 과정에 있어 많은 경우 과학자와 일반 시민 그리고 정부의 정책결정자 사이를 가르는 높은 벽이 존재하고 있는 경우가 많았다. 가령, 대중은 과학적 소양이 없기 때문에 과학 영역의 결정 과정에 개입할 자격이 없다고 주장하거나 또는 대중 스스로가 그렇게 생각하고 있는 경우들이다.

과학기술에 대한 주된 논의점은 바로 이 부분이다. 과학기술의 직접적 수혜자이자 이용자인 일반 대중이 개인이나 집단의 미래에 큰 영향을 미칠 수 있는 과학기술의 의사결정과정에 어떻게 참여할 수 있는가라는 부분이다. 다시 말해, 과학기술의 의사 결정과정에서의 민주주의를 어떻게 실현시킬 것인가의 문제이다.

일각에서는 과학적 결정은 국민 투표에 부칠 수 있는 것이 아니며 이는 어리석은 생각이라고 말한다. 대부분 과학기술에 대한 기본적 소양이 부족하기 때문에 만일 학교에서 어떤 생물학 과목을 공부할 것인가에 대한 투표를 할 경우 진화생물학 대신 창조과학이 교육되는 상황이 벌어질 수 있다고 주장한다. 그러나 최근의 연구는 '평상시에 과학적 쟁점들에 대한 최신의 이해를 갖추고 있지 못하던 사람들도 필요할 경우에는 그것의 중요한 측면들에 대해 재빨리 배울 수 있다'는 사실을 보여주고 있다.

국가연구개발의 구조와 문제점

2016년 들어 국가연구개발 체계는 구조적 한계 내지 모순에 직면한 것으로 보인다. 연 19조원에 이르는 정부 연구개발과 투자가 무용지물이라는 얘기도 나온다. 결론적으로 이와 같은 문제의 원인은 "시스템의 비효율성"이다. 국가연구개발의 경우 정부, 기업, 연구기관, 대학 등 다양한 이해관계자들이 얽혀 있고 이를 다루는 정치경제학적 메커니즘도 복잡하다고 할 수 있다.

국가연구개발 체계의 주된 문제점은 19조원의 정부 자금을 둘러싼 연구개발 생태계가 지나치게 복잡하게 운영되기 때문이다. 그 생태계는 크게 보아 정부, 연구소와 대학, 기업으로 나뉜다. 이들로 인한 복잡도는 19조원을 놓고 세 분야에서 연구를 수행하는 방식으로 인해 높아진다고 할 수 있다. 수많은 사람들이 매년 19조원을 쓸 계획을 세우고 사용 내역에 맞게 꼼꼼하게 쓰고 있는지 상호 보고하고 감시하는 데 시간과 에너지를 많이 사용한다. 그에 비해 그 돈을 사용하면서 부가가치를 만드는 일, 즉 새로운 지식의 프론티어나 시장을 개척하는 데는 노력을 게을리 하고 있다.

정부 예산 19조원이 1년 동안 흘러가는 흐름이 있다. 정부에서 관리기관으로, 관리기관에서 연구개발 단위조직으로 흐르는 라인이다. 이 자금은 연초 미래창조과학부, 산업부 등 20여개의 정부부처와 지방자치단체로 배분된다. 각 정부부처와 지자체는 연구개발 자금의 일부를 직접 투자 하기도 하지만, 대부분의 자금을 산하 관리기관에 맡겨 사업관리를 대행시킨다. 정부 부처나 지자체별로 1곳 내지 수 곳의 관리기관을 두기 때문에, 전국적으로 수 십 개가 넘는 상황이다. 이러한 정부 산하 관리기관을 '연구개발 에이전시'라고 부른다. 에이전시를 통해 연구개발 사업의 기획과 관리, 평가가 이루어진다. 에이전시를 거친 자금은 전국적으로 326개 공공연구기관, 371개 대학, 그리고 기업의 연구개발 조직에 도달한다.

문제는 에이전시가 정부 부처별, 지자체별로 만들어지면서 연구개발 사업과 과제의 관리가 정부 부처의 라인을 타고 수직적으로 이루어진다는 점에 있다. 정부 부처가 가지는 칸막이 주의가 연구개발계에도 적용되며, 라인을 달리하는 유사 과제의 기획이 빈번하고 과제 간 조정이 어렵다. 연구개발 조직에서는 자금의 출처인 부처와 에이전시가 어디냐에 따라 각기 다른 행정적 대응을 해야 하는 실정이다

이와 달이 선진국은 이러한 체계가 아니다. 예를 들어 독일은 정부부처와 지자체 수십 곳이 연구개발에 투자하지만, 그 자금의 중간 관리조직은 독일연구재단과 4대 연구협회 등 소수에 불과하다. 미국의 경우는 정부와 에이전시가 아예 통합된 형태의 국가과학재단(NSF), 국립보건원(NIH), 방위고등연구계획국(DARPA), 항공우주국(NASA) 등이 존재한다. 연구개발 수요가 여러 곳에서 발생하더라도, 그 자금은 소수의 전문성 기반 관리조직에 의해 재분배됨으로써, 연구개발 투자의 전략성과 효율성을 높이는 것이다.

선진국은 일찍이 연구의 자율성과 독립성을 보장하는 원칙이

확립되어 있다. 독일의 하르나크 원칙(Harnack Principle)이나 영국의 할데인 원칙(Haldane Principle)을 들 수 있다. 하르나크 원칙은 '연구수행과 관련된 모든 권한은 연구자가 가지며 정부는 예산을 지원하지만 간섭하지 않는다.'는 원칙으로 막스플랑크 연구회의 전신인 카이저빌헬름연구회의 초대 회장을 맡았던 아돌프 폰 하르나크(Adolph von Harnack)가 주장한 내용으로 지금까지 100년을 이어오면서 독일 연구회를 지탱하는 '정신'이 되었다. 영국에서 1918년 발간된 '할데인 보고서'에서 천명된 할데인 원칙은 '정부는 응용기술 분야이건 순수분야이건 이를 통제하려는 시도를 하여서는 안 된다.'는 것으로 초기에는 과학기술계에 주로 적용되었으나 점차 인문사회과학 분야에도 적용되었다. 연구 지원에 대한 선진국의 오래된 원칙은 우리 과학기술 정책이 원칙에 의한 방향성에 기초하지 않고 관리에 치우지고 있다는 점을 증명하고 있다.

●●● 공공 연구개발의 수직계열 구조

공공 연구개발의 수직계열 구조가 일으키는 문제는 무엇인가? 정부 부처별로 수직 라인이 형성되어 있기 때문에, 라인 간 경쟁이 연구개발 생태계 전반에 영향을 미친다. 일례로 일시적으로 유행하는 사업(드론이나 인공지능, 빅데이터 등)이 한 해에만 수백 개로 나뉘어 수행되는 광경이 벌어지는 것이다. 더 근본적인 문제는 정부의 정책과 투자, 연구개발 기획, 연구개발 수행과 성과까지 연구개발 과정의 전 주기에서 권한과 책임이 수직 라인을 따라 분산된다는 점에 있다. 예를 들어, 연구개발 수행자가 산출한 성과는 에이전시의 성과로, 또 정부 관료의 성과로 취급된다. 책임 또한 수직라인 전체로 분산되기 때문에, 정부와 에이전시는 연구개발 수행 과정을 미시적으로 들여다보고 관리할 수밖에 없다.

권한과 책임이 분산된 수직 구조에서 관련 행위자들은 어떻게 행동할까? 권한을 최대한 누리되 책임을 최소화하는 방향으로 움직이게 된다. 이것이 19조원의 사용을 비효율적으로 만드는 원인인 것이다. 게다가 수직 구조는 불필요한 상하관계를 만든다. 연구개발 조직은 그 특성상 수평적인 대화와 협력이 필수다. 그런데 수직 라인 상에 위치한 연구개발 조직에는 상하 위계관계가 개입하게 된다. 이것은 연구개발 조직 문화를 침체시켜 연구 몰입도와 생산성을 떨어뜨린다. 박근혜 정부의 미래창조과학부 출범 이후 연구개발의 혁신을 위해 여러 정책을 제시하지만 연구개발 현장의 근본적인 변화가 없는 것은 이 때문이다.

사람들은 문제가 복잡해지면, 관리의 일원화를 대안으로 생각한다. 예를 들어 1970년대 말 정부출연연구소가 부처별로 난립하자, 1980년 전두환 정부는 연구소를 과학기술처 산하로 일원화하는 구조 개혁을 단행했다. 그런데 이 시도는 성공하지 못했다. 몇 년이 지나자 다시 각 부처가 연구소를 만드는 행태가 반복

되었기 때문이다. 통합적 연구개발 관리체제에 주목한 김대중 정부는 과학기술처를 과학기술부로 승격하고 3개의 과학기술 연구회와 1개의 경제 · 인문사회 연구회를 중간조직으로 출범시켰다. 혁신본부를 만든 노무현 정부도 일원화된 정부기구 차원에서 종합조정이 가능할 것으로 낙관했다. 그러나 이후 각 부처는 산하에 관리기관을 만들면서 또 다른 연구개발의 수직 라인을 갖추어 왔다. 오히려 연구회 조직들이 옥상옥이라는 비판을 받으며 유명무실해졌다.

문제의 원인은 정부의 일하는 방식과 단기 성과주의에 있다. 정부 각 부처는 그 속성상 수직 라인을 만들수록 유리하다. 소위 일하는 손발이 늘어나야 예산이 붙고, 성과도 상대적으로 쉽게 얻을 수 있다. 정부 부처별로 수십 개의 산하기관을 가지고 있는 이유다. 정부로서는 연구개발 분야도 수직 라인 안에 두어야 그 예산투입으로부터 발생하는 성과를 각 부처의 성과로 인정받을 수 있다. 이렇듯 정부와 공공기관이 이루는 수직계열의 라인이 건재하고, 미래부 또한 그러한 수직라인을 가진 부처 중 하나일 뿐이다.

정부 부처로부터의 수직계열화 된 구조가 문제의 원인인데, 이를 상위의 정부 부처나 기구를 만든다고 해결될까? 앞에서 말했듯 그것은 이미 여러 차례에 거쳐 실패한 시도였다. 과학기술부나 정보통신부와 같이 한 군데에 모두 맡기는 독임부처는 우리나라에서 1990년대까지만 통용되던 모델이다. 전 세계 어느 나라를

봐도 이러한 정부 부처는 개발도상국가에나 존재하지 선진국에는 없다. 그럼에도 왜 여전히 과기부나 정통부 부활이 필요하다는 주장이 있냐면, 과거에는 그러한 독임부처 모델이 성공적이었기 때문이다. 분명 한국적 경험 속에는 정부의 추진력과 전문가 사회의 신속한 대응이 강력한 시너지를 이룬 적이 있다. 하지만 그것은 어디까지나 과거의 성공방정식이다. 관료가 설정한 목표를 전문가 사회가 달성하던 개발시대에나 가능했다.

●●● 공공 연구개발의 수직계열 구조 해체

공공 연구개발의 구조적 문제 해결의 시발점은 수직계열화 된 구조의 해체에서 시작해야 할 것이다. 비효율의 근원이 정부 영역과 전문적 영역의 강한 결합이 상존하고 있으므로 반드시 양자를 분리해야 한다. 일단 정부 영역이 수직 라인을 형성할 동기를 약화시켜야 한다. 이는 정부업무평가 제도, 공무원 사회의 인사 적체 문제, 공무원의 성과평가 및 보상제도와 관련되어 있다. 이에 대한 고민이 깊은 지도자가 나와야만 풀 수 있을 것이다.

다음으로 연구개발 영역이 정부와 정치권의 간섭으로부터 자율성을 확보하도록 해야 한다. 단, 연구개발에서의 자율성은 연구개발 조직이 실력주의 체제로 작동한다는 전제하에서만 성립가능하다. 연구소가 정부기관처럼 운영되는 현재의 구조에서는 자율성 확보가 더 좋은 성과보다는 도덕적 해이를 양산할 가능성이 크다.

결론적으로 연구개발 혁신은 내난히 큰 틀에서의 구조 변화를 필요로 한다. 이는 한두 사람이 추진해서 될 일도 아니고, 대통령의 강력한 리더십만으로 이루어질 수 있는 일도 아니다. 개혁의 방향을 함께 공유하고 고민하는 새로운 엘리트 세대를 필요로 한다. 정치 지도자를 비롯하여, 정부 개혁을 주도할 공무원 사회의 새로운 리더그룹, 과학기술 분야의 새로운 리더그룹이 연합할 때에만 변화가 가능할 것이다.

중장기적으로 구조 변화를 이루는 것과 함께, 과학기술 정책에서 무엇을 다루어야 하는지도 중요하다고 본다. 최근 한국에서 알파고와 포켓몬고가 대유행했다. '한국 과학기술은 그간 무엇을 했는가'하는 우려의 목소리가 크다. 알파고와 포켓몬고는 기업의 성과다. 한국에 그런 혁신적 기업이 없다면 그 점을 아쉬워해야지, 이를 정부 탓으로 돌린다면 문제를 잘못 짚은 것이다. 정부는 연구자도 개발자도 혁신적 기업가도 아니다. 우리나라 국민들이 아직까지도 모든 문제를 정부가 해결해 주기를 바라기 때문에, 정부의 과잉 개입이 지속되는 것이다.

오히려 정부는 알파고든 포켓몬고든 단기적 유행에 무관심해야 한다. 그러나 유행이 터질 때마다 '정부는 뭐 했나' '과학기술은 뭐 했나'를 질타하는 여론이 높게 되면, 정부와 과학기술계는 유행을 따라가는 시늉이라도 내야 한다. 이것은 오히려 연구개발의 축적 기반을 침해하는 역효과를 낳는다. 왜냐하면 혁신적 기업은 이미 아주 오래되거나 수없이 시도된 연구개발과 창업의 결과물이기 때문이다. 즉 결과물이 나온 상황에서 따라가 봐야 흉내나 낼 뿐이며, 선진국과 같은 축적 기반을 만드는 일은 요원해진다.

●●● 과학기술정책의 방향성

과학기술정책은 수많은 사공들이 의견의 일치를 보거나 합의를 할 수 있는 나침반으로서의 역할을 해야 한다고 생각된다. 그런 나침반 역할을 할 정책 키워드 다양하다. 창조경제나 혁신경제가 나침반 일 수 있다. 프론티어(Frontier)나 본투글로벌(Born-2global)도 그 역할을 수행할 수 있다. 우리는 새로운 나침반이 무엇이어야 하는가에 대해서는 시대정신이 무엇인지를 물음으로서 이미 그 답을 알고 있다. 그런데도 우리의 행동과 방법은 새로운 나침반이 아닌, 과거의 나침반을 보며 움직인다.

그 대표적인 사례가 '한국형'에 대한 집착이다. 물론 과거에는 한국형이라는 목표가 정부와 연구개발계에 대단히 중요했다. 한국형 원자로 개발, 한국형 섬유 소재와 같이 한국형을 추구하면 기술추격에 성공할 수 있었기 때문이다. 하지만 '한국형'은 그때는 맞고 지금은 틀리다. 한국형 유튜브, 한국형 알파고 등을 추구한다면 우리는 미래에 쓸모없을 목표를 향해 움직이는 것과 다르지 않다. 지금의 한국경제는 후발개도국이 아니며, 지금의 기술수준도 기술도입을 통한 개량 수준이 아닌 것이다.

정부가 산업개발의 목표를 정해 놓고, 이를 과학기술계가 실현하는 방식의 과학기술정책은 시대적 소명을 다했다. 그렇다면 앞으로의 과학기술정책은 무엇을 목표로 추구해야 하는가? 앞으로 우리가 추구해야 할 과학기술정책의 방향은 기본으로 돌아가면 된다. 공공 정책은 곧 시장에 대한 개입이다. 과학기술정책도 개입의 한 형태이므로 주로 시장실패 영역에 관여하면 된다. 시장에서 투자를 기피하는 불확실성이 높은 연구개발 활동에 공공 자금을 투자하는 일, 연구개발 결과가 공공재로 남용되지 않도록 적절한 규제와 보상체계를 만드는 일, 시장 초기의 혁신적 제품이나 기업이 고사하지 않도록 공공구매로 도와주거나 천사와 같은 투자자의 역할 등이 과학기술정책 본연의 영역이다. 당연한 얘기로 들리겠지만, 실제의 현장은 거꾸로 돌아간다.

예를 들어, 연 19조원의 연구개발 예산은 불확실성이 높은 연구개발 활동보다는 단기적 성과가 나올만한 과제에 투자된다. 연구개발 조직부터 정부까지 수직라인 전체가 성과를 도출해야 하므로 단기주의에 매몰되는 것이다. 결과적으로 연구개발 그 자체는 성공하지만 해당 결과물은 시장에서 이미 쓸모가 없는 경우가 많다.

만약 우리 정부가 시장에서 더 적극적인 역할을 하고자 한다면, 그 시야를 국내에 한정하지 말고 글로벌로 넓혀야 한다. 글로벌하게 움직이는 부가가치 사슬의 변동을 모니터링하고 우리의 경제와 산업이 저부가가치 제품 생산에서 고부가가치 영역으로 이양하도록 전략을 짜는 정부, 글로벌 인재시장에서 한국의 연구개발 환경이 매력적이도록 기반을 조성하는 정부, 국내에서 생산되는 지식 재산을 글로벌 투자 자본처럼 활용할 전략이 있는 정부 말이다.

대신 국내 시장에 대한 과학기술정책 개입에서는 과감한 변화를 주었으면 한다. 시장에서 투자가 이루어지기 어려운 연구개발의 범위는 상당히 넓다. 글로벌 도전과제, 미지의 프론티어, 공공부분이 풀어야 할 국내적 난제 등의 영역은 미션을 설정하기도 용이할 것이다. 하지만 이러한 영역은 대개 단기적으로 성공하기 어렵다. 따라서 새로운 과학기술정책은 그 성격과 추진 방식에서 대담한 변화를 수반할 필요가 있다. 그것은 단기적 성공에 맞추어진 현재의 콘텐츠와 방법을 폐기하고, 선진국과 같이 실패에 대한 개입에 적절한 새로운 정책 콘텐츠와 방법을 기획하고 실천하는 일이다.

국가연구개발의 미래를 위한 제인

국가연구개발은 그 이면에 복잡은 정치경제학의 논리가 숨겨져 있다. 많은 이해관계자들과 경제적 이해가 얽혀 있다. 국가연구개발이라는 큰 시스템이 잘 작동하기 위해서는 방향성이 무엇보다도 중요하다. 복잡한 이해와 갈등을 해결하기 위한 것이 정치이고 자원을 효율적으로 활용하기 위한 것이 경제학이라면 국가연구개발의 미래를 위해서는 이 둘의 적절한 결합을 통한 해결책이 필요하다. 그 해결책이 단기적인 해결책이 아닌 것은 분명하다. 중장기적으로 구조적인 체계를 혁신할 필요가 있다. 여기서 정치의 역할이 중요하다. 정치적 리더쉽이 일정한 방향성을 제시하고 경제적 유인 구조 내지 효율성 체계가 생산성을 높일 수 있을 것이다.

'연구'를 하는 것은 '아이'를 양육하는 것과 같다고 볼 수 있다. 가정에서 '아이'는 가정의 미래이고 국가에게 '연구개발'은 국가발전의 미래이다. 아이의 양육은 부모의 가치관과 경제적 상황에 많은 영향을 받고 국가의 '연구개발'도 한 나라의 정치적 역량과 경제적 규모 등에 영향을 받는다. 무엇보다 '연구개발'이나 '아이'의 양육의 공통점은 무조건적인 투자에 있다. 아이를 낳은 이상 투자할 수 밖에 없고 국가도 미래를 위해 연구개발을 할 수 밖에 없다. 그것이 사랑이 동기가 되었건 경제적 · 정치적 동기가 되었건 간에 '(아이 혹은 연구개발에)투자를 해야 한다'는 당위성은 똑같다.

그렇다면 결국 '아이'의 양육 방향은 부모의 가치관에 의해 '연구개발'의 방향은 국가적 어젠다에 영향을 받을 것이다. 부모에 따라서는 부모가 중심이 되어 아이를 관리하고 컨트롤하는 것이 옳다는 가치관에 따라 교육하는 방식을 정하는 부모가 있다. 그 반면에 아이 스스로 성장하도록 시행착오를 겪는 과정을 묵묵히 지켜보고 바라보는 부모도 있다. 이러한 부모는 자식을 믿어주고 지켜본다. 아이의 의견을 존중하고 스스로 성장하게 도와주는 부모는 간섭하고 싶은 강력한 충동을 억제해야 한다. 이는 굉장한 인내를 필요로 한다. 부모의 세대가 살아갈 환경과 앞으로의 세대가 살아갈 환경은 근본적으로 다르고 부모가 모든 것을 관리 · 통제할 수 없다. 아이 스스로 거친 환경에서 실패하고 적응력을 스스로 키울 수밖에 없는 것이다.

우리의 연구개발도 이와 같은 방향으로 나갈 수밖에 없다. 스스로 실패하고 깨닫고 자율적으로 방향성을 정할 수 있게 우선 연구자들을 믿는 것에서 출발해야 한다. 부모가 아이에게 경제적 지원을 하는 것은 '돈을 어디에 얼마나 썼느냐'를 묻기 위한 것이 아니다. 그러한 경제적 지원을 통해 '아이가 얼마나 발전하고 성장했느냐'를 묻고 싶은 것이다.

'국가연구개발'에도 많은 돈이 들어간다. 그러나 단순히 생각하면 부모가 아이에게 경제적 지원을 하는 것과 그 구조는 유사하다. 국가가 연구개발을 통해 진정으로 연구자들에게 묻고 싶은 것이 '돈을 어디에 어떻게 썼느냐'는 아닐 것이다. 국가는 '비록 당신의 연구가 지금은 실패한 것이라도 이를 통해 어떤 성장을 했고 앞으로의 (국가의)성장에 어떻게 도움이 되었냐'를 물어야 한다. 국가연구개발에 대한 본질적인 시각이 이렇게 변한다면 지금의 비효율적 시스템은 점진적으로 개선이 가능할 것이다.

자신의 아이가 앞으로 어떻게 성장할지를 장담할 수 있는 부모는 없다. 단지 긍정적인 미래의 가능성을 기대하고 아이들에게 투자할 뿐이다. 아이를 질책하는 것도 이러한 틀에서 이루어져야 한다. 부모의 사랑과 애정을 기반으로 성장하는 아이는 일시적으로 잘못될 수는 있어도 영원히 잘못될 수는 없다. 국가연구개발도 연구자들을 신뢰하는 시스템 속에만 있다면 일시적인 실패는 있을 수 있어도 영원한 실패는 있을 수 없다. 아이의 성장에 있어 부모와의 신뢰가 중요하듯이 국가연구개발에서도 정부와 연구자 그룹의 신뢰가 필수적이다. 이 신뢰는 부모가 아이에게 먼저 사랑을 주듯이 정부가 연구자들을 신뢰하는데서 출발해야 할 것이다.

13장

+

공유경제와 과학기술

소유권 개념의 탄생

●●● 소유에서 존재로

20세기 초의 철학자 에리히 프롬(Erich Fromm)은 현 시대가 소유의 시대임을 비판했다. 현대인은 소유가 목표이므로 소유하면 소유할수록 나의 존재가 커진다고 생각한다. 하지만 소비에 의하여 충족될 수 있는 만족의 지속성과 새것에의 욕구는 불안정과 자기 자신으로부터의 내적도피의 표출일 뿐이다. 그는 소유에 대한 강박관념이 소유의 대상을 사유재산 외에 오로지 자기 자신의 노력의 결과인 '자기창조', 즐거움의 대상으로 이루어지는 기능적

재산 등은 물론 범위를 확대하여 친구, 연인, 건강 등도 그 속에 포함하고 있다고 보았다.

'생존적 소유'에서 '성격적 소유'로 대상이 무한정한 자기 증식과 복제를 통하여 소유가 삶을 지배하는 양상으로 전개되는 것이다. 그는 소유와 존재는 근본적으로 다른 인간체험의 두 가지 형태로서 그 각 양식의 강도가 개인의 성격과 사회적 성격의 차이를 가져온다고 하였다.

소유는 사물과의 관계이지만 존재는 체험과 관계한다. 소유는 수동적이지만 존재는 능동적인 과정이다. 소유는 배타적이지만 존재는 관계적이다. 에리히 프롬은 인간생존에도 두 가지 양식이 있는데 재산, 지식, 사회적 지위, 권력 등의 '소유'에 전념하는 '소유 양식'과, 자기능력을 능동적으로 발휘하며 삶의 희열을 확신할 수 있는 '존재 양식'을 구별하고 있다. 이를 구분하기 위해 그가 내세운 여러 실례(實例) 중 영국 시인 테니슨의 시와 일본 시인 바쇼의 하이쿠를 비교했다.

두 시인은 비슷한 경험, 즉 산책 중에 본 꽃에 대한 자기의 반응을 기술하고 있는데, 테니슨의 꽃에 대한 반응으로 그것을 '소유'하기를 바라는 반면 바쇼는 꽃을 따고 싶어 하지도 않고 꽃에다 손을 대려고도 하지 않으면서, 다만 그것을 '자세히 살펴볼' 뿐이다. 즉, 테니슨의 꽃에 대한 관계는 소유－지식의 소유－양식에 속하고, 바쇼의 꽃에 대한 관계는 존재양식에 속하는 것이 된다.

그는 신의 도시와 지상의 도시가 정(these)과 반(antithese)이라면 새로운 합(synthese)은 존재의 도시라고 하였다. 끊임없는 생산 증대와 병적 과소비를 부추기는 악순환에서 빠져나와 건전한 소비를 하는 것이 소유적 실존양식으로부터 벗어날 수 있는 길이라고 하였다. 그는 산업적 민주주의를 주장하면서 현시대의 문제는 자본의 소유자체가 아니라 생산방향을 결정하는 힘이라고 하였다.

제러미 리프킨(Jeremy Rifkin)은 현시대가 네크워크 경제의 탄생, 물품이 점진적인 탈물질화, 물질적 자본의 비중감소, 무형자산의 부상, 물품으로부터 서비스, 생산에서 마케팅으로 모든 관계와 경험을 상품화하는 시대라고 전제한다. 이런 시대에 사람들은 물적 재산이건 지적 재산이건, 기업이건 소비자건 교환하기보다는 접속하는 쪽을 택하게 된다. 소유는 모든 것이 쉽게 바뀌는 풍토에 적응하기가 너무 느리기 때문이다. 또 소비자가 원하는 것은 안락한 소파에 앉아 있는 편안함이지 그 소파가 아니기 때문이다. 따라서 필요한 것은 소유가 아니라 체험이다.

접속은 재산권보다 훨씬 포괄적인 현상인데 재산권은 내 것과 네 것이라는 협소한 물실의 자원을 나누지만 접속은 체험자체를 누가 지배하는가라는 좀 더 광범위한 문화적 분제와 관련되어 있다. 에리히 프롬이 말한 존재는 리프킨의 접속과 상통한다. 소유에서 관계에 대한 접속으로 바뀌는 과정에서 접속이라는 관념의 도래는 시장을 판매자와 구매자가 아닌 공급자와 사용자 중심으로 바꾸어 놓는다. 접속의 시대에서 네크워크 시장은 상품의 교환이 아닌 개념의 교환을 관리한다. 이러한 시대적 변화를 통해 사람들이 아이디어와 그 아이디어의 물리적 구현물에 접속할 수 있는 권리를 보유하는 것이 그 사람의 사회적 지위를 결정한다. 기업은 접속할 수 있는 관문을 장악하기 위해 애쓰고 있으며 지속적 접속을 위해 상품은 무료로, 서비스는 유료로 제공하는 마케팅 전략을 펼치고 있다.

●●● 재산권 개념의 탄생

17세기 영국의 사상가인 로크(John Locke)가 통치론(Two Treaties of Government)[155)]에서 제시한 재산권 이론은 이후 전개된 자유주의 사상과 자본주의 사회에서의 재산권 개념을 이해하는데 필수적이라 평가된다. 그리고 이러한 로크의 재산권이론을 자본주 또는 시민계급의 요구라는 점에서 평가하는 대표적인 견해가 캐나다의 법사상가인 맥퍼슨(C. B. Macpherson)이다.

맥퍼슨은 1950년대 초에 발표한 두 편의 논문[156)]을 통하여 로크의 재산권이론이 무제한적인 재산축적을 정당화함으로써 당시 대두하던 부르주아 계급의 정치적 · 경제적 이익을 대변한 것으로 해석하였으며 그의 해석은 곧 정통적인 해석으로 자리 잡는다.

로크는 재산권 이론에서 재산권은 자산(estate)에 대한 권리뿐 아니라 생명(life)이나 자유(liberty)에 대한 권리까지도 포함하는 것으로 반복적으로 명시되고 정의되어 진다. 따라서 로크에 의하면 재산권은 국가가 성립되기 이전의 자연 상태부터 이미 존재하는 것이다. 자연 상태의 재산권은 타인의 의사와 관계없이 자신의 노동에 의해 성립하게 된다. 이러한 재산권에도 자연법상의 일정한 한계가 정해지는데 이는 충분한계, 부패한계, 노동한계이다.[157)]

맥퍼슨은 국가발생 이후 재산권의 개념이 변화하였다고 주장한다. 맥퍼슨에 따르면 근대적 재산권 개념은 결국 '물건을 사용, 수익, 처분할 수 있는 배타적인 개인의 권리'라고 정의될 수 있다. 이는 우리 민법 제211조의 소유권 개념과 일치한다. 맥퍼슨의 이와 같은 재산권 개념이 경제적 민주주의에 대한 요구 확산으로 말미암아 변화를 필요로 하고 있으며 점점 변화중이라고 보고 있다. 우선 재산권은 이미 수익에 대한 권리로서 새로이 인식되고 있다는 점이다. 예를 들면, 일자리에 대한 권리를 들 수 있다.

배타적이고 양도가능한 권리로서의 재산권 개념도 변화하고 있는 것이다. 자원과 노동을 어떻게 분배할 것인지를 시장이 결정하는 한도 내에서는 재산권은 배타적으로 양도 가능한 권리라야 한다. 그러나 현재 자본주의 시스템에서는 국가가 이러한 분배작업의 점점 더 많은 부분을 수행해 나갈 것을 요구하고 있으며 미래에 국가의 역할은 더욱 커질 것으로 보여 진다. 기술이 발전함에 따라 노동이 덜 필요해 지고 노동수단으로서의 재산은 덜 중요하게 됨에 따라 생활수단으로서의 재산이 더 중요하게 된다. 재산권의 대상이 되는 재산은 주로 생활수단으로서의 재산이 될 것이고 이 재산에는 물질적인 것뿐만 아니라 개인의 생명, 신체, 인격, 자유, 능력 등까지도 포함하는 것으로 변화될 것이다. 일정 정도의 삶의 질에 대한 법적 권리는 법이나 관습에 의해 강제되었는데 물질적 생활수단에 대한 권리뿐만 아니라 자유, 명예, 지위 등에 대한 권리도 포함하는 것으로 재산권이 받아들여졌다.[158)]

현재의 배타적 소유 관념은 근대이후 만들어진 것이다. 중세의 소유관계의 기본은 공유였고 그것을 점유하는 권리만을 부여받았다. 또 그들은 공공재산에서 배제당하지 않을 권리를 보장하기 위해 사회는 공공소유라는 소유의 두 번째 범주를 만들어 공원, 공유지, 수로 등을 여기에 포함시켰다. 개인은 누구든지 이런 공공재산을 사용하거나 향유할 수 있는 데서 배제당하지 않을 법적 권리를 보장받았다. 사유재산은 타인을 배제할 수 있는 권리를 보장했고 공유재산은 타인으로부터 배제당하지 않을 권리를 보장했다.

맥퍼슨(Crawford Macpherson)은 근대로 넘어오면서 사라져버린 공유재산의 개념을 되살려야 한다고 주장한다. 타인을 배제할 수 있는 권리만으로 인간의 경제적 관계를 구조화하는 것은 무리이다. 그는 상호의존성이 높은 사회에서 가장 중요한 소유의 형태는 사회전체의 누적된 자원을 이용하거나 이를 이용할 수 있는 기회를 박탈당하지 않을 개인의 권리이다.

풍요로운 사회에서 타인을 배제하는 권리로서의 소유는 비중이 줄어든다. 새로운 시대의 소유는 개인이 인간으로서 충만한 삶을 영위할 수 있게 보장하는 역학관계의 체제에 참여하는 권리로 성격이 바뀔 필요가 있다. 맥퍼슨의 새로운 소유권 개념은 컴퓨터가 매개하는 사회적 네트워크의 비중이 커지는 세계에서 점점 더 중요해질 것이다. 사람들이 사이버스페이스에서 행하는 일상 체험이 빈번하게 일어날수록 접속의 문제는 새로운 소유권 질서의 패러다임이 될 것으로 보인다. 근대 재산의 소유가 인간자율의 근거이며 독립적 생활의 기본이라는 생각은 이제 포함과 접속을 통해 관심을 공유하는 네트워크에 동참할 수 있는 기회가 있느냐 없느냐에 따라 결정될 것이다. 즉 배제되지 않을 권리가 개인적 장(場)의 척도가 되는 것이다. 문제는 누가 접속을 관리하고 통제하는가이다.

공유경제의 배경

●●● 공유경제의 이론적 배경

공유(共有)의 사전적 의미는 "두 사람 이상이 한 물건을 공동으로 소유함"이라고 되어 있다. 이는 어떤 하나의 개체나 지식 등을 여럿이 똑같이 이용할 수 있다는 것이다. 하나를 나눠가지는 분배와는 달리 하나를 통째로 돌려쓰거나 똑같은 형태로 복제하여 소유하는 상태를 의미 한다. 또한 공유는 인간의 본능이다. 그러나 전통적으로 공유는 신뢰수준이 높은 친구, 가족과 소규모 공동체로 한정되어 왔다.

공유경제에서의 공유는 전통적인 자본주의 시스템의 소유권 개념과는 달리 공유재로서 타인과 공동의 경험을 공유할 권리이다. 이러한 공유재가 글로벌 네트워킹 경제체제에서 새로운 소프트웨어를 사용가능하게 하고, 사람들은 다른 사람들과 공유할 의지를 가지게 하였다.

공유경제(Sharing Economy)란 용어는 2008년 하버드대 교수인 로렌스 렌식이 처음 사용하였으며, 사람들이 가격이나 재화에 기반을 둔 교환을 하지 않고, 가치를 창조할 목적으로 교환을 하는 것을 말했다. 그는 공유경제를 하나의 문화적 현상으로 이해하여 상업경제와 대비되는 개념으로 이야기 하였다. 그리고 이러한 교환이 개인적인 이유로 무엇인가를 원해서(Needs) 이루어지다가 필수적인 부산물로 나타나거나 혹은 단순히 이러한 교환이 사람들에게 유용하게 이루어지는 것을 공유경제라 하였다. 그는 궁극적으로 공유경제가 상업경제와 융합되는 하이브리드 경제(hybrid economy)를 전망하였다. 이는 최근에 사용되는 공유경제의 의미와는 대비되는 개념이다.

레이첼 보츠먼(Rachel Botsman)과 루 로저스(Roo Rogers)는 2010년 그들의 책 〈What mine is yours〉에서 공유경제를 자신이 소유하고 있는 재화에 대한 접근권이나 사용권을 타인과 공유 · 교환 · 대여함으로서 새로운 가치를 창출해내는 것을 의미하는 협력적 소비(Collaborative Consumption)를 바탕으로 한다고 주장했다. 리사 칸스키(Lisa Gansky)는 공유경제를 개인의 재화와 IT 기술을 바탕으로 다른 사람과 공유함으로써 새로운 가치를 창출하는 사업 및 관련 현상으로 지칭하였으며, 이러한 비즈니스를 일컬어 'The Mesh' 로 지칭하였다. 또한 공유하는 사람들의 의장인 마토프스카(Matofska)는 공유경제는 인적, 물적 자원을 공유하는 사회-경제적 생태계(socio-economic ecosystem)를 만드는 것이며, 다른 사람과 조직에 의해서 공유의 창조(sharing creation), 생산, 분배, 교환 및 용역의 소비를 포함하고 있다고 하였다. 이러한 공유경제는 현재 태동기에 있으며, 기술을 통해서 P2P(peer to peer)교환을 할 수 있는 일련의 서비스와 스타트업 기업으로 잘 알려져 있다. 공유경제의 온전함과 잠재력 속에서 공유경제는 하나의 새롭고 대안적인 사회경제체제라고 보고 있다. 이는 사회생활과 경제생활의 모든 측면을 가로지르는 중심에 공유와 협력이 내재된 것을 의미한다.

이러한 정의를 볼 때 공유경제는 ICT(Information & Communication Technology)와 협력적 소비를 기반으로 현명한 소비자들이 자신의 유휴자원을 공유하며 신뢰를 통해서 새로운 가치를 창출해 내는 것이라고 볼 수 있다. 이것의 기본 원칙은 사람들의 소유(ownership)보다는 이용가치와 혜택을 추구하는 데 있고, 접근권이 새로운 재산권을 형성한다고 볼 수 있다.

●●● 공유경제의 출현 배경

물품대여 및 중고거래는 예전에도 있어왔다. 인터넷 경매사이트인 이베이(e-Bay)에서는 초창기부터 개인간 중고 물품 거래를 지원해 왔으며, 차량 렌탈 사업들이 서비스를 해오고 있는 실정이다. 이러한 유사한 비즈니스 모델이 있는데도 불구하고 완전히 새로운 차원의 비즈니스 모델이 아닌 공유 경제가 출현하게 된 이유는 글로벌 경기침체, 친환경, 소셜 네트워크의 발전이라는 3가지 측면에서 살펴볼 수 있다.

첫째로, 글로벌 경기침체로 인한 소비습관의 변화이다. 2008년 경제위기 이후 자본주의 체제에 대한 우려 섞인 목소리가 나왔다. 그로 인해 빈부격차를 줄이기 위한 사회운동이 확산되고, 소비 자들의 소비성향도 기존의 제품을 재사용, 재활용하는 현명한 소비자로 변화하게 되었다. 경기침체는 또 다른 측면에서 사람들의 태도를 바꾸어 놓았다. 한 연구에 따르면 미국인 열 명 중 여덟 명은 될 수 있으면 물건을 덜 사려고 노력하며, 열 명 중 아홉 명은 더 간소한 삶을 살기 위해 고민하고 있다고 한다.

둘째로, 친환경 트렌드이다. 전통적인 자본주의 시스템을 통한 대량생산 및 소비로 자원의 비효율적 활용과 환경오염 등의 사회문제가 대두되었다. 공유경제의 많은 서비스들은 불필요한 소비를 줄이고 자원 활용도를 높이고 환경문제를 방지할 수 있다.

셋째로, ICT의 발달에 따른 SNS(Social Network Service)의 확대와 발전이다. 웹2.0 시대에 소비자의 참여, 공유, 개방은 자신이 가진 것을 여러 사람들이 접근할 수 있는 사용가치를 확대하는 사회적 분위기를 주도하였다. 소셜(Social), 위치기반(LBS : Location Based Service), 모바일 및 네트워크 기술 등과의 융합화는 정보공유나 프로슈머 소비자 시장을 확대하였다. 특히 소셜 네트워크가 효율적 · 효과적으로 네트워크의 확장 능력을 발휘함으로써 공유경제 확산에 기여하고 있다. 더 나아가 SNS는 신뢰의 보증장치 역할을 한다. 페이스북과 트위터의 경우 사용자는 자발적 실명 공개, 지역, 직장, 학교, 고향 등사적인 정보와 게시글, 사진, 영상 정보 등을 공개한다. 이를 통해 재화와 재능을 공유할 대중에 대한 이력과 행위, 히스토리, 친구관계, 온라인에서의 평판 등을 복합적, 입체적으로 검증할 수 있다는 것이다. 이로인해 공유의 주체는 접근권의 허용에서 발생하는 위험을 줄일 수 있게 되었다.

공유경제와 한계비용 제로사회

미국 노스웨스턴 대학교 로스쿨 교수인 캐럴 로즈는 1986년 '공유지의 희극'이라는 논문에서 하딘이 주장했던 '공유지의 비극'과 달리 비경합성 원리가 적용되는 시장에서 나타나는 공유 경제의 긍정적인 측면을 강조했다. 그는 마을 축제가 벌어지는 상황을 예로 들어, 더 많은 사람이 축제에 참여할수록 기쁨의 가치가 높아지는 속성의 공유경제가 있음을 설명한다. 인터넷은 그가 예시로 든 마을 축제와 같이 더 많은 컴퓨터들이 네트워크로 연결되어 있을 때 더욱 더 큰 정보 가치를 지니는 공유경제망이라고 할 수 있다.

인터넷은 그 자체가 초유의 비경합성의 원리가 적용되는 공유경제 시스템이면서도, 이에 그치지 않고 다른 산업 시장을 '공유지의 희극'이 작동하도록 공유경제 모델로 전환하는 역할도 하였다. 기업들이 상품의 생산과 유통, 판매 비용을 절감하면서 각 상품의 한계비용이 낮아졌기 때문이다.

한계비용이란 하나의 재화 단위를 추가 생산할 때 드는 비용이다. 인터넷의 경우 한계비용이 거의 제로에 가까운데 이미 깔려 있는 인터넷 인프라망에 컴퓨터의 랜선을 꽂기만 하면 바로 1단위의 추가 생산이 가능하다. 이와 같은 사실에서 어떤 상품 시장이 '공유지의 희극'이 적용되기 위해서는 한계비용이 제로에 가까워야 한다는 사실을 도출해 낼 수 있다. 상품 추가 생산 비용이 극히 미비하기 때문에 많은 사람이 참여해도 경쟁이 붙지 않는 비경합성의 원리가 작동되는 것이다.

인터넷이 등장함에 따라 낮아진 생산 비용과 규모의 경제를 갖춘 거대 사업자들의 등장은 세계 산업 구조의 지각 변동을 가져왔다. 정보통신 영역을 장악한 구글이나 애플 같은 기업이 자신들의 플랫폼을 앞세워 타 사업분야의 상품 가격을 무료에 가깝게 낮추어 버렸다. 인터넷 지도 사용, 이메일 사용, 통신 사용 비용 등이 등이 저렴한 인터넷과 스마트폰만 있으면 무료로 사용할 수 있게 되었다. 거대 소프트웨어 회사들의 경우도 광고 등의 수익 모델을 기반으로 소비자에게 제공하는 각종 서비스를 무료화 함으로써 시장을 선점해 나가고 있다.

미래학자인 제러미 리프킨은 이러한 자본주의의 미래를 예측하여 "한계비용 제로사회"라고 명명한 뒤 동명의 저서를 발표했다. 자본주의의 속성을 가진 기업들은 치열한 경쟁 환경에서 영속적인 이익을 꾀하기 때문에 항상 상품의 한계비용을 낮추기 위해 노력하고, 그 결과 최종적으로 거의 무료에 가까운 비용으로 상품을 제공하는 상황이 벌어진다는 것이다.

한계비용 제루사회가 현실적으로 실현되면서 인터넷을 시작으로 타 분야의 시장마저 잠식되면서, 리프킨은 자본주의 시장이 거대한 도전에 직면했다고 주장한다. 자본을 매개로 생산과 소비가 이루어지는 경제 체제에서, 소비에 필요한 비용이 급감하고 이에 여러 시장의 규모가 축소되면서, 전통적인 방식으로 상품을 팔던 기업들의 생존이 위협받기 시작한 것이다. 실제로 인터넷과 스마트폰의 영향으로 기존의 신문과 잡지 등의 출판 시장이 위협받았고 이의 재편이 현실화 되었다. 또한 스마트폰의 등장으로 기존의 주변기기 시장은 스마트폰으로 통합되어 재편되어 버렸다. 자연스럽게 기업이 도산하고 일자리가 줄어들며, 개인의 구매력은 낮아지는 불황의 사이클이 생겨나고 있다.

그러나 기존의 불황과는 다른 점은 겉으로 나타나는 경제 지표는 건전해 보인다는 것이다. 산업계가 소수의 기업으로 재편되는 과정에서 경제 가치는 유효하지만, 자본의 순환은 정체되기 시작한 것이다. 정보혁명과 인공지능의 도입에 의한 효율화, 인터넷 시장의 확대로 인한 유통 구조의 단순화, 기계 산업 발전에 의한 자동화 등이 기업 간, 개인 간 빈부격차를 심화시키고 서서히 시장 동력을 쇠퇴시키는 결과를 초래할 수 있다.

제러미 리프킨은 앞으로 일어날 전력 분야, 물류 분야의 한계 비용 제로화는 지금의 정치, 경제, 행정, 제도로는 사회를 유지시킬 수 없을 정도의 변화를 일으킬 것이란 예측을 하고 있다. 식량을 제외한 거의 모든 생필품을 아주 값싼 가격에 구매할 수 있는 시대가 도래할 것으로 보고 있다. 이 때에는 “협력적 공유사회”가 새로운 경제를 주도하는 패러다임이 될 것이라고 주장했다.

공유의 비극을 넘어

2009년 노벨경제학상 수상자인 엘리너 오스트롬의 〈공유의 비극을 넘어(Governing the Commons : The Evolution of Institutions for Collective Action)〉는 '공유재'에 대한 문제를 다루었다. 공유재는 이용자들 사이의 경합성 때문에 늘 고갈 가능성을 안고 있지만, 비배제성 때문에 이용자의 수를 제한할 수 없으므로 그대로 방치하면 고갈되어 버린다는 특성을 가지고 있다.

어장뿐만 아니라 우리의 자연 환경 대부분이 공유재로 구성되어 있다. 산림, 지하수, 저수지의 용수, 목초지 등이 오스트롬이 〈공유의 비극을 넘어〉에서 다루고 있는 공유재이지만, 이 외에도 깨끗한 강물, 깨끗한 공기 등 다분히 공유재의 성격을 가진 것들이 많이 있다. 결국 환경오염 문제란 공유재로서의 환경이 고갈되고 파괴됨으로 인한 문제라고 할 수 있다. 1968년 하딘(Hardin)이 발표한 〈공유재의 비극〉이 환경문제에 대한 지구인의 경각심을 크게 높인 결정적 계기가 되었음은 잘 알려져 있다.

각 개인이 자유롭게 이용하게 내버려두면 공유재는 고갈되거나 파괴되어 버리기 때문에 이들이 협력해서 집단적으로 잘 관리해야 하는 문제가 제기된다. 연안 어장의 물고기가 고갈되지 않게 하기 위해서는 근처의 지역 공동체 구성원들이 협력해서 집단적으로 잘 관리해야 하고, 저수지의 물이 고갈되지 않게 하기 위해서 인근의 지역 공동체 구성원들이 서로 협력해서 저수시를 관리하고 적당량의 물만 빼 써야 한다. 즉, 공유재는 지역 공동체 구성원들의 집단적 협동을 필요로 한다는 것이다.

하지만, 이런 개인들의 자발적인 집단행동이 성공적으로 이루어지기 무척 어렵다는 것이 그간의 정설이었다. 그 이유를 논리적으로 밝힌 가장 대표적인 이론이 이른바 '죄수의 딜레마'이론이다. 요컨대, 집단행동이 절실히 필요한 상황에서 합리적이고 이기적인 각 개인들은 다른 사람들이 열심히 협동할 것을 기대하고 자신은 슬쩍 빠져서 무임승차하려는 욕심을 가지게 되는데, 저마다 이런 생각으로 얌체 짓을 하면 결과적으로 집단행동은 성공할 수 없다는 것이다. 물론, 일부 경제학자들은 죄수의 딜레마 상황에서도 개인들 사이의 자발적 협력이 이루어질 수 있다고 주장하고 있으나, 그것은 오직 특수한 상황에서만 가능하다는 점도 수학적으로 밝혀졌다. 예컨대, 자주 만나기 때문에 안면을 몰수할 수 없는 소수의 사람들 사이에서는 자발적 협동이 가능하다는 것이다.

이와 같이 여러 이론에 의해서 개인들 사이의 자발적 협동에 입각한 집단행동이 어렵다면 어떻게 할 것인가. 많은 학자들이 정부에 의한 직접 관리를 그 대안으로 제시하였다. 하지만, 오스트롬은 정부의 실패 사례를 다수 발굴하였을 뿐만 아니라 그 원인도 밝혀냈다. 각지에 흩어져 있는 공유재는 저마다 독특한 특성을 가지고 있다. 그 특성을 잘 알아야만 관리를 잘 할 수 있다는 것은 상식이다. 하지만 각처에 흩어진 그 많은 공유재의 특성에 관하여 세세한 정보를 정부가 획득한다는 것은 사실상 불가능하다. 따라서 정부에 의한 공유재의 직접 관리는 실패할 수밖에 없다.

더구나 정부의 정책이나 규제는 획일적이라서 현장의 현실과 동떨어질 수밖에 없고 그래서 현지인의 협조도 얻기 어렵다. 더욱 더 큰 문제는 인원과 예산의 제약 때문에 그 많은 공유재를 제대로 관리하지도 못한다는 것이다. 심지어 대대로 지역 공동체들이 자치적으로 잘 관리해오던 공유재가 국유화 이후 집행 능력 부족, 감시 소홀, 부패 등의 요인 탓으로 오히려 접근 자유의 공유재로 변해버림으로써 더욱 황폐화된 사례도 있다.

경제학자들은 공유재의 사유화를 주장한다. 예를 들어서 공유화된 목초지가 결국 황폐화된다면 그 목초지를 갈라서 개인에게 분양하면 되지 않느냐는 것이다. 하지만, 오스트롬이 조사한 바에 의하면, 이들은 사유화된 공유재의 관리 및 유지에 소요되는 비용을 과소평가하는 실수를 범하고 있다. 예를 들어서, 마을이 공유하던 목초지를 개인들에게 분양한다면 우선 울타리를 치고 도둑을 감시하는 비용부터 치러야 한다.

사유화가 최선의 관리 방안이 되지 못한다는 점도 오스트롬 교수는 구체적으로 밝히고 있다. 사유화하기 힘든 경우가 있기 때문이다. 물이나 수산자원처럼 움직이는 자원에 관해서는 사유권 제도의 확립이 구체적으로 무엇을 의미하는지 불분명하다. 이럴 경우 공유의 비극을 회피할 수 없거나 이를 회피하기 위해서는 막대한 비용을 감수해야 한다.

요컨대, 정부가 아니면 시장이라는 이분법에서 벗어나야 한다고 오스트롬은 역설한다. 노벨 경제학상 선정위원회는 오스트롬이 사유화나 정부의 직접 관리를 지지하는 전통적인 견해에 도전하였으며, 각종 다양한 지역 공동체들이 자율적으로 공유재를 잘 관리해온 성공적 사례들을 세계 도처에서 발굴하여 〈공유의 비극을 넘어〉에 소개하였을 뿐만 아니라 이를 이론적으로 분석함으로써 성공 원리를 찾아냈다는 점을 가장 중요한 업적으로 꼽았다.

어장이나 목초지의 예에서 보듯이 공유재 이용자들은 상호의존관계에 있는데, 공유재 관리의 성패 여부는 이러한 상호의존 관계의 구성원들이 '독자적으로 행동하는 상황'으로부터 '상호 조율된 전략을 채택하도록 하는 상황'으로 어떻게 변화시킬 수 있느냐의 여부에 따라 달라진다고 오스트롬은 보았다.

그래서 오스트롬은 우선 오랫동안 존속되어온 지역 공동체의 성공적 공유재(공유 자원) 관리 사례들을 전 세계적으로 발굴하고 분석하였는데, 〈공유의 비극을 넘어〉의 상당한 부분이 바로 여기에 할애되고 있다. 오스트롬은 이 사례 분석을 통해서 공통적 요인들을 뽑아내고 이를 지역 공동체에 의한 성공적 공유재 관리 제도의 구성 원리로 제시하였다. 그는 이를 '디자인 원리'라고 표현하면서 8가지를 제시하였다.

그 핵심은 우선 공유재 이용자들이 행동 규칙을 자발적으로 정해야 한다는 것이다. 이 규칙은 개인이 공유재를 이용하는 방법뿐만 아니라 이를 유지하고 관리하는 책임을 분담하는 방법에 대한 것까지 포함한 포괄적인 것이다. 물론, 이 규칙은 현지의 사정에 적합한 것이어야 하며, 현지인들이 참여해서 완전히 합의한 것이어야 한다.

여기에서 중요한 것은 이렇게 만들어진 규칙을 어떻게 집행하느냐이다. 기존의 이론들이 집단행동에 비관적 견해를 표명하였던 이유는, 설령 규칙을 성공적으로 만들어도 이를 집행하는 것 자체가 딜레마를 안고 있다는 것이었다. 이기적이고 합리적인 개인은 다른 사람들만 이 규칙을 지키고 자기는 몰래 위반함으로써 무임승차 이익을 얻으려하기 때문이다.

오스트롬이 특히 강조한 것은, 성공한 공유재 자율 관리 조직들이 이 규칙의 준수를 감시하고 위반을 제재하는 나름대로의 매우 효과적인 방법을 개발하고 실시하고 있다는 점이다. 여기에는 구성원들 사이의 분쟁을 해결하는 방법도 포함된다. 통상 감시, 제재, 분쟁 해결에는 많은 비용이 소요되지만, 성공한 공유재 자율 관리 조직들은 아주 저렴하게 실시하는 방법을 채택하고 있다는 것이다. 경우에 따라서는 외부 기관의 도움을 얻기도 하지만, 대체로 보면 규칙의 준수 여부를 서로서로 감시하는 내부적 방법에 크게 의존한다.

하지만, 오스트롬은 정부의 개입이나 사유화논리를 전면 배제해야 한다고 주장하지는 않는다. 경우에 따라서는 중앙 정부나 지방 정부의 도움이 필요하고 사유화의 논리를 활용할 필요도 있다. 중요한 것은 그러면서도 공유재 관리를 주도하는 지역 공동체의 자율성을 손상시켜서는 안 된다는 점이다.

물론, 이런 성공적인 지역 공동체의 자율적 공유재 관리가 하루아침에 이루어지는 것은 아니다. 수많은 세월에 걸쳐 수많은 시행착오를 거치면서 현실에 맞도록 점진적으로 개선되어 하나의 체계적 제도로 정착되고 있다는 점에 오스트롬은 특히 주목한다. 이 결과 구성원들 사이에는 신뢰가 높아가면서 성공적 공유재 관리를 뒷받침하는 '사회적 자본'이 조성된다.

오스트롬의 공유재 관리에 관한 통찰은 오늘날 공유경제의 발전에 많은 시사점을 준다. 이용자들이 자율성을 바탕으로 자발적인 규칙을 만들고 이를 체계화된 제도로 발전시키는 것이 중요하다는 점을 보여준다. 자발적인 규칙을 집행하는 비용을 최소화하고 각 공동체에 맞는 자발적인 규칙을 만들어 가는 과정이 중요하다. 공유경제가 정보통신기술 등의 첨단 과학기술과 결합하게 되면 자발적인 규칙을 집행하는 비용은 현저하게 낮아질 것이다. 결국 공유경제가 상호 의존성을 바탕으로 한 '상호 조율된 전략을 채택'하도록 만들어가는 것이 중요할 것이다. 공유경제 모델은 새로운 실험이기 때문에 이에 대한 사회 · 경제적 접근은 좀 더 심화되어야 한다. 기존의 제도와의 충돌도 문제이지만 공유경제 자체가 지속가능한 체계를 갖추게 하기 위해서는 보다 심도 있는 이론적 연구가 필요한 것이다.

기술의 발달과 미래의 방향

자본주의에 의해 발전된 정보통신기술이 '한계비용 제로의 영역'으로 들어감에 따라 다른 산업 분야의 한계비용을 낮추고 비경합성의 원리가 적용되는 '공유지의 희극'을 가능케 하였다. 일반 대중이 건강하고 지속가능한 삶을 살 수 있는 기술적 바탕이 마련되었다고 할 수 있다. '소통'을 위한 비용도 절감됨에 따라 새로운 대안적 삶을 추구하는 사람들은 보다 쉽게 연대할 수 있는 사회적 기반도 마련되었다.

하지만 과학기술이 우리에게 주는 낙관적인 미래는 우리가 이를 어떻게 사회적으로 수용할 것인가에 따라 그 모습을 달리할 것이다. 강력한 정보감시사회가 되지 않도록 개인의 정보주권에 대한 법과 제도를 정비하고 사회적으로 과학기술의 혜택에 소외되는 사람이 없도록 제도와 사회 구조를 새롭게 구축해야 한다.

지금 우리가 살아가고 있는 현재의 모습은 우리의 생각과 집단사고가 투영된 제도화된 현실이다. 특히 민주주의 원칙에서 사회

권력의 향방이 결정되는 제도에서는 더욱 그러하다. 지금 우리가 누리는 제도와 지도자의 수준은 국민이 생각하는 가치관에 부합하고 지도자도 그 수준에 따라 결정된 것이다.

우리가 정치 권력을 선출하는 근본적인 이유는 국민이 잘 먹고 사는 경제적 문제를 해결하기 위함이다. 경제의 문제는 정치의 문제와 분리될 수 없으며 경제 활동에서 비롯되는 권력, 제도, 가치관은 현실 정치에 그대로 반영될 수밖에 없다. 또한 경제 활동은 우리의 모든 일상에 스며들어 있기 때문에, 개개인의 사고 방식과 가치관에 강력한 영향을 미친다. 사람들의 생각이 모인 전체 사회 문화에도 경제 활동의 영향력은 고스란히 나타나게 된다.

●●● 공유시대를 위한 법과 제도의 역할

우리 시대의 정치, 사회의 논리는 자본주의를 바탕으로 한 배타적인 개인 소유권 사상에 기초하고 있다. 자본주의의 경쟁에서 최후의 승자가 되어 경제 논리에 충실한 지도자들은 보편적인 대중을 위한 정치를 하고 있지 못하다. 자본주의 구조에서 개인의 소유권 사상에 기반한 가치관이 그대로인 이상 어떠한 지도자가 새롭게 선출되어도 자본주의의 폐해에서 벗어나지 못할 것이다.

자본주의의 핵심적인 이념인 개인 소유권 사상을 급속하게 대체하는 것은 쉽지 않은 일이다. 일정기간 동안은 자본주의와 공유경제가 공존하는 시대가 될 것이다. 공유경제는 자본주의가 낳은 자식이지만 자기만의 정체성을 찾아가기 시작할 것이다. 희소의 경제에서 풍부함의 경제로, 소유의 경제에서 접근의 경제로, 시장자본의 경제에서 사회적 자본의 경제로 근본적인 변화의 기로에 서 있다.

우버 택시 등의 예에서 보듯이 공유경제는 당분간 기존 가치·규제와 충돌하겠지만 새로운 규범과 규제를 형성하면서 공존해갈 것이다. 스위스에서는 우버 택시로 인해 교통체계가 바뀌고 새로운 법적 문제가 생기자 2016년 10월 우버가 사업을 할 수 있도록 법을 제정했다. 네덜란드도 2016년 1월 기술발전에 따른 규제개혁을 본격화 하면서 우버 택시 등을 허용하는 쪽으로 법을 마련하고 있다. 이는 단순한 제품의 혁명에 그치는 것이 아니고 시스템적인 혁명과 관계가 있다.

법과 제도는 제4차 산업혁명으로 돌출되는 기회를 포착하고 발빠르게 움직여야 하면서도 동시에 일반인들의 삶도 지켜줘야 한다. 그런 의미에서 기술의 발전과 그런 발전이 모든 사람의 삶과 함께 진행될 수 있도록 균형을 찾는 것이 우리의 사회의 책무이자 법과 제도의 역할이 될 것이다. 시시각각 변하고 발전하는 기술의 틈바구니에서 개개의 인간이 그늘의 인간성을 유지할 수 있도록 돕는 일이 법의 역할이다. 기업은 너무나 빠른 속도로 움직이고 국제법과 글로벌 사회의 여러 규범과 제도는 더 이상 이를 감당할 수 없게 되었다. 기업과 정부, 국민, 사법부가 협업을 통해 관련 원칙을 구축해야 제4차 산업혁명 시대를 성공적으로 경험할 수 있다. 기술의 변화와 발전에 기존의 법과 제도가 발목을 잡을 가능성은 매우 높다.

과학기술 발전에 따른 새로운 법과 원칙의 제정과 구축은 보다 과감해져야 할 것이다. 개인의 소유권을 중심으로 한 자본주의 법체계도 공유경제에 맞게 과감이 수정될 수 있어야 한다. 이제 우리는 모든 가능성을 열어 놓고 법과 제도를 다루어야 하는 과학기술 기반 사회의 문턱에 이미 와 있는지도 모르겠다.

14장

과학과 종교

들어가며

과학과 종교는 현대 문명을 이루는 핵심적인 요소로 작용해 왔다. 과학은 인류의 물질 문명의 발전에 결정적인 역할을 해 왔고 종교는 인류의 정신 문명을 발전시키는 데 핵심적인 역할을 해 왔다. 본래 인간은 태어나면서부터 무지(無知)한 상태에 놓여 있었다. 인간은 마음과 몸의 양면으로 되어 있기 때문에 지적인 측면에서도 내외 양면의 지(知)를 가지고 있다. 따라서 무지에도 '내적인 무지'와 '외적인 무지'의 두 가지가 존재한다.

내적인 무지란 종교적으로 말하자면 '영적인 무지'를 말하는 것이고, 외적인 무지란 인간의 육신을 비롯한 '자연계에 대한 무지'를 말하는 것이다. 내적인 무지를 내적인 지로 극복하기 위하여 내적인 진리를 찾아 나온 것이 종교이며, 외적인 무지에서 외적인 지로 이를 극복하기 위하여 외적인 진리를 찾아 나온 것이 과학이다. 결국 내외 양면의 무지를 타개하기 위한 수단으로 종교와 과학이 존재한다.

과학기술이 사회를 지배하게 되면서 종교의 역할과 가능성이 축소되고 도전받고 있다. 인류사회를 지탱해 온 하나의 지적 체계가 위기를 맡고 있는 것이다. 예전에 비해 종교의 역할은 사회에서 줄어들고 있고 과학적 사고를 중심으로 하는 과학주의가 판치고 있다. 과학과 종교는 갈등해 왔고 대립적으로 묘사되어 왔다. 둘의 관계를 대립적으로 파악하게 됨에 따라 마치 이 둘 중 하나를 선택해야 하는 양자택일의 문제로 변질이 되기도 한다. 이런 현상은 과학과 종교가 앞서 말한 내외 양면의 무지를 타파하기 위해 인류사에서 해 온 노력을 왜곡시킬 수 있다. 인간이 무지에서부터 완전히 벗어나 진정한 인간의 길을 걸어가기 위해서는 과학과 종교는 통일된 하나의 과제로서 내외 양면의 진리가 서로 상호보완적으로 추구되지 않으면 안 된다.

21세기 들어 물질 문명의 수준이 극도록 발전하게 됨에 따라 모든 것을 '과학'으로 설명하려는 시도가 난무하고 있다. 과학이 자연과 인간에 대한 많은 것을 설명해 주지만 그것은 극히 일부분에 지나지 않는다. 과학이 인간에게 줄 수 있는 것과 종교가 인간에게 줄 수 있는 것은 근본적으로 다른 것이다. 과학이 인간에게 종교적 구원의 길을 제시하는 절대적 가치를 주지는 않는다. 절대자와의 관계 속에서 영혼 구원의 길을 제시받은 인간은 이 세상에 버려져 있지 않은 존재임을 자각하고 이것이 인간의 삶의 커다란 만족을 주게 된다. 과학은 인간에서 어떻게 살아야 하는지를 제시하지도 않는다. 하지만 종교는 바람직한 삶의 방향을 제시하고 이를 통해 도덕적인 삶을 강제해 주는 역할도 한다.

과학과 종교의 서로 다른 역할은 과학기술 중심의 세계에서 종교가 여전히 그 가치를 인정받게 하고 있다. 종교와 과학은 지금까지 서로 분리된 영역에서 독자적인 발전을 이루어 왔다. 과학기술이 고도로 발달하는 21세기에는 오히려 과학이 인간 정신의 본질과 본성을 알고 싶어 하고 있다. 인공지능과 생명공학의 발달로 인해 인간은 신과 같은 창조성을 가지게 되었고 이와 같은 현실은 오히려 인간과 신의 관계와 본질이라는 근본적인 질문을 던지게 되었다. 영혼과 정신의 문제, 인간의 존재 목적, 인간이 추구해야 할 가치의 방향 등은 과학만이 궁극적인 해답을 줄 수는 없다. 이제는 과학과 종교가 서로의 지적 체계를 서로 개방하고 하나의 통일된 과제로서 인간의 내외 양면의 무지를 해결해야 할 시대가 온 것이다.

과학과 종교의 관계

과학자 출신의 영국 신학자 알리스터 맥그라스(Alister Mc-Grath)는 〈과학과 종교 과연 무엇이 다른가?(Science & Religion, A New Introduction)〉라는 책의 첫머리에서 과학과 종교의 관계에 대해 "인간이 탐구하는 학문 중에서 가장 매력적인 분야"라면서도 "둘 사이에 이뤄지는 대화를 이해하려면, 두 분야에 대해 알아야 한다."고 전제한다.

현재 과학과 종교의 사이에는 네 가지 유형이 존재한다. 먼저 '갈등(Conflict)' 혹은 '전쟁' 모델은 학문적 영역에서는 힘을 잃었으나 일반 대중에게는 여전히 지대한 영향을 발휘하고 있으며, 다윈주의 논쟁에서 이 같은 모델을 불신하게 된 과학자와 신학자들은 둘을 상호 존중하고 인정하자는 '독립(Independence)' 모델을 주장하게 된다. '과학은 종교에서 오류와 미신을 걷어내고, 종교는 과학에서 맹신과 그릇된 절대 원칙을 벗어낼 수 있다'는 교황 요한 바오로 2세의 말처럼 둘 사이는 상대방을 더 넓은 세상으로 이끌어낸다는 '대화(Dialogue)' 모델과 함께, 우주를 영적 요소와 물질적 요소로 나눠서는 안 되며 하나로 다뤄야 한다는 '통합(Integration)' 모델도 있다.

이 같은 다양한 유형이 있지만, 오늘날 종교와 과학은 사실상 '전쟁' 중이다. 종교인들은 과학에서 허점을 찾아내고, 과학자들은 과학적 잣대로 성경을 재단하고 있다. 현대 '창조론'처럼 종교가 과학을 대체했다고 주장하는 종교운동가들이 있는가 하면, 최근의 '과학적 무신론'에서 보듯 과학이 종교를 대체했다고 단언하는 과학자들도 있다. 이 과학적 무신론자들과 종교 근본주의자들은 어떠한 대화에도 참여하기를 거부한다.

맥그라스는 과학과 종교 사이의 기념비적인 3대 논쟁, 코페르니쿠스 · 갈릴레오와 태양계, 뉴턴과 기계적 우주 · 이신론, 다윈과 인류의 생물학적 기원 등을 먼저 따라가면서 "대중매체에 의해 고착되는, 과학과 종교에 대한 극히 부정적 관점을 타파함으로써 대화 분위기 조성"에 나선다. 그에 따르면 우리 생각과 달리 과학과 종교의 관계는 늘 복잡했고, 둘의 관계를 묘사하는 '지배적 담론'은 존재하지 않았다. '과학과 종교가 필사적인 싸움을 벌여왔다'는 이론조차 지배적 담론이 아니었다는 것이다. 그는 로널드 L. 넘버스가 엮었던 〈과학과 종교는 적인가 동지인가〉에서 처럼, 과학과 종교에 관한 '고정관념' 또는 '근거 없는 신화'를 몰아내야 한다고 강조한다.

실제로 맥그라스에 따르면 갈릴레오의 태양중심설은 최초 교황 측근들에게 호의적으로 받아들여졌고, 다윈을 대신해 영국학술협회 회의에 나온 헉슬리와 설전을 벌이다 '무식하고 오만한 성직자'로 알려진 옥스퍼드 주교 윌버포스는 〈종의 기원〉에 대한 해박한 논평을 통해 몇 가지 중대한 약점들을 지적하자 다윈이 이들 수용할 정도의 사이였다. 맥그라스는 "과학의 진보가 전통적인 성경 해석에 끊임없이 도전장을 내밀었다고 단언해서는 안 된다"고도 주장한다. 서양과학은 1940년대까지 우주를 영원불변한 것으로 간주했지만, 지난 50년간 부상한 소위 '표준우주모델'은 우주가 영원하지 않으며 어떤 한 시점에 생겨났다는 개념에 기반하고 있다. 여기서 우주가 무(無)로부터 생겨났다는 전통 기독교의 창조관은 현대 우주론과 공명하고 있다.

맥그라스는 "리처드 도킨스(Richard Dawkins)가 주장하는 '보편적 다윈주의'처럼 우주의 본질과 생명의 의미를 묻는 모든 질문에 대답할 수 있다는 원대한 비전을 제시하는 이들이 양쪽에 모두 존재하지만, 과학과 종교, 그 어느 쪽도 현실을 완전히 설명한다고 볼 수는 없다"며 "그러나 양측이 함께한다면 사물을 바라보는 어느 한 영역의 시각만 고집하는 이들이 갖고 있지 않은 현실에 대한 입체적인 견해를 제시할 수 있을 것"이라고 설명했다.

과학과 종교 모두 사물의 이치를 이해하려 노력하지만, 과학이 '어떻게'에 집중한다면, 종교는 '왜'에 주목한다는 차이가 있다. 맥그라스는 "과학은 메커니즘을 밝히려 하지만 종교는 의미를 부여하고자 한다."면서도 "이들이 서로 다른 층위에서 작용할 뿐이므로, 이러한 접근법들이 경쟁 관계에 있거나 양립 불가능하다고 생각할 필요는 없다"고 말한다. 더구나 최근에는 '초도덕적'이라 생각했던 과학이 답을 찾지 못한 부분들에서 종교가 인정받고 있다.

●●● 과학의 본질적 한계

21세기 과학의 놀라운 성공에도 불구하고 과학의 약점은 여전히 존재하며 그 방법론이 형성된지 많은 시간이 흘렀어도 지금까지 그 결점을 완전히 해결할 길은 보이지 않는다. 이것은 기본적으로 과학이 인간에 의해 만들어진 지적 체계이기 때문에 가지는 근본적인 한계일 수 있다. 여기서는 몇 가지 한계만을 논의하기로 한다.

우선 과학이 자연의 신비를 밝히고자 하는 경우 경험 지식의 획득을 위해 사용할 수 있는 것은 오직 인간의 오감뿐이다. 오감이 미칠 수 없는 영역에 있는 대상은 감각 경험의 대상이 아니다. 최신의 새로운 관측도구를 사용해서 이러한 한계를 극복하는 것처럼 보이기도 하지만 그 조차도 인간의 오감에 의존한다. 인간의 오감이나 최신의 관측도구를 사용하여 관찰할 수 있는 자연 세계가 얼마나 될지에 대해서도 인간은 가늠조차 할 수 없다. 따라서 인간이 천사나 신의 존재를 과학적 도구로 감지하지 못한다고 해서 이것들의 존재를 부인할 수는 없는 것이다.

인간이 모든 자연 현상을 관찰하지 못한다는 것은 미래에 이전에 관찰한 적이 없었던 부분을 새롭게 관찰하여 예상 밖의 현상을 관측할 가능성이 상존함을 의미한다. 그러므로 기존의 관찰만을 토대로 성립된 과학 이론은 새로운 발견으로 인해 틀린 것으로 판명되는 사례가 많다. 관찰자들의 노력과 방사광 가속기 같은 성능이 좋은 최신 관찰 · 실험 도구로 새로운 발견들이 계속 이루어지고 있으므로 기존의 과학 지식은 계속 거부되고 새로운 이론들로 대체될 것이다. 현재의 과학 이론은 잠정적으로 받아들여지는 것이지 그것이 절대적으로 옳다고 볼 수는 없는 것이다.

과학의 주된 연구방법인 귀납적 방법이 성공을 거두기 위해서는 어떠한 선입견이나 주관으로 배제하고 관찰을 수행해야 한다. 그러나 이것은 실제적으로 불가능하다. 이것을 과학철학자인 핸슨(N. R. Hanson)은 '관찰의 이론 적재성'이라 불렀다. 관찰의 이론 적재성에 의하면 인간의 감각 경험의 객관성은 신뢰할 만하지 않다는 것이다. 관찰자의 이전 경험이나 지식, 관찰자가 사용하는 도구에 대한 이해에 따라 관찰의 결과는 달라진다. 개인의 경험에 따라 우리는 동일한 대상을 놓고도 다른 것을 인지한다. 그러므로 철저하게 감각 경험에 기초하고 있는 현대 과학은 본질적으로 약점을 가지고 있는 것이다.

토마스 쿤(T. S. Kuhn)도 과학의 진보는 지식의 누적 과정이 아니라 불연속적인 혁명의 연속이라고 주장했다. 어떤 분야의 과학이 근본적으로 바뀔 때에는 과학의 내용, 탐구 방법, 이론의 판단 기준조차 전혀 다른 모습을 가지게 된다. 한번 변화된 과학은 일정기간 웬만한 경험적 증거들을 가지고 도전해도 좀처럼 바뀌지 않는 속성이 있다는 것을 쿤은 역사적 사례를 통해 제시했다. 이러한 쿤의 과학관은 과학이 논리적 과정의 측면뿐만 아니라 사회적 활동의 성격도 갖는다는 점을 부각했다.

쿤의 견해는 20세기 극단적인 상대론적 과학관의 융성을 야기했다. 특히 과학사회학자들을 중심으로 과학을 인간 집단의 활동으로 해석하려는 노력이 활발하게 전개된다. 과학자들의 과학 지식이 사회적으로 구성된다는 '사회적 구성주의'가 주장되기도 하였다. 이들은 과학 지식이 발견되는 것이 아니라 많은 논쟁, 협상, 타협의 결과로 구성된다고 주장한다. 극단적인 상대주의자들이 주장하거나 암시하듯이 과학이 합리성을 결여한 행동이 아닐지라도 여러 비과학적인 요소들이 개입하여 과학자들의 판단에 영향을 미치고 있다는 점은 부인하기 어렵다.

이러한 여러 가지 한계로 인해 현재 아무리 공인된 과학적 견해라 하더라도 그것은 최선의 설명일 뿐이지 진리라는 보장은 없다. 현재의 과학적 방법론은 자연을 비롯한 사물을 탐구함에 있어 최선의 탐구법이다. 따라서 이러한 과학적 방법론은 많은 다른 학문 분야에서도 적극적으로 채용하고 있다. 이에 따라 성경을 과학적으로 검증하려는 노력이나 반증하려는 노력도 활발하게 전개되었다.

그러나 이러한 노력도 그것으로 충분히 목적을 달성하였다고 볼 수는 없다. 이러한 태도 자체가 과학지상주의로 흐를 가능성이 있기 때문이다. 그러므로 과학과 종교가 충돌하는 지점에서 우리는 섣불리 과학의 이름으로 종교를 재단하거나 평가해서는 안

된다. 종교는 종교 나름대로의 존재 가치, 적용 영역, 진리 획득의 방법을 갖고 있는 것이므로 과학의 기준에 의해 모든 것을 판단해서는 안 된다.

●●● 과학시대 종교의 존재 이유

종교는 절대자, 절대자와의 관계, 절대자의 구원 계획 등 과학이 그 진위를 가릴 수 없는 문제들에 대해 논의한다. 특정 종교를 믿는 신자들은 '믿음'이라는 방식을 통해 종교적 주장을 자신의 것으로 받아들인다. 이것은 과학이 실험과 검증을 통해 사실을 확인하는 방법과는 근본적으로 다른 차원의 접근이다.

사물에 대한 이성적인 판단을 주로 하는 과학과는 달리 종교에서 진리의 수용과정은 절대자와의 인격적 만남을 그 기초로 한다. 이는 어쩌면 초자연적인 체험의 과정이라고도 할 수 있다. 이러한 과정은 인간과 인간이 상대방을 인격적으로 받아들이고 교류하는 과정과 유사하다. 어린 아이가 부모를 받아들이고 전폭적으로 신뢰하며 의존하는 과정은 과학적인 탐구가 아니라 인격적인 만남과 인격적인 수용의 과정을 통해서 이루어진다는 점이 중요하다. 부모를 받아들이면 우리는 부모가 어떠한 말을 하더라도 그것을 사실로 믿듯이 절대자를 받아들인 사람에게는 절대자의 목소리를 담은 종교적 가르침이나 경전에 대해 전적으로 신뢰하게 되는 것이다. 이러한 과정은 과학적인 탐구 과정에 따라 이루어지는 것이 아니며 이러한 방법을 취할 필요도 없다.

종교가 과학적인 인식론을 취하지 않는다는 이유에서 종교를 배척해야 한다는 태도를 취하게 된다면 종교가 신자에게 주는 것을 과학이 줄 수 있느냐를 물어야 할 것이다. 종교는 신자에게 구원의 길을 제시해 준다는 관점에서 절대적 가치를 갖는다. 이러한 가치를 주는 이상 종교를 믿는 신자들은 종교를 포기하기 보다는 과학을 포기하는 것을 택할 것이다. 종교는 과학이 줄 수 없는 '인간의 근원과 가치'에 대한 본질적인 해답을 주고 있다. 과학이 줄 수 없는 영혼의 구원의 문제에 길을 제시함으로써 자신이 이 세상에 존재하는 이유와 신과의 관계를 통한 존재의 한계성을 극복할 수 있게 해준다. 과학이 사물과 물질의 본질에 대한 탁월한 연구업적에도 불구하고 '내가 왜 이 세상에 존재하게 되었는지에 대한 해답'을 제시하지는 않는다. 또한 모든 물질과 사물이 왜 존재하는지에 대한 해답도 주지 못한다.

과학은 인간이 세상에서 고통 받는 이유를 제시하지 못한다. 인간이 시련에 직면하고 고통에 직면하여 희망을 잃어가더라고 그에 대한 해답을 주지 못한다. 반면에 종교는 그에 대한 답을 주어 고난 속에서도 포기하지 않고 희망을 갖고 살아가야 하는 인간의 존재의 가치를 제시한다. 과학은 인간이 어떻게 살아야 하는지에 대해 가르쳐주지 않으며 그렇게 살도록 강요하지도 않는다. 그러나 종교는 신자에게 어떻게 살아야 하는지에 대한 답과 옳고 그름에 대한 도덕적 판단의 잣대를 제시한다.

이러한 가치들 때문에 종교는 지금까지 면면히 이어져왔고 현대 과학 문명에서도 그 존재 가치를 인정받고 사회적인 제도로서 사회 유지의 기능에 큰 역할을 하고 있는 것이다. 본질적으로 인간은 절대를 숭배하려는 마음을 갖고 있으며 이는 인간의 본성과도 연결되어 있다. 종교적 의식과 문화 전반을 이루는 행위는 사회적 · 제도적 의미와 함께 인간의 본성에 기초하는 매우 인간적인 감정에서 유래한 것임을 알 수 있다.

제도로서의 과학과 종교

다른 문화적인 요소와 비교할 때 과학의 특색은 늘 지적되는 바와 같이 보편적 객관성이다. 과학에 대한 이러한 신화가 종교는 초자연적인 것이라는 생각과 함께 '과학과 종교'에 대한 논의에 큰 영향을 미치고 있는 것을 부인할 수 없다. 그러나 특정 시기에는 과학의 발달을 도왔던 종교적 경향들이 다른 시기에는 그 발달을 저지한 경우도 있고, 같은 시기에서도 물리학을 발달시킨 조건들이 생명과학에는 불리하게 작용하는 경우도 있다. 과학과 종교의 관계는 고정불변이란 생각은 위험하다.

과학과 종교는 인간 생활의 중요한 두 측면으로, 인간을 보다 큰 우주적 계획 안에 위치 지우려는 서로 다른 시도라 할 수 있다. 과학과 종교는 '서로 구별되는 것들'이지 '상호 분리된 것들'이 아니며 이들이 엮어내는 역사적 현상들은 단절된 것이 아니라 상보적이며 연속적인 것이다.

이와 같은 인식의 조건은 과학뿐만 아니라 종교도 부단한 발전의 연장선에 있다는 사실이다. 기독교와 같은 역사적 종교의 신학은 점진적 변화의 양상을 분명히 보이고 있다. 지금의 종교의 위상이 계속 쇠퇴하고 있고 종교의 지적 권위가 많은 손상을 입었지만 낡은 과학이론이 폐기되었다고 해서 과학 전체가 패배했다고 볼 수 없는 것처럼 이러한 손상은 종교의 패배가 아니라 신학적 통찰의 발전일 수 있다. 종교도 근대 과학과 같은 정신으로 사회와 인간의 변화에 대응함으로써 영원한 근본 원리를 표현하는 종교의 방식도 계속 발전하여야 할 것이다. 과학과 종교는 만남과 갈등을 두려워하지 말고 상호 존중함으로써 지금의 사회변화에 이바지 할 수 있다.

첨단 과학이 사회의 핵심에 위치하여 그 방향을 좌우하는 '과학기술중심사회'의 특징적 현상이 나타난 20세기 이후에 이르러 과학은 정치, 경제, 언론, 대중 등과 밀접한 관계를 맺게 되었다. 과학이 실험실과 과학계의 테두리에 머물수록 그 반향은 초라하며, 반면에 사회의 다양한 측면과 상호연관을 맺을수록 그 영향력은 커진다.

현대 과학은 '사회적 네트워크'의 중심에 자리 잡게 되었고, 사회를 움직이는 엔진으로 작용하게 되었다. 하지만 그런 이유로 더 균형이 필요하게 되었다. 새로운 관계망에 대한 인문사회학적 인식은 과학학이라는 새로운 분야를 만들어 냈고, 과학의 자율성 신화에 대한 지식인들의 비판적인 공격은 낙관적인 고립주의를 벗어나 '두 문화' 간의 갈등을 극복하려는 자발적인 현실 참여로 변화하고 있다.

과학적인 논의는 무의미한 '과학적' 문제가 아니라 결국은 인간에 대한 해석이다. 자연 세계의 관계들이 해석되는 방식, 즉 과학이 묘사하는 실재라는 것이 사실은 문화적 축조물이며, 그 자체가 이념을 담고 있다는 사실이 밝혀지고 있다. 과학이 전문화될수록, 그리고 영향력이 더 커질수록 우리 모두에게 절실하게 필요한 것은 역설적이게도 총체성을 갖는 학문이다. 종교와 과학은 인간에 대한 해석으로서 일정한 지식 체계를 갖추고 규범성을 확립하여 왔다. 체계와 구조를 통해 사회의 판단기준이 됨에 따라 규범성을 획득했고 이를 통해 사회에 일정한 권력을 행사하기 시작했다. 이와 같은 종교와 과학의 구조와 체계는 '제도화'를 통해 그 위치를 더욱 더 공고히 하고 있다.

제도로서의 종교와 과학은 사회적으로 갈등 관계에 있다. 현대 사회에 있어서 구제도로서의 종교와 신제도로서의 과학은 '일정 한도에서 제도적 충돌' 상태에 놓여 있는 것이다. 사회적 관습의 총체로서 제도는 그 자체로 사람들의 사고의 집합체이지만 한 번 형성되면 사람들의 사고를 거꾸로 지배하게 된다. 제도로서의 종교와 과학의 본질에 대해 생각하는 이유는 우리의 사고를 지배하는 종교와 과학이 제도로서 우리의 인식 체계에 절대적인 영향을 미치는 것이 아닌가 하는 점 때문이다. 종교와 과학의 본질에 대한 접근을 가로막는 이면에는 제도화된 종교와 과학이라는 형태가 남아 있기 때문이다. 해석의 자유와 여지를 거의 남기지 않는 경직된 체계로 들어간 종교와 제도는 서로 평행선을 달릴 수밖에 없다.

과학기술 시대 종교의 가치

21세기 들어 인간은 과학기술을 통해 신의 영역에 도전하고 있다. 〈사피엔스〉의 저자 유발 하라리는 오늘날 인류가 직면한 주요 쟁점은 인간을 신으로 업그레이드할 것이냐의 문제라고 보고 있다. 현재 기술 발전을 감안하면, 인간이 자신을 어떤 우월한 종의 존재로 업그레이드하려 들 것은 불가피해 보인다. 우리는 우리 자신을 신처럼 바꾸려고 하고 있다.

과학기술의 발달로 인간은 그전까지 전통적으로 '신적인' 능력이라고 생각돼온 능력을 얻게 될 것으로 전망된다. 앞 장에서 살핀 바와 같이 인간은 아마도 조만간 생명체를 자의에 따라 설계하고 만드는가 하면(합성생물학과 시스템 생물학의 발전 등), 자기 마음속에서 직접 가상의 현실로 옮겨 다니고(초연결사회의 도래), 수명을 극적으로 늘리며(바이오헬스케어 시대의 도래), 자기가 바라는 대로 몸과 정신을 바꿀 수 있게 될 것이다(인공지능을 통한 사이보그화).

유발 하라리는 "그동안 역사를 통틀어 수많은 경제적, 사회적, 정치적 혁명이 있었지만 그래도 인간성(humanity)만큼은 불변이었다. 하지만 수십년 안에 인류 역사상 처음으로 인간성 자체가 급격한 혁명(radical revolution)을 겪게 될 것이다."라고 전망했다. 우리 사회와 경제뿐만 아니라 우리 신체와 정신도 유전 공학과 나노기술, 뇌-컴퓨터 인터페이스 기술에 의해 변형될 것이란 예측이 가능하다. 이것은 엄청나게 새로운 기회와 더불어 경악할 만한 새로운 위험을 낳게 될 것이다.

과학이 고도로 발달하여 이를 우리가 통제할 수 없는 수준이 되면 과학이 주는 편리함과 안락함은 우리에게 재앙이 될 수 있다. 인간은 편리함과 안락함, 물질적 풍요만을 추구하지 않는다. 그래서 인간의 실존이란 것이 더 복잡하고 해결하기 어려운 것이다. 존재의 불안과 인간의 가치에 대한 근본적인 질문에 대해 답해 왔던 종교의 역할과 기능이 더욱 더 중요해지는 시대가 될 것이다. 현실과 과학에서 얻을 수 없는 종교적 진리에 대한 갈구가 더욱 더 증가할 수 있다.

●●● 과학기술시대 종교의 역할

인간이 과학을 통해 추구하는 가치는 무엇일까? 그것은 아마도 자연과 사물에 대한 인간의 이해를 확장하고 인간을 둘러싼 만물을 주관하기 위한 것이다. 그러나 오늘날까지의 과학이 주목한 분야는 물질적인 영역이었기 때문에 물질적인 생활의 개선에만 주력해 왔다. 그 때문에 유감스럽게도 과학자들의 간절한 염원과 열성적인 노력에도 불구하고 인류는 아직도 불안과 혼란 속에서 헤어나지 못하고 있다. 여기서 부득이 과학자들은 인류의 진정한 행복과 복지를 위해서, 그리고 그동안 이룩해 놓은 그 고귀한 노력의 성과를 지키기 위해서라고 종교가 추가해 온 정신적 가치의 개혁에 참여해야 할 당위성이 있다. 여기서 정신적 가치의 개혁은 새로운 가치관을 확립함으로써 보다 나은 도덕적 사회를 건설하는 것이다.

오늘날까지 인간은 눈부신 과학적 발전을 이뤄 놓음으로써 창조적 생활면에서 신을 닮아가고 있다고 할 수 있다. 하지만 신의 창조가 사랑에 기인한 것이라면 사랑의 생활면에서는 아직도 신을 닮지 못하였다고 볼 수 있다. 그 때문에 슬픔과 고통, 불행이 계속되고 있는지도 모른다.

양자물리학은 물질의 바탕이 에너지라는 것을 확신하나 우리들은 아직도 그 에너지의 근원을 알지 못하며, 그 이전의 존재단계가 무엇인지 모르고 있다. 또 에너지가 왜, 어떻게 해서 그 이전의 단계에서 존재의 단계로 융합하는지도 모른다. 왜 다양한 분자가 존재하게 되었을까? 왜 분자는 양이온(+)과 음이온(−)의 독특한 패턴을 가지고 있는가 하는 등의 많은 문제에도 명백하게 대답할 수 없다. 분자생물학은 생명의 본질이 DNA정보에 포함되어 있다고 주장하나 거기에도 중대한 문제가 남아 있다. DNA정보를 구성하는 4개의 구성단위는 어떻게 해서 그 정보를 얻게 되었을까 하는 점은 여전히 알 수가 없다.

과학이 진리를 추구하는 속에서 놀라운 정도의 발전을 이루었는데도 불구하고 이와 같이 아직 풀리지 않고 있는 과학 자체에 많은 문제를 가지고 있다는 사실이 의미하는 바는 무엇일까? 이들 남겨진 과학적 문제는 오늘날 자연과학의 영역 밖에 있는 것으로 생각할 수밖에 없을 것이다.

과학기술의 발전의 공적에도 불구하고 오늘날의 과학기술은 중대한 결점과 한계를 지니고 있다. 과학은 한편으로 전 지구적 자연파괴, 자원고갈, 비인간화, 원자핵무기의 축적을 가지고 온 것이다. 즉, 인류의 행복을 목적으로 시작한 과학은 그 발전과 더불어 공포와 불안감까지도 가져온 게 지금의 현실이다. 지금의 불안과 공포의 이유는 과학의 중립성을 고수해서 목적이나 가치에 관한 고려를 하지 않았기 때문이다.

인간의 행복을 위해서 발전해 온 과학이 오늘날 인간생활에 장애와 피해, 불안과 공포도 가져왔다. 이러한 피해에서 벗어나는 방법으로 진정한 종교적 가치관(사랑을 중심으로 한 신과 인간의 관계 정립)을 중심으로 과학을 발전시키는 방안을 제안해 본다. 신이 인간과 자연, 우주를 창조했다면 창조주인 신은 사랑의 심정으로 모든 만물을 창조했을 것이다. 그러한 창조의 가치를 과학이 받아들일 때 인류가 추구하는 과학기술은 올바른 방향으로 인류의 행복을 위해 봉사할 것이다.

15장

\+

과학기술지배 사회에서 인간의 가치와 인문학

제4차 산업혁명의 도래와 인문학의 재발견

인류 역사의 흐름을 살펴보면 초기 단계에서는 국가 체계를 만들고 법과 원칙에 의한 국가 운영을 위해 법학이나 정치학을 전공한 사람들이 국가 지도자의 자리를 주로 차지했다. 이후 경제 규모가 커지면서 중진국에 진입하면 경제 활성화에 필요한 경제학, 경영학, 신문방송학 등 전공자들이 국가 리더군을 형성한다. 이어서 선진국 대열에 들어서면 더 이상 선진국 카피 모델만으로는 국가 경쟁력을 유지하기가 불가능해진다. 이 때문에 창의 사고와 혁신 아이디어 창출에 바탕이 될 수 있는 철학, 심리학, 역사, 문학, 미학 등을 전공한 사람들이 두각을 나타내게 된다. 제4차 산업혁명이 도래하는 지금, 과학기술과 사회의 변화가 급속하게 맞물려 돌아가는 지금의 대한민국은 어떤 가치관과 사고가 필요할까?

최근 들어 인문학이 많은 사람들의 관심을 받고 있다. 어쩌면 지금의 한국 사회는 인문학을 중심으로 한 인간 정신의 산물에 대한 깊은 이해가 없이는 사회 발전이 힘든 시점에 온 것인지도 모른다. 인간 정신의 산물로서 고전은 새로운 가치를 우리에게 제공한다. 이유는 명백하다. 고전은 역사의 선택을 받은 인간들의 정신 산물이자 특정 시대나 특정 문제를 넘어선 본질의 지혜이기 때문이다. 수백년에서 더 멀게는 수천년을 지나는 동안 역사를 살아간 천재들의 지식, 철학 의식, 영적 각성의 기록이 그곳에 농축돼 있다. 기계를 만든 인간이 기계에 장악당할 수 있는 현 시점에서 인류가 배출한 천재들은 우리에게 어떤 기계문명 앞에 서더라도 안도감을 준다.

기술 차별점이 기업의 가치를 제공하던 시대는 끝나가고 있다. 기술 격차가 점차 좁혀질 것이기 때문이다. 그 대신 변별력 없는 기계문명 기술들을 어떤 가치로 재탄생시킬 것인가가 곧 미래 기업의 가치가 될 것이다. 우리 시대의 혁신 아이콘인 스티브 잡스는 "대학 시절에 수많은 동양 고전철학을 접했다. 이를 통해 새롭게 생각하는 법을 배웠고, 애플이 창의 제품을 만든 비결은 항상 기술과 인문학 교차점에 있고자 했기 때문"이라고 말했다. 제4차 산업혁명을 주도하고 있는 페이스북, 구글, 아마존 등 글로벌 기업 경영진 또한 고전을 통한 '인문학적 발상'이 자신들의 성장에 중대한 역할을 했다고 말한다.

인간이 인공지능(AI), 로봇과 경쟁해야 하는 제4차 산업혁명이 시작되고 있다. 기계를 이길 수 있는 것은 집약된 정보의 검색이나 분석을 뛰어넘는, 파괴력 강한 상상력과 직관력을 발휘하는 영적 능력이 있는 사람들이다. 이를 위해서는 사고하는 교육 시스템이 정착돼야 하고, 시나리오 없는 생생한 토론 문화가 정착돼야 할 것이다. 인간을 능가하는 스마트한 기계를 통제하기 위해선 알고리즘화할 수 없는 영역으로 인간의 사고력이 진화해야 한다. 결국 그런 사고력을 갖춘 사람이 많은 나라가 미래 주도권을 거머쥘 것이다.

자신의 생각을 말하길 두려워하고, 두려움 앞에 패기와 열정을 잃어 가고, 그래서 더 이상 치열하게 사고하지 않는 그런 사람이 많은 대한민국의 미래는 어떤 모습일까. 우리가 아무리 인문학 책을 쌓아 놓고 읽어 내려간다 해도 즐비한 지식의 쇼윈도 앞에 자신만의 독창 사고력으로 이 모든 지식을 융합시키지 못한다면 지금의 인문학 열풍은 또 하나의 껍데기가 될 것이다.

제4차 산업혁명의 주도권을 거머쥐기 위한 확실한 방법은 불확실한 미래를 예측해서 주도할 무언가를 상상하고 실현하기 위해 수백년을 관통한 지혜의 통찰을 우리 DNA에 내재화하는 것이다.

4차 산업혁명을 준비해야 하는 우리가 치열하게 인문 고전과 씨름해야 하는 이유가 여기에 있다.

인문학의 의미

인문학은 흔히 인간의 사상과 문화에 대해 탐구하는 학문으로 알려져 있다. 인문학의 경계에 대한 정확한 정의는 학자마다 의견이 분분하지만 다음의 분과 학문으로 나눠는 것이 일반적인 분류이다. 역사, 철학, 신학, 문학, 언어학 등이 인문학의 주요 분야이며 유래는 인류가 글로 기록을 남기 시작할 때부터니 기원전 3000년 경 메소포타미아 문명의 설형문자로 남겨진 최초의 기록인 길가메쉬 서사시부터 이어져왔다 본다면 크게 어긋남이 없을 것이다.

인문학은 후마니타스(humanitas : humanity 또는 humaneness)라고 하는데 정치, 경제, 역사, 학예 등 인간과 인류문화에 관한 정신과학을 통틀어 이르는 말이다. 인간과 인간의 문화에 관심을 갖거나 인간의 가치와 인간만이 지닌 자기표현 능력을 바르게 이해하기 위한 과학적인 연구 방법에 관심을 갖는 학문 분야라고 말 할 수 있다. 위키백과에 정의된 인문학의 사전적 개념은 "인간의 조건에 관해 탐구하는 학문. 자연 과학과 사회 경험적인 접근을 주로 사용하는 것과는 달리, 분석적이고 비판적이며 사변적인 방법을 폭넓게 사용한다. 철학과 문학, 역사학, 고고학, 언어학, 종교학, 여성학, 미학, 예술, 음악, 신학 등이 있으며, 크게 문 · 사 · 철(문학, 역사, 철학)로 요약 된다."고 쓰여 있다.

간략하게 정의하면 인문학의 원천적 바탕은 인간의 삶을 기록한 역사, 인간의 생각을 정리한 철학, 그리고 인간의 정서와 사고와 모든 것을 이야기하는 문학의 3가지로 대별할 수 있다. 인문학을 담고 있는 3개의 그릇은 역사, 철학, 문학인 것이다. 보통 문사철(文史哲)이란 개념으로 통칭하는 이들 3개의 분야는 인간과 인간, 인간과 사회, 인간과 자연, 인간과 우주의 관계를 가장 잘 보여주는 거울이기 때문이다. 위키백과에 보면 인문학적 관점의 역사에 대해 "역사는 체계적으로 집적한 과거라 불리는 어떤 것에 대한 정보의 재창조이다. 일종의 학문 분야 이름으로 사용할 때, 역사학은 인간과 사회, 제도 그리고 시간의 흐름에 따라 변해 왔다 여겨지는 어떤 주제에 관한 연구와 해석, 재창조를 가리킨다. 역사에 대한 지식은 때로는, 지난 사건들에 대한 지식과 역사적 사고 기술의 두 가지 모두를 망라 한다."고 설명한다. 인간은 시간과 공간에 예속된 유한한 존재이다. 다양한 삶의 유형들이 과거의 시공속에 숨쉬고 있다. 인간 이해의 첫걸음은 오늘의 나를 이어주는 과거의 사람들이며 과거와 현재의 사람을 이어주는 끈은 역사이다. 따라서 인간이해의 가장 중요한 도구는 역사가 될 수밖에 없다.

그렇다면 인문학적 관점의 철학은 어떻게 정의할 수 있을까? 철학은 고대 그리스에서 지혜에 대한 사랑을 의미했다. 인간이 세상을 이해할 수 있는 것은 이성에 이르는 지혜가 있기 때문이다. 소크라테스는 사회적, 제도적 현실은 유한하지만, 지혜를 통해 이룬 이성은 영원하다며 독배를 들고 죽음에 이르면서도 웃을 수 있었다. 철학은 인간과 자연과 사회와 우주에 대한 끊임없는 질문이고 사색이다. 인간은 육체를 지닌 감성적 존재로 역사라는 삶의 흔적을 남기지만, 다른 한편으로는 사색의 결과물을 후손들에게 남겨준다. 이것이 철학이다. 따라서 철학은 인간이해의 가장 중요한 바탕이 된다.

문학은 삶과 사색을 언어와 문자로 표현하는 도구라 할 수 있다. 인류는 자신들의 행위와 정신적 결과물을 후손에게 남겨주고자 했다. 구석기 시대의 암각화, 신석기 시대의 토기문자, 청동기 시대의 갑골문은 소리를 그림형태로 저장하여 후손에게 전달하고자 하였으며, 신화나 전설, 민담 등의 구전문학으로 민족 집단, 또는 자신들의 감정이나 경험 등을 전하였다. 이처럼 문학은 인간만이 할 수 있는 가장 중요한 인문적 행위라 할 수 있다.

●●● 인문학의 본질

인문학이란 공부이며 도구이다. 공부란 단어의 어원은 쿵푸(功

夫)이며 단지 학문을 배운다는 의미만이 아니라 수련을 거쳐 현 단계에서 발전하는 것을 가리킨다. 발전을 위해서 인문학을 도구로 활용하는 것이다. 인문학으로 지혜의 영역인 지경(知境)을 넓힐 수 있다. 인문학은 인간의 발전의 욕구가 표현된 실체이며 발전을 향한 희구이다. 우리들은 모두 꿈을 가지고 있고 꿈의 종류는 많아 보이지만 모든 꿈은 하나의 목적에서 동일하다. 더 발전하려는 욕구, 힘을 향한 추구가 꿈의 목적이다.

세상과 인간, 현상과 관계의 원리를 다루는 인문학은 인간이 세상에서 추구하려는 가치의 본질과 그 방향에 대한 핵심적인 요소이다. 지적 유희를 즐기는 학자들에 한정된 성(城)이 아니라 보통의 평범한 인간들도 추구해야 할 길인 것이다. 인문학을 공부한다는 것은 두 가지를 가리킨다.

인문학은 문제의식이다. '왜?'라고 묻는 일이다. 작가는 끊임없이 독자에게 묻는다. 그 물음이 한 편의 시며 소설이며 철학서이다. 다양한 물음들의 역학적 관계를 생각하게 하고 그 그물망 속을 종횡무진 누볐던 위대한 저자들과의 만남을 주선하는 시간이 인문학적인 삶의 씨줄이며 날줄이다.

인문학은 해답이다. 그러나 그 해답은 누구에게나 통하는 답은 아니다. 인문학은 혼돈이다. 우주의 질서를 보여주기 위한 것이 아니라, 우주의 무질서에 동참시키는 것이 인문학이다. 무질서를 체험하지 않고는 그 어떤 질서도 참되게 만들어지지 않기 때문이다. 참된 질서는 사랑을 포함하고 있다. 그것은 무질서의 고민과 무질서의 헛됨과 무질서의 좌충우돌과 무질서의 미움까지도 포용한 후에나 가능한 일이다.

인문학은 짧은 시간에 정신의 외양을 바꾸어 놓는 장식품이 아니다. 오히려 인문학은 손쉬운 정답 기계가 아니라 불편한 '질문'이다. 인문학은 인간과 세계에 대해 당연하다고 생각하는 모든 것을 근저에서 의심한다. 당연한 것은 없다. 인문학은 '공리(公理 · axiom)'를 의심하므로 그것을 철석같이 믿는 사람들에게는 일종의 '삐딱하게 보기'처럼 느껴질 수도 있다. 대충 봐서 보이지 않는 것이 삐딱하게 파고들 때는 보인다. 세상을 삐딱하게 보기 시작하면 그때부터 '혼란'이 시작된다. 무비판적으로 믿어왔던 세계가 와르르 무너지기 때문이다.

확실하지 못한 모든 것은 질문과 회의의 대상이 돼야 한다. 질문을 억압하는 사회는 무언가를 숨기고 있는 사회이며, 수많은 질문을 다 견뎌낸 명제야말로 우리가 유일하게 믿을 만한 것이다. 이렇듯 인문학은 값싼 치유를 주는 것이 아니라 질문 부재의 안온한 삶을 뒤흔드는 것이다. 질문을 거부하는 사회에 인문학은 최대의 적이며 불편한 대상이다. 인문학은 시스템의 뿌리까지 파고들어 "왜?"라는 질문을 끊임없이 던지기 때문이다.

과학기술이 발달하면서 인문학이 추구하는 본질에 대한 다양한 방법론이 결합할 수 있게 되었다. 인문학을 '인간에 대한 탐구'로 정의한다면 기존의 문학, 역사, 철학과 함께 경제학, 생물학, 법학, 물리학 등의 다양한 분야의 연구 방법론이 결합할 수 있는 가능성이 확장되고 있는 것이다. 이러한 흐름은 '미래의 인문학'이 어떻게 발전할 것인지에 대한 해답이기도 하다. 기존의 학문적인 것과 함께 '어떻게 그것을 감각적으로 표현할 수 있는가'의 문제가 결합되어 가고 있다.

기존의 문자와 함께 이미지, 동영상, 과학기술과 결합한 다양한 예술적 표현 방법이 다채롭게 결합할 수 있게 된 것이다. 인문학의 본질은 '인간에 대한 탐구이자 질문'이며 '인간이 무엇이고 어떻게 살아야 하는가'에 대한 답을 찾는 과정이기도 하다. 미래의 인문학은 학문간의 경계가 허물어지고 다양한 학문을 통해 인간과 세계에 대한 궁금증을 조금씩 풀어가는 과정이 될 것이다. 디지털 인문학, 네트워크 인문학, 빅데이터 인문학 등 인문학의 새로운 흐름이 펼쳐지고 있으며 그러한 흐름은 더욱 더 확장될 것이다. 인간과 세계에 대해 탐구할 수단이 다양해진 시대에 인문학은 새로운 모습으로 또 다시 변화할 것이다.

과학주의의 대두와 한계

우리가 살아가고 있는 현대는 과학중심의 사회이다. 그래서 우리는 어떤 사건이나 현상의 근본적인 문제에 대한 해결을 우선적으로 과학에서 찾는다. 그 이유는 기술을 동반한 현대 과학이 제시하는 설명이나 해결이 여타의 대안들 보다 신뢰성을 준다는 믿음에서이다. 더욱이 과학기술이 제공하는 현상에 대한 설명과 해결은 그 동안 인문학에서 다루었던 이해나 해석적 방식과는 달리 사실적 증거에 의존하기 때문에 현대를 과학기술중심시대로 이끄는 강한 동기가 되었다.

지난 200년 간 과학이 우리에게 보여준 빛나는 성과와 힘은 과학에게 미래의 모든 희망을 걸기에 충분하였다. 그렇지만 우리는 미래에 대해 과학의 계속적인 발전에 기대면서도 그것에 따른 우려와 근심이 가중되는 상반된 경향을 동시에 보인다. 과학과 인문학의 속성과 지향하는 바가 서로 다르다는 것이 우리의 일반적 견해이다. 자연과학을 위시로 한 과학적 방법의 특징이 사실 지향성, 연구대상의 일반화와 보편화, 그리고 법칙 정립과 비역사성에 있다고 한다면 인문학은 가치 지향적이고 연구대상의 구체화와 내용화, 그리고 개성적 기술과 역사성을 그 특징으로 하고 있다. 그러나 과학의 놀라운 결과에 힘입어 인문학 및 여타의 학문을 과학으로 내제하려는 시도가 등장하게 되었는데, 그것이 바로 과학에 대한 무한한 신뢰감을 절대적인 수준으로까지 진행시키는 과학주의(Scientism)이다.

과학주의란 무엇인가? 브리태니커 사전에 의하면 과학주의란 자연과학의 방법이 철학, 인문학 사회과학을 포함한 모든 연구 분야에 적용되어야 하며 그것이 지식의 추구에서 유일한 효과적인 방법이라고 간주하는 견해라고 말하고 있다. 또한 라이더(M. Ryder)는 〈과학기술과 윤리학 백과사전〉에서 과학주의를 자연과학의 방법의 효과가 연구의 모든 영역(철학, 사회과학, 그리고 인문학)에 적용 된다는 과장된 신념이라고 정의하고 있다.[159] 이렇게 사전들에 등장하는 과학주의 모습도 과학에 대한 우리의 상반된 경향(기대와 우려)을 그대로 반영하고 있다. 즉 과학에 대한 철저한 믿음과 더불어서, 그것이 지닌 과장이나 여타 학문에 대한 경멸 등을 경고하고 있다. 결국 과학주의는 과학에 대한 일종의 과장된 옹호로 과학에 의해 만들어진 어떤 주장을 권위로 수용하는 지나친 준비이며 과학에 대한 비판이나 반과학적 선입견을 해산시키는 것이다.[160]

과학주의는 여러 가지 변형들이 존재한다. 이런 변형들은 크게 두 가지로 정리될 수 있는데 그 하나는 과학이 세계에 대한 지식의 획득과정에서 우월성을 지닌다는 관점에서 인식적 과학주의(Epistemic Scientism)이다. 또 다른 하나는 그 동안의 과학적 성공에 기대어 자연과학의 방법론을 여타의 학문의 것보다 강조하는 방법론적 과학주의(Methodological Scientism)이다. 전자의 요점은 세계에 대한 지식에 있어 과학은 독점 또는 우월한 지위와 권한을 가진다는 것이라면 후자의 요지는 자연과학 방법 혹은 과학의 방법이 여타의 학문 또는 인간의 모든 지적 탐구에 확대 적용될 필요가 있다는 것이다. 물론 이러한 과학주의 변형들이 철학에 막대한 영향을 미친 것도 사실이다. 철학사적으로 과학이 종교와 형이상학을 중심으로 한 신화적 사고와는 구분되며 실증적인 세계 인식을 줄 수 있다고 주장한 콩트(A. Comte)의 실증주의나 프랑스 계몽주의와 칸트(I. Kant)의 관념론 역시 근대의 과학혁명을 그 기반으로 하고 있다. 더욱이 현대판 과학주의라고 할 수 있는 논리경험주의도 20세기 전반에 등장한 현대 물리학의 획기적인 성공과 연계하면서 등장한 것은 잘 알려진 사실이다.

현대에 있어 인문학과 과학의 관계는 과거와는 매우 다르다. 특히 현대 인문학 지식인들은 과학을 전척으로 배척하거나 냉대하지 않는다. 그리고 인문학이 과학기술적 변화에 둔감하거나 무조건적으로 거부하는 입장만을 고수하지 않는다. 인문학 문화에 속한 지식인들이 과학을 전혀 이해하기 못하거나 무지한 지식인으로 과학자들을 대하지 않는다. 오히려 그들은 과학문화를 누리며 살고 있고 과학적 지식에 오히려 민감하다고 해도 과언이 아니다.

그리고 과학을 대상으로 하는 인문학(과학학 또는 과학사회학, 메타 과학)의 등장은 이러한 인문학의 변화를 말해준다. 또한 과학자들 역시 이전 시대와는 다른 모습을 보인다. 호킹(S. Hawking), 굴드(S.J. Gould), 윌슨(E.O. Wilson), 도킨스(R. Dawkins)과 같은 대중적으로 알려진 과학자들은 인문학 문화에 속한 지식인들에게는 물론이거니와 일반 대중 독자들에게 직접적으로 말을 건네고 있다. 더구나 과학은 과학 스스로에게 한계를 지우고 있는 특징을 보여준다.

예를 들어 특수상대성 이론은 속도에, 양자역학은 미시영역의 확실성에, 카오스 이론은 예측가능성에, 괴델 불완전성의 정리는 완전한 수학적 기술에, 그리고 진화생물학은 우리의 존재 이유에 대해 극복할 수 없는 한계가 있음을 인정하고 있다. 따라서 과거 종교가 그랬던 것과는 달리 신화화된 과학주의는 현재 과학의 참 모습은 아닌 것이다.

오히려 생활세계에서 과학보다는 기술이 더 큰 비중을 차지해 나가고 있다. 특히 지금의 과학은 기술을 동반한 과학이기보다는 기술에 의존하는 과학이다. 과거 근대과학이 우리의 세계관을 변화시키고 삶의 방식과 사유의 방식으로 다가올 때 철학을 비롯한 인문학은 자기 정체성에 대한 더 깊은 반성이 이루어졌다. 또한 과학 역시 인문학적 반성에 의한 세계 창조 문화를 받아드리는 모습도 보여주었다.

철학을 비롯한 인문학과 과학은 자기의 정체성을 반성해야할 시대적 과제를 다시 맞이하게 되었다. 과학과 인문학은 인간이 세계를 바라보는 두 길이다. 그 길은 가끔 교차한다. 하지만 중요한 것은 과학이건 인문학이건 간에 결국 인간이 하는 일 일이란 점이다.

과학에 대한 철학적 · 사회학적 접근

● ● ● 과학철학의 발전

사회철학, 종교철학, 언어철학, 정치철학과 같이 과학철학도 철학의 한 분과로서 다루어진다. 이러한 분과철학의 내용은 이미 고대 희랍철학에서부터 이야기되어 왔으나 독립된 분과철학으로서 이름 붙여진 것은 최근의 일이다. 그 각 분과철학은 대상을 달리하고 있으나 그렇다고 독립된 방법론을 갖는다는 것은 아니다. 과학철학은 서양철학의 거의 모든 문제 속에 반영되고 있으며, 다른 분과철학에 방법론을 제공하는 위치에 서있다.

20세기에 주요한 성과를 창출했던 학문 영역들 가운데 자연과학과 인문학의 융 · 복합적 성격을 지닌 분야 중 하나가 과학철학(Philosophy of Science)이라 할 수 있다. '과학철학'이란 과학에 관한 철학이다. 여기서 '과학'이란 학문을 주제의 일반성에 따라 철학과, 특수학문들로 분류했을 때 특수학문 전반을 가리킨다. 그리고 철학이란 가장 일반적 수준의 학문 분야로서 인간, 세계 그리고 인간의 지적, 도덕적, 사회적, 예술적, 종교적 행위 등에 관한 근원적인 신념들에 대한 진리 탐구를 목표로 하는 비판적이고 논리적인 반성 결과들의 체계이다. 따라서 과학철학이란 특수학문들 전반 또는 그 특수학문 종사자들의 정당화된 진리 체계화 행위에 대한 비판적인 반성 결과들의 체계라 할 수 있다.

20 세기에 들어와 자연과학의 급속한 발전으로 말미암아 세밀하게 전문화되면서 과학과 철학은 분리되기 시작하였다. 그리고 철학의 인식론과 존재론이 과학의 법칙과 현상들을 제대로 설명해 주지 못하는 결과를 낳았다. 예를 들어, 기존의 과학방법론 형성의 근거인 합리적 이성은 과학의 자연학적 현상들과 과학탐구의 사회학적 변이구조들을 제대로 설명할 수 없다는 점이다. 과학탐구는 분과과학의 이론 내적인 기준을 통해서만 보려는 합리주의에서 벗어나, 이론 외적인 기준들 즉 과학자 개인의 심리적 취향, 과학자 집단 공동의 보수성과 이해관계 등이 과학이론 형성에 영향을 미칠 수 있다고 보는 반합리적 과학철학도 크게 대두되었다.

한 이론이 다른 이론으로 전이될 때 그 전이기준이 합리적인가 아니면 종교 개종과 같이 주관적이고 심리적인 변화인가를 이야기하는 소위 역사주의적 관점이 쿤(T.Kuhn)에 의해서 제시되었다. 쿤의 과학철학은 이제 철학에서보다는 사회과학에서 더 많이 논의될 정도로 확산되었다.

쿤의 과학혁명은 대립되는 과학이론 사이에서 이론 내적인 합리성의 잣대가 아닌 오히려 과학자 집단의 이해관계나 사회적 분위기 등과 같이 비합리적 요소에 의해 기존의 과학이론이 전복되는 현상을 말하고 있다. 과거의 것과 새로운 과학은 혁명적 전이를 일으킨 것이기 때문에 그들 사이에 공통된 언어의 교량이 없으며 따라서 서로 간에 언어적 교통을 할 수 없다. 결국 쿤의 과학철학은 기존의 합리적 정당화주의자들이 볼 때 완전히 비합리적 기준으로 과학이론의 전이가 이루어진다. 이러한 이론을 패러다임 전이(paradigm shift)라고 말한다.

이러한 전이는 연속적으로 그리고 누적적으로 생기는 것이 아니라 갑자기 그리고 단속적으로 일어난다. 앞선 두 가지 방향을 크게 보아서 검증주의나 반증주의와 같은 정당화주의(Justification)라고 불리는 합리주의 노선의 과학철학과 역사주의라고 불리는 반합리주의 노선의 과학철학으로 나눈다. 이러한 과학철학은 합리주의이건 반합리주의이건, 기본적으로는 영미계통에서 많이 논의되는 과학의 방법론에 대한 철학적 논거이다.

과학철학이란 과학에 대한 감정적인 비난이나 무조건적인 회의가 아닌 과학이라는 주제에 대한 진리들을 발견하고자 하는 목표를 지닌 비판적이고 이성에 의한 반성, 즉 깊은 논리적 사고의 결과로 얻은 진리들을 체계화한 것이다. 여기서 과학에 대한 진리들의 발견을 결과하는 비판적 반성이란 과학에 대한 철학함을 의미한다. 그리고 과학에 대해서 철학한다는 것은 과학의 일반적이고 근원적인 신념들의 정당화에 논리적 분석과 그 신념들을 구성하는 데 사용하는 기초개념들에 대한 분석을 의미한다. 결론적으로 과학철학이란 과학의 일반적이고 근원적인 신념들의 정당화에 대한 논리적 분석과 그 신념들을 구성하는 것들의 일부인 기초개념들의 명료화 작업 뒤에 얻어진 옳은 명제들의 체계라 할 수 있다.

●●● 과학에 대한 사회학적 접근

현대 사회에서 과학기술이 차지하는 비중과 역할이 압도적으로 커짐에 따라 20세기 들어와 과학기술에 대한 사회학적 분석이 점차 중요해지기 시작했다. 과학에 대한 최초의 체계적인 사회학적 연구는 미국에서 1930년대부터 로버트 머튼(Robert Merrton)의 해 수행되었다.[161] 머튼 이후 미국의 과학사회학은 주로 과학의 규범구조와 제도에 대한 연구를 수행해왔다. 한편으로 1970년대부터 영국과 유럽을 중심으로 과학의 규범이나 제도가 아니라 과학지식의 내용 자체를 사회학적으로 연구하는 새로운 연구흐름이 생겨났다. 흔히 '사회적 구성주의(social constructivism)'라고 불리는 새로운 과학기술사회학의 흐름이 생겨났다.

이 흐름은 기본적으로 가장 엄격하고 중립적이며 객관적이라고 알려진 과학지식도 여타의 지식과 마찬가지로 사회적으로 구성된다고 주장하는 점에서 과학지식을 상대화시킨다. 그 결과, 과학기술이 점점 더 중요해지고 있는 현대 과학기술사회에서 진리에 대한 독점적 우선권을 주장했던 과학기술에 대한 절대적 믿음이나 추종을 비판할 수 있는 유력한 근거를 제시해왔다. 그러나 사회구성주의는 이러한 긍정적인 특징에도 불구하고, 그것이 갖는 지나친 상대주의(relativism)와 반실재론(anti-realism)으로 인해 과학기술을 둘러싼 정치에 대한 실천적 개입을 이론적으로 어렵게 만드는 요소가 있다.

1960년대를 지나 1970년대에 접어들면서 과학철학, 과학사, 과학사회학이 누려온 지적 분업이 막을 내리게 된 결정적인 원인은 영국 과학지식사회학(Sociology of Scientific Knowledge)의 등장이었다. 머턴과 같은 사회학적 접근은 전통적인 기능주의 사회학 이론에 입각해서 과학 발전의 제도 · 사회적 요건을 분석함으로써, 과학철학과 과학사의 '영역마찰'을 사전에 방지했다.

이와 달리 과학지식사회학은 사회학, 철학, 역사학, 인류학 등의 연구결과를 자신의 연구에 접목시킨 학문 간 접근(interdisciplinary approach)을 시도함으로써, 기존의 과학 연구에서 유지되어왔던 깨끗한 지적 분업의 경계를 모호하게 했다. 즉 과학지식사회학자들은 1960년대 말부터 70년대 초에 등장한 후기경험주의적 과학철학, 상대주의적 함의를 가진 인류학적 접근, 역사철학 등을 지식사회학에 접목시키면서 과학지식의 내용 자체에 대한 사회학적 분석을 시도했다. 따라서 이들은 지금까지 금기시된 지적 분업의 경계를 파괴하고, 과학철학자들과 첨예한 영역전쟁을 치르게 된다.

과학사가들 보다 과학철학자들이 과학지식사회학의 침범에 더 민감하게 반응했던 이유는 과학지식사회학자들도 과학철학자들과 마찬가지로 과학에 대한 '일반이론(general theory)'을 추구했기 때문이다. 이 과정에서 과학철학자들은 과학변동과 합의, 그리고 이론 선택을 설명하기 위한 일반이론의 주요 요소로 논리와 경험적 근거, 이론의 문제해결 능력을 강조했다. 반면에, 과학지식사회학자들은 대부분의 철학자들이 사회(또는 집단)와 관계가 없다고 생각한 논리와 경험적 증거 자체도 '사회적 협상'의 결과인 구성물이라고 주장함으로써, 과학지식의 성격에 커다란 논쟁을 불러일으켰다.

인간중심의 과학을 위한 인문학

인문학은 인간의 의미, 현상의 의미, 개인의 삶의 의미, 세계의 의미 등에 대해 다루는 학문이다. 과학기술이 발달하면서 SNS와 같은 새로운 미디어가 등장하면서 인간과 인간, 인간과 자연을 매개하는 미디어는 세계를 바꾸고 인간을 바꾸고 있다. 과학기술과 네트워크, 디지털의 발달은 세계 자체를 변화시키고 있으며 우리의 현실을 재정의 하고 있는 것이다. 과학기술의 발전은 기존의 인문학적 질문에 대해서도 새로운 관점을 제기한다.

'과학기술 발전과 더불어 현실의 본질은 어떻게 달라지는가?'를 묻는 존재론적 차원의 질문부터, '과거의 인간과 과학기술시대를 살아가는 우리는 어떻게 다른가?' 하는 인류학적 질문, '과학기술이 사회를 어떻게 바꾸어 놓을 것인가?'하는 사회이론의 재구성을 제기하는 질문까지 다양한 인문학적 물음이 제기되고 있다. 중세 사회가 세계의 본질에 대해 신의 존재에 대한 질문을 했다면 근대 철학으로 넘어오면서 인간은 세계의 인식에 사용되는 정신과 의식의 본질에 대해 묻기 시작했다. 이것은 세계를 비추는 거울로서의 인간을 다시 돌아보는 것이기도 했다. 20세기가 되면 인식자체가 언어로 구조화되어 있다는 자각을 하면서 언어철학, 기호학 등의 철학이 유행했다. 지금은 과학기술의 발달로 세계가 인간 의식에 주어지거나 언어로 구조화되기보다, 과학기술로 만들어 진다는 의식이 더 강하게 되었다.

지금 우리가 사는 시대는 가상과 현실이 섞여 있다. 가상과 현실의 상상력을 통해 포켓몬고와 같은 재미를 창출하고 이를 통해 산업도 만들어 낸다. 산업혁명이 생산자본주의를 촉발시켰다면 이를 고도화한 소비자본주의를 거쳐 현재는 기호, 놀이, 미적 가치 등을 소비하는 '미적 자본주의(aesthetic capitalism)'사회로 변화하고 있다. 엄청남 가격의 가방을 통해 신분을 과시하는 기호 소비의 사회에서 '예술적 경험'을 중시하는 새로운 소비가 과학기술의 발달과 함께 열리고 있다. 상품과 제품의 생산이 게임화(gamification) 되고 있고 노동 자체도 유희가 되고 있다.

지금 우리 눈앞에 벌어지는 사건들, 이 모든 기술적 발전들, 그것들의 의미를 어떻게 해석할 것이며 거기서 어떤 문제가 제기되는지를 논의하는 것이 과학기술과 연동된 새로운 미래의 인문학이 될 것이다. 세계 속에서 인간의 위치, 그 속에서 살아가는 의미, 삶의 수단이 아닌 '목적' 자체에 대한 물음은 비판적 이성을 가진 인문학의 정신이다. 이와 함께 인문학에 대한 구조적 접근을 통해 공학적 체계를 인문학이 받아들이는 과정도 필요하다. 인문학이 세계의 해석에 머무는 것이 아니라 공학 체계를 받아들여 부분적으로 이 세계를 만드는데도 기여해야 할 것이다.

●●● 인간적 가치관에 기반으로 한 과학

과학이 인간성을 초월할 수는 없다. 과학의 객관성은 인간의 다양성을 거부하는 것이 아니라 자연의 진리를 탐구하고 그 객관성을 존중하는 것이다. 과학이 절대적 진리를 표현하는 지식이란 믿음은 도덕적이지 않고 독단적이다. 인간이 불완전하다는 점을 인정한다면 인간을 통해 인간을 위해 만들어지는 과학지식이 완벽한 지식이 아니라는 점은 당연한 귀결이다. 과학지식을 획득하고 검증하고 이용하는 모든 과정은 모든 단계에서 인간적인 가치와 판단이 작용한다.

인간의 감각기관과 인간이 만든 측정도구를 이용하여 자연을 관찰하는 과정, 수학 등을 통한 과학적 추론, 인간의 직관을 만족시켜야 받아들여지는 과학적 설명체계는 과학활동이 인간적인 활동이자 인간 중심의 활동임을 증명한다. 과학의 목적은 인간의 욕망과 욕구와 분리해서 생각할 수 없으며 과학 이론은 앞서 살펴본 바와 같이 인간의 지적 가치관에 의해 만들어지고 기존 지식체계에 의해 선별된다. 과학의 모든 성취는 인간의 능력과 한계에 결부되어 있는 것이다. 어쩌면 과학의 모든 활동은 인간이 자연을 알아가는 과정으로서 인간이 수행하는 행위이므로 과학적인 것일지도 모른다.

보통 과학 지식은 객관적 사실에 기반을 두었기 때문에 인간의 의견이나 감정과는 무관하다고 느낀다. 그러나 궁극적으로 과학적 사실이란 인간이 의한 관측이기 때문에 인간의 감각기관이 완벽하지 않은 이상 그 관측 자체도 인간적 활동이고 수치를 해석하고 의미를 부여하는 것도 마찬가지라 할 수 있다. 과학이 논리적, 수학적 사고에 의존한다고 해서 과학 활동의 인간적 특성이 희석되지는 않는다. 논리와 수학도 인간이 만들어 낸 것이며 과학에서 사용되는 수학체계의 선택도 다분히 실용적이다. 일정한 개념체계의 선택은 결국 실용의 문제인 것이다.

인간에게는 세상은 보는 '특정한 개념들'이 존재한다. 이 개념은 이해와 설명의 기본이 되는 모든 사고의 기본이다. 이 개념은 절대적 진리나 자연전제의 이해를 말하는 것이 아니다. 이러한 생각은 인식을 기초를 경험에서 얻는 경험론과 선전적인 관념이 이성에서 얻는 합리론을 종합한 칸트의 인식론을 기초로 한다. 과학 이론의 개념도 인간의 사고방식에 맞춰서 개발된 것으로 인간이기 때문에 가지는 고유한 특성이 바탕이 돼서 만들어진 것이다.

과학은 인간의 본성, 능력, 욕망, 목적 등이 모두 반영된 인간적인 학문이며 인간이 가지는 고유한 본성이 과학에 동기와 의미를 부여하는 것이다. 따라서 과학을 하는 과학자와 과학의 혜택을 입는 일반인 모두는 과학이 인간의 한계를 바탕으로 한 학문임을 잊지 말아야 한다. 이를 통해 과학이 오만하게 인간을 지배할 가능성을 제어할 수 있다. 과학 자체는 자연에 대핸 사실을 규명하는 작업이고 그 자체가 진리는 아니다. 우리가 과학 지식을 늘려나갈수록 우리의 무지함도 늘어난다는 점을 자각한다면 좀 더 겸허한 자세를 가질 수 있을 것이다.

과학에 세계에 대한 해석의 권한을 모두 양도했기 때문에 지금의 많은 문제가 발생하고 있다. 과학기술은 산업적 요구에 부응하고 있고 과학기술이 현재에 준 안락함과 편리함이란 쾌락에만 현대인들은 몰두하고 있다. 어쩔 수 없는 인간이 가진 한계를 인식해야 인간의 윤리와 사회적 가치를 고려한 과학 연구를 할 수 있지 않을까. 자연과 인간을 이해하려는 것은 인간의 본성이다. 자연과 인간을 조화롭게 공존하게 할 수 있는 건강한 가치를 가지지 않는다면 인간은 과학기술에 관한 통제권을 스스로 버리고 종속된 삶을 살게 될 것이다.

"우리는 어디서 왔으며 무엇이며 어디로 가는가?"하는 질문에 대해 현실적인 대답을 해야 하는 때가 온 것 같다. 과학기술을 어떻게 사회적으로 수용하고 이를 체계화할 수 있는가에 대한 해답도 결국 위의 질문에 답하는데서 출발해야 한다. 가장 인간적인 능력인 직관과 창의가 무엇보다도 중요해지는 세상이다. 인류사의 모든 혁명적 사건은 정체성의 붕괴가 원인이었다. 지금 우리 앞에 놓여진 많은 문제는 인간의 본질과 정체성의 문제와 직간접적으로 연결되어 있다. 그래서 더 해결이 쉽지 않다. 과학기술시대에 인문학이 각광받고 있는 이유는 미래 우리 사회와 제도를 재설계하는데 '인간성'의 본질에 대한 이해가 전제되어야 하기 때문이다.

에필로그

우리가 교과서에서 배우는 지식들은 대부분 객관적으로 검증되고 오랜 세월 사회적으로 수용된 지식들을 가리킨다. 그러한 지식들은 인간들이 오랜 기간 동안 인간의 본질과 자연의 작동 원리에 대해 알고 싶어 한 것을 어떠한 체계로 정리한 것이다. 고대 그리스의 철학자들에게 지식은 만물을 설명할 수 있는 종합적이고 통합적인 체계였다. 그들은 과학자이자 철학자였고 정치학자이며 기술자이기도 했다. 중세가 지나고 신학과 철학이 분리되고 자연과학이 다시 분리되면서 학문의 분야는 세분화되고 전문화되었다.

우리는 어린 시절부터 개인의 소질과 특성이 정해져 있다는 가설을 세우고 개인의 소질과 적성에 맞을 것 같은 학문분야 혹은 관심분야를 중심으로 이를 사회적으로 뒷받침하는 교육시스템을 만들었다. 저자도 문과와 이과를 나누는 학교 교육시스템에서 문과를 선택했고 그 중에서도 법학을 오랜 기간 공부했다. 어린 시절 과학에 관심을 가지고 과학잡지를 구독하던 소년은 세월이 지나면서 법률서적에 더 익숙해진 성인으로 성장하였다.

성인이 된 대부분의 사람들은 저자와 같이 특정 분야에 대한 전문지식을 갖추고 그와 관련된 분야에 종사하면서 생활하게 된다. 어떤 개인이 다른 분야에 대해 관심을 갖는 것은 취미 생활을 즐기는 경우이거나 언론이나 책 등을 통해 간접적으로 경험하는 경우뿐이다. 어느 시대나 먹고 살기 힘든 개인은 개인의 문제를 해결하는데 온 힘을 쏟는다. 그것은 지극히 자연적인 현상이다. 모든 존재는 개인의 생존이 제일 중요하고 이를 우선시 할 수밖에 없는 것이다. 하지만 21세기를 살아가는 우리는 굉장히 복잡한 사회 환경에 놓이게 되었고 그 변화의 속도는 기하급수적이다. 개인의 생존방정식이 사회의 변화와 함께 더 복잡해지고 있다.

이렇게 빠르게 변화하고 복잡해지는 사회의 원인은 무엇일까? 저자를 비롯한 많은 사람들이 과학기술의 발전을 들고 있다. 인간의 의식이나 제도가 급격하게 변화하기 보다는 과학기술의 발전에 따른 사회 변화가 이러한 인간의 의식이나 제도를 변하게 만들고 있다. 인간의 제도는 '인간 의식의 관습 내지 축적'이다. 인간의 의식이 발전하지 않으면 제도도 변화하지 않는다. 지금 우리 사회는 너무나 천천히 발전하는 인간의 의식과 제도가 너무도 빠르게 발전하는 과학기술과 대립하고 있다. 이러한 상황은 과학기술과 사회의 인지부조화 현상과 유사하다.

과학기술을 인간의 삶을 편리하게 만드는 도구라고 간단히 생각할 수 있다. 과학기술을 도구라고 이해한다면 과학기술은 우리 삶과 사회에 도움을 주는 존재이고 우리는 이를 잘 활용만하면 된다. 못을 박는 망치는 그 용도가 확실하고 간단한 도구이다. 그것이 잘못 쓰일 경우 사람을 해칠 수 있는 흉기로 사용된다는 위험도 알고 있다. 인간은 간단한 도구에 대해서는 이를 완전히 이해하고 악용될 경우의 위험도 잘 알고 있다. 그래서 그 위험에도 불구하고 망치를 사회적으로 금시하자고 주장하는 사람은 없다. 그것은 우리가 이 도구를 사회적으로 명확히 이해하고 이를 사회적으로 잘 통제할 수 있다는 믿음이 있기 때문이다.

20세기 까지만 해도 우리는 과학기술이 대량생산과 대량소비 사회를 위해 그 도구적 역할을 충실히 할 것이며 우리가 이를 잘 활용하고 통제할 수 있다는 믿음을 어느 정도는 가지고 있었다. 그 때는 생명공학 기술이 난치병 치료에 도움이 될 수 있는 도구가 될 수 있다고 생각했다. 인공지능의 발전이 인간을 넘어서리라는 전망을 지금과 같이 진지하게 하지 않았다. 그러나 지금은 합성생물학이나 시스템 생물학의 발전이 생명창조를 가능하게 할 수 있다는 믿음을 가지게 되었다. 또한 인공지능은 이제 사물인터넷 등으로 우리 생활에 파고 들고 있으며 인간과 같은 수준의 '강한 인공지능'도 가능하리라는 주장도 현실성 있게 받아들여지고 있다.

이러한 과학기술의 급속한 발전은 우리 사회가 이를 간단히 수용하기에는 그 내용과 사회에 미치는 파급효과가 예측불가능하다. 우리의 과학기술정책과 관련 입법은 선진국의 과학기술을 따라 잡기 위한 시스템을 구축된 것이었지 이를 사회적 · 주체적으로 수용할 것인지에 대해서는 생각해보지 않았다. 지금까지 우리는 선진국의 과학기술을 따라잡아 왔고 이를 위한 사회적 제도도 남의 옷을 고쳐 입듯이 약간만 수정하여 수용했다. 우리는 과학기술을 한국사회라는 특수한 환경에 독자적으로 수용할 생각을 해보지 못했다. 물론 지금까지는 선진국들이 수립한 사회적 제도를 수입하고 고쳐 쓰면 약간 불편하기는 하지만 우리가 스스로 생각해서 만드는 것보다 시간과 비용을 절약하여 앞을 보고 달릴 수 있었다. 하지만 지금의 과학기술 환경은 선진국도 처음 가보는 새로운 세계이다.

과학기술은 새로운 테크놀러지를 계속 보여주지만 우리가 이것을 어떻게 사용하고 통제할 지에 대해서는 가르쳐주지 않는다. 과거에도 과학기술을 사회적으로 어떻게 수용할 것인지에 대한 고민을 했지만 지금의 과학기술 발전은 그 예측과 수용에서 보다 복잡하고 어려운 측면이 있다. 그것은 인간의 본질에 대해 질문을 던지기 때문이다. 지구의 다른 생명체보다 우위에 서서 이를 지배할 인간의 자격에 대한 질문부터, 인간의 사고와 의식의 본질, 인간의 기원과 본성 등에 대해 근본적인 질문을 던지는 과학기술 발전 환경에 놓여 있는 것이다. 이 책은 이러한 근본적인 질문에 대해 기초적인 대응을 해보자는 생각에서 기획되었다. 또한 기존의 사회제도와 과학기술의 충돌과 조화가능성에 대해 생각해 보고자 했다.

과학과 사회는 지금 분리되어 있다. 과학은 과학 스스로의 세계에 갇혀 발전하고 있고 사회는 그것을 수용하기 위한 준비가 되어 있지 않다. 분리된 과학과 사회를 연결하기 위해 필요한 것이 무엇인지에 대해서는 앞으로도 많은 고민이 필요하다. 세부적인 주제로 들어가면 더 복잡한 문제들이 많고 과학기술과 사회제도의 많은 부분이 앞으로 충돌할 것이다. 과학이 완벽한 지식을 의미하거나 절대적 지식을 표현하지는 않는다. 과학과 사회의 분리된 현실을 연결하는 것은 과학이 인간의 활동임을 인정하는 것에서 출발한다. 과학 활동이 인간을 위한 사회 · 문화적 활동임을 인정하고 과학 지식의 주체와 대상이 인간임을 명심해야 한다.

과학은 불완전한 인간이 이룩한 위대한 성취이다. 따라서 우리가 과학기술에 대해 취해야 할 태도는 비관적 낙관주의이다. 불완전한 인간의 성취에 대해 끊임없이 반성하고 비판하는 태도를 취하고 인간의 미래에 대해서는 긍정적인 태도를 취하는 것이 중요하다. 현재의 과학은 산업자본의 요구에 대응하고 있고 현대인은 과학기술이 준 편리성과 쾌락에만 집중하고 있다. '비관적 낙관주의'는 우리를 둘러싼 세계의 의미와 본질에 대한 해석을 과학에게 양도한 것을 일반 대중들이 찾아오기 위한 기본적 태도이다. 자신만의 관점에서 세상을 새롭게 구성하고 이해해야 한다.

개인의 경험 안에 인식의 틀을 가두지 않고 데이터에만 의존하지 않는 비판적 사고가 필요하다. 나의 생각이 중요한 것이다. 질문하는 능력과 비판적 사고 능력, 자신만의 관점과 세계관을 세우는 능력을 갖춘 개인들이 없으면 과학기술의 사회적 수용을 위한 체계는 세워질 수 없다. 우리 사회만의 복잡한 사회 · 경제적 문제를 해결하고 과학기술이 이를 위한 훌륭한 대안이 되기 위해서는 우리 스스로의 사회적 법체계가 필요하다.

2016년 말 우리사회는 전대미문의 국가 · 사회적 시스템의 위기를 겪고 있다. 그 위기의 원인은 다양하겠지만 본질적인 문제의 근원은 '자신만의 사고와 관점을 가지지 못한 지도자'와 이 지도자를 선출하게 된 우리 사회에 있다. 우리 사회는 권위를 가진 누군가가 나 대신 생각해 주기를 바라고 대신 결정해 주기를 원했는지 모른다. 효율성만을 중시하여 사고도 효율적으로 아웃소싱 할 수 있다고 믿었다. 대의제 민주주의하에서 정치인들이 우리 사회의 문제를 우리 대신 생각하고 해결책을 내도록 방치했다. 그러나 그들의 사고만으로는 우리 사회의 복합적인 문제를 해결하는 것이 불가능했다. 우리가 이렇게 방치한 사회는 사고의 다양성, 지적 다양성을 수용하지 못하는 권위주의적 사회분위기를 만들었다. 소통과 대화가 단절된 수직적 사회는 앞으로 더 큰 위기를 불러올 수 있다.

이 책의 결론은 간단하다. 과학기술의 사회적 수용을 포함한 다양한 미래 사회의 문제를 해결하기 위해서는 지적다양성을 가진 주체적인 개인이 필요하다는 것이다. 과학기술의 사회적 수용을 위한 법체계는 이러한 개인이 마음껏 자신의 사고와 생각을 교환하고 소통하는 법적 체계이다. 개인의 적성과 소질은 특정분야에 고착된 것이 아니다. 자신의 전문분야를 통해 인간의 본질과 우리 사회의 문제에 대해 다양한 사고를 제기할 수 있다. 이책을 쓰게 된 이유도 저자의 전문분를 바탕으로 과학기술과 사회의 미래를 생각해 보기 위한 것이다.

스스로의 주체적 사고를 하는 자유로운 개인만이 사회를 발전시킬 수 있다. 나와 나를 둘러싼 사회의 문제는 그 어떤 '절대자'도 해결할 수 없다. 그러한 절대자를 자처하는 사람이 지도자가 될 경우 사회는 퇴보하고 사회가 그에게 '생각'의 주도권을 넘기는 순간 우리는 파멸하게 될 것이다. 주체적 사고를 하는 개인의 존재와 가치, 이를 위한 교육체계가 미래 사회를 대비하는 핵심 키워드가 될 것이다.

●●● 참고문헌

1) 우리나라의 경우 1960년대 노동집약적 산업 육성을 시작으로 중화학 공업 육성, 기술집약 산업 육성, 첨단산업 육성을 거쳐 현재는 창의성 기반의 융합기술 육성을 추진하고 있다(보다 자세한 내용은 황병상 외 2인, 한국융합정책론: 융합기술과 산업융합, 웅보출판사, 2016 참고).

2) 기존 법체계의 경우 인공지능 등 새로운 기술발전에 많이 뒤처져 있다는 반성에서 규제체계의 근본적 개선과 새로운 법제의 모색을 요구하는 목소리가 높아지고 있다[Mathew U. Scherer, Regulating Artificial Systems: Risks, Challenges, Competencies, and Strategies, Harvard Journal of Law and Technology, Vol. 29, No. 2 (2015)]. 또한 유럽연합의 '로봇법(RoboLaw)'은 로봇 관련 법규 및 규제 대응을 위한 정책연구 프로젝트(2012.3-2014.3)로 '로봇규제 가이드라인(Guidlineson Regulating Robotics)'을 도출했다.

3) 우리 헌법재판소가 과학기술의 가치에 대해 밝힌 헌법재판소 1993. 11. 25. 92헌마87, 판례집 5-2, 468 결정에 따르면 "과학기술자(科學技術者)의 특별보호(特別保護)를 명시한 헌법 제22조 제2항은 과학(科學) · 기술(技術)의 자유롭고 창조적인 연구개발을 촉진하여 이론과 실제 양면에 있어서 그 연구(硏究)와 소산(所産)을 보호함으로써 문화창달을 제고(提高)하려는 데 그 목적(目的)이 있는 것이다." 라고 설시하고 있다.

4) 과학기술헌법 조항과 관련된 자세한 연혁은 법제처 간, 헌법주석서 IV, 2010, 562~564쪽 참조.

5) 보다 자세한 사항은 성지은/정연진, 과학기술혁신정책 기획의 추진현황과 실효성 제고방안 -과학기술기본계획과 중장기계획을 중심으로-, 한국정책학회보 제22권 제2호(2013), 310~340쪽 참고.

6) 오준근, 21세기 지식기반사회를 대비한 과학기술기본법의 제정방안, 한국법제연

구원, 1999, 9~10쪽.

7) 윤종민, 국가연구개발사업의 지적재산권 관리법제, 법학박사학위논문, 충북대학교, 2004, 13쪽.

8) 홍동희, 과학기술 연구개발사업에 대한 공법적 연구, 법학박사학위논문, 경희대학교, 2007, 10~11쪽 참고.

9) 기본법은 프로그램 내지 계획법으로서의 특징을 가지므로 해당 법률이 집행법 규범을 포함하게 되면 입법자는 되도록 해당 법률에 많은 사항을 규정하고자 하는 바 시스템 법제로서의 제대로 된 역할을 설정할 수 없다고 할 수 있다. 이러한 법제의 기능에는 다른 하위 법령들과의 연결점 기능을 보완하는 방법론에 의해 법률 지배 구조를 설계하는 것이 이상적이며, 기본법의 일반 법률에 대한 입법 통제로써 시스템화 할 수 있다.

10) 기본법에 대한 입법적 접근에 대해서는 박영도, 기본법의 입법모델연구, 한국법제연구원, 2006 참고.

11) 과학기술 연구분야의 자율성을 대표하는 하르나크 원칙(Harnack Principle)이나 할데인 원칙(Haldane Principle)이 이를 잘 보여주고 있다. 하르나크 원칙은 '연구수행과 관련된 모든 권한은 연구자가 가지며 정부는 예산을 지원하지만 간섭하지 않는다.'는 원칙으로 막스플랑크 연구회의 전신인 카이저빌헬름연구회의 초대 회장을 맡았던 아돌프 폰 하르나크(Adolph von Harnack)가 주장한 내용으로 지금까지 100년을 이어오면서 독일 연구회를 지탱하는 '정신'이 되었다. 영국에서 1918년 발간된 '할데인 보고서'에서 천명된 할데인 원칙은 '정부는 응용기술 분야이건 순수분야이건 이를 통제하려는 시도를 하여서는 안 된다.'는 것으로 초기에는 과학기술계에 주로 적용되었으나 점차 인문사회과학 분야에도 적용되었다[연구개발사업의 거버넌스 구조에 대해서는 박기주, 국가과학기술연구회 거버넌스 구조에 관한연구 -자기조직적 거버넌스 개념과 관계적 계약이론을 중심으로-, 입법과 정책 제7권 제1호(2015), 555~582쪽 참고].

12) 이경희, 과학기술기본법연구의 회고와 전망, 과학기술법연구 제11권 제2호(2006), 42쪽 참고.

13) 과학기술진흥법 제1조(목적); 과학기술혁신을 위한 특별법 제1조(목적); 과학기술기본법 제1조(목적).

14) 日本 科學技術基本法 第一條(目的)

15) 과학기술기본법 제3조 참조.

16) 오준근 외 9인, 과학기술기본법(안) 입법의견분석 -과학기술기본법(안) 공청회에 대비하여-, 한국법제연구원, 1999, 41~44쪽 참조.

17) 양승우 외 5인, 과학기술 법제 분석 및 개선방안, 과학기술정책연구원, 2012, 64쪽.

18) 오준근, 과학기술기본법 개정에 따른 후속 입법 방법방향, 공법연구 제39집 제3호(2011), 425쪽. 과학기술기본법이 최초로 제정되는 과정에서 이 법률을 어떤 법적 성격의 기본법으로 설정할 것인가를 놓고 i) 과학기술헌장으로서의 기본법, ii) 과학기술종합법전으로서의 기본법, iii) 교육과학기술부(구 과학기술부) 주관 정책의 총괄규범으로서의 기본법, iv) 국가과학기술정책의 총괄규범으로서의 기본법 등 네 가지(안)을 심층 검토하였으나 최종적으로 iii)과 iv)의 성격이 결합된 형태로 제정되었다.

19) 양승우 외 5인(주 17), 65~66쪽.

20) 시스템이론의 측면에서 경제헌법의 내용을 분석한 논의로는 은승표, 헌법상 시장경제와 경제민주화의 상호관계-Derrida, Buchanan 및 Luhmann과 헌법상 경제질서, 세계헌법연구 16권 제3호(2010), 781~802쪽 참고.

21) 바이마르헌법의 경제민주화에 대한 자세한 논의는 송석윤, 바이마르헌법과 경제민주화, 헌법학연구 제19권 제2호(2013), 29~68쪽 참고.

22) 헌법상 경제질서 개정방안 등의 기존 논의에 대해서는 정영화, 헌법상 경제질서에 대한 개정방안, 세계헌법연구 제16권 제4호(2010), 1~34쪽을 참고.

23) 중국헌법 제20조는 "국가는 자연과학과 사회과학의 발전을 촉진하고, 과학기술지식을 전파하며, 기술적 발견과 조사 및 과학연구에서의 성과를 권장하고 포상한다."고 규정하고 있다.

24) 김일환, 지식정보사회 관련 기본법제의 개정방향과 내용에 관한 연구, 성균관법학 제21권 제2호(2009), 448쪽.

25) 국회미래한국헌법연구회, 국민과 함께하는 개헌이야기, 2010 참고.

26) 예를 들어, 정보기본권 보호를 위한 방법적 기초로서 주관적 권리구제체계 보다

는 객관적 측면의 제도환경 구축이 더 효과적일 수 있다[김상겸/김성준, 정보국가에 있어서 개인정보보호에 관한 연구 –공공부문을 중심으로 독일의 법제와 비교하여–, 세계헌법연구 제14권 제3호(2008), 87~116쪽 참고].

27) 과학기술 발전에 따른 구체적인 법과 제도 변화의 논의는 우리나라에서도 이미 시작되고 있다[박완규, 과학기술 발전과 프라이버시 보호 기준 변화에 대한 소고 –미국 수정헌법 제4조 판례 분석 중심으로–, 경북대학교 법학논고 제49집(2015), 33~62쪽 등 참고].

28) 김국현, 과학기술과 윤리, 정림사, 2001, 20쪽.

29) 근대적인 과학기술 개념의 고찰에 대해서는 서이종, 막스 베버의 과학기술개념과 그 방법론적 의의, 한국사회과학 제19권 제3호(1997), 69~101쪽 참고.

30) 김영재, 과학기술과 학문의 자유, 헌법학연구 제11권 제4호(2005), 155쪽.

31) 보다 구체적 논의로는 이춘구, 기술발전에 따른 매체 접근권 연구 –미국 공적 토론장 이론을 중심으로–, 국가법연구 제11집 제1호(2015), 1~35쪽 참고.

32) 관련 사례로 2014년 진행되었던 서울시민 인권헌장 제정과정의 시민참여 사례를 '참여민주주의'와 '인권의 정치'로 평가하여 파악해 볼 수 있다[보다 자세한 내용은 이정은, 참여 민주주의와 인권의 정치 –서울시민 인권헌장제정과정의 시민참여 사례를 중심으로–, 민주주의와 인권 제15권 제3호(2015), 321~349쪽 참고].

33) 기술결정론에 대한 보다 자세한 내용과 그 비판은 홍성욱, 기술결정론과 그 비판자들 –기술과 사회변화의 관계를 통해 본 20세기 기술사 서술 방법론의 변화–, 서양사연구 제49집(2013), 7~39쪽 참고.

34) 기술관료들의 구체적 정책 추진과정에 대한 고찰로 김성수/유신희, 김영삼 정권의 신자유주의 경제개혁 –기술관료와 정당엘리트의 상호관계를 중심으로–, 사회과학연구 제25권 제4호(2014), 131~157쪽 참고.

35) 전문가주의에 대한 구체적인 연구로는 황희숙, 전문가주의와 젠더문제 –지식과 전문성의 정치학에 대한 비평–, 한국여성철학 제20권(2013), 5~40쪽 참고.

36) 원자력 재해의 경우 이를 가장 잘 보여주고 있다. 이윤나, 헌법적 관점에서 본 후쿠시마원전 사고로 인한 원자력재해, 과학기술법연구 제22권 제1호(2016), 239~264쪽.

37) WTO/TRIPs협정의 성립을 전후로 과학기술중심의 경제를 지원하기 위하여 지적재산권 보호를 더욱 강화하려는 신자유주의 경제체제의 일정한 흐름에서 인권문제와 지적재산권의 문제가 상충관계에 놓이는 경우도 자주 발생하게 된다[박성호, 생명공학특허에 있어서 인권의 문제, 과학기술법연구 제13권 제2호(2008), 54쪽].

38) 오늘날 과학 영역에서 국가는 구체적인 지도자가 아니라 근본적인 통제자로 스스로의 역할 변화를 꾀하여야 할 것이다. 즉, 과학의 발전을 구체적으로 주도하려고 하기 보다는 과학 영역의 자율성을 보장해 주면서 그것이 다른 사회 영역을 지배하거나 거꾸로 지배당하지 않도록 일정한 근본적 틀을 마련해 주는데 그쳐야 할 것이다. 이러한 가운데 정치는 실현 가능하지 않은 정책을 수행해야 하는 부담을 질 필요가 없게 되고 과학은 그것이 사회 영역에서 해야 하는 본래의 목적을 충실히 달성할 수 있도록 지도할 수 있을 것이다[김연식, 헌법내의 과학기술의 지위와 국가의 역할에 대한 소고, 성신법학 제13호(2014), 798쪽 참고].

39) 구체적인 제도의 예로 2014년 개정된 '정보통신망 이용촉진 및 정보보호 등에 관한 법률' 제32조의 2를 들 수 있다. 이 조항은 개인정보 누출에 관하여 이른바 법정손해배상(statutory damages)이라는 새로운 책임형식을 도입한 것으로 볼 수 있다. 개정 정보통신망법 제32조의2의 법정손해배상은 증거법적으로는 손해와 손해액에 관한 증명도를 경감하여 권리구제가 크게 개선될 것이라는 기대를 가지고 도입되었다. 하지만 제도의 입법적 완성도는 떨어지는 것으로 판단되어 보완이 필요하다[이동진, 개정 정보통신망법 제32조의 2의 법정손해배상–해석론과 입법론–, 서울대 법학 제55권 제4호(2014), 365~420쪽 참고].

40) 과학기술의 사회적 수용과 통제는 상호배타적인 것이 아닌 유기적 연관성을 지닌 것으로 파악할 수 있다[이영희, 과학기술의 사회적 통제와 수용성 연구, 과학기술학연구 제1권 제1호(2001), 71~103쪽].

41) 조선일보 2011.10.8.

42) 에드워드 윌슨 · 장대익(최재천 · 장대익 역), 통섭(지식의 대통합), 사이언스 북스(2005년)

43) 고인석, "기술의 융합, 학문의 통합.", 『철학과 현실 84호(2010)』, 76면.

44) 이중원, "학문 융합 – 철학에선 어떻게 볼 것인가.", 『철학과 현실 84호(2010)』, 53면.

45) 김영식, 『인문학과 과학 - 과학기술 시대 인문학의 반성과 과제』, 서울: 돌베게(2009년).

46) 박상욱, "융합은 얼마나: 이론상의 가능성과 실천상의 징벽에 관하여." 「융합이란 무엇인가」, 서울: 사이언스북스(2012년), 21-40.

47) 조지프 스티글리츠 · 브루스 그린왈드(김민주 · 이엽 옮김), 창조적 학습사회, 한국경제신문(2016년).

48) D. Watts, S. Strogatz, "Collective dynamics of small-world networks" Nature 393 440 (1998)

49) R. Albert, H. Jeong, A.-L. Barabasi, "Diameter of the WWW" Nature 401 130 (1999)

50) 마뉴엘 카스텔(김묵한 · 박행웅 · 오은주 옮김), 네트워크 사회의 도래, 한울(2003년).

51) 우리 민법 제 211조는 "소유자는 법률의 범위 내에서 그 소유물을 사용, 수익, 처분할 권리가 있다"라고 규정하고 있다. 그러나 이러한 소유권 개념은 그 이해가 쉽지 않으며, 다분히 역사적인 범주에서 발전한 시대의 산물이기도 하다. 특히 특정 분야에서는 소유보다는 점유나 접속권이 강조되기도 한다. 또한 소유권의 이해와 불가분의 관계가 있는 것이 소유권의 제한의 문제이다. 독일민법 제903조뿐만 아니라 우리 민법 제211조의 경우도 법률에 의한 제한이 가능하고, 제3자의 권리에 의해서도 제한이 행해질 수 있다(O. v. Gierke, Deutchcs Privatrecht(II), 1905, S. 308 에서는 Das Eigentum ist nicht logische, sondern historishe Kategorie라고 표현하고 있다. 그 외 Jeremy Rifkin(이희재 옮김), The Age of Access(소유의 종말), 민음사(2009년); 尹喆洪, 所有權의 歷史, 法元社(1995年) 참조).

52) William Blackstone, Commentaries on the Law of England(Vol. 2), With an Introduction by A. W. Brian Simpson, The University of Chicago Press, 1979, 2ff.

53) 같은 견해로는 Tuhr, Der Allgemeine Teil des Deutschen Bürgerlichen Rechts, Bd. I, 1910, S. 134, 242f.; Enneccerus-Nipperdey, Allgemeiner Teil des Bürgerlichen Rechts, 15. neubearbeitete Aufl., 1959, S. 456f; Fritz Baur, Lehrbuch des Sachenrechts, 15. neubearbeitete Aufl., 1989, S. 6f., 211; M. Wolf, Sachenrecht, 18. ergänzte und überarbeitete Aufl., 2002, S.2f.;Karl Heinz Schwab, Sachenrecht, 20. neubearbeitete Aufl., 1985, S.1, 109; Sontis, Strukturelle Betrachtungen zum Eigentumsbegriff, in Festschrift Für

K. Larenz zum 70. Geburtstag, 1973, S.987u. 999; Hattenhauer, Grundbegriffe des Bürgerlichen Rechts, 2. aufl., 2000, S.129f., 136f.

54) Pierre-Joseph Proudhon, Qu'est-ce que la propriété? : ou Recherches sur le principe du droit et du gouvernement Garnier-Flammarion(1966); 피에르 조제프 프루동(이용재 옮김), 소유란 무엇인가?, 아카넷(2005년), 74면.

55) Pawlowski, Substanz-oder Funktionseigmentum?, AcP165(1965), S.402f; Vgl. Windscheid-Kipp, Lehrbuch des Pandektenrechts, Bd. 1, 9.Aufl.,2.Neudruck des Ausgabe Frankfurt am Main 1906, 1984, S.167.

56) Larenz, Allgemeiner Teil des Bürgerlichen Rechts, 3.durchgesehene u.ergäntzte Aufl.,1975, S.34, 153; Gerhardt, Mobiliarsachenrecht, 4.neubearbeitete u.erweiterte Aufl., 1995, S.2; Vgl. Hermann Eichler, Institutionen des Sachenrechts, Bd.1, 1954, S.140. 살몬드(Salmond)는 소유권은 사람과 객체인 물건과의 관계이나 다른 권리와 같이 다른 사람에 대한 권리이기도 하다라고 한다(Salmond, On Jurisprudence, 12th ed., 1966, p.246 and note(a)).

57) Westermann, Sachenrecht, 5.erweiterte und verbesserte Aufl., 1969, S.29, 30, 114, 115; Derselb, BGB-Sachenrecht, 7. neubearbeitete Aufl., 1987, S. 1, 4.

58) Windscheid-Kipp, a. a. O., N.9, S.184; 물권은 기존의 청구권의 집합이 아니라 제3자가 침해한 경우 청구의 가능성 내지 잠재적청구권의 집합이라고 설명되기도 한다(Peters, Die Ansprüche aus dem Eigentum, AcP153(1954), S.458ff.u.465).

59) Larenz, a. a. O., N10, S.153; Eichler, a. a. O., N.10, S.6; Georgiades, Eigentumsbegriff und Eigentumsverhältnis, in Beitäge zur europäischen Rechtsgeschichte und zum geltenden Zivilrcht: Festgabe für J. Sontis, 1977, S.164; Oertmann, Zur Struktur der subjektiven Privatrechte, AcP 123(1925), S.132f., 141f.

60) 특히 물권적 청구권이 어떤 성질과 내용의 권리로서, 소유권의 이론구조 안에서 어떤 위치를 점유하는지에 대한 문제와 소유권과 점유권이 어떻게 구별 · 연관구조를 가지는가의 문제 등에 대한 물음을 계속하면 소유권은 무엇인가의 문제가 쉽지만은 않다.

61) 법철학적 소유이론에 대해서는 STEPHEN R. MUNZER, A theory of property, CAMBRIDGE UNIVERSITY PRESS(1990).

62) 법경제학적 의미로 "tragedy of commons(공유지의 비극)"이라는 측면에서 소유권의 인정이 유용하다고 말할 수도 있을 것이다. 최근에는 소유권을 인정함으로서 벌어지는 문제에 대한 인식들이 대두되고 있다. 공유재의 남용에 대한 대안이 사유화 즉 소유권의 절대성을 인정하는 것이 아니라 반공유재의 인정이라는 새로운 주장이 그것이다. 완전 공유가 모두에게 개방되는 무질서 상태라면 부분 공유는 내부자에게는 공유재이지만 외부사에세는 사유재신인 경우를 말한다. 이런 반공유재의 개념은 정부의 규제나 사유화의 힘을 빌리지 않고 사람들의 협력만으로도 성공적으로 공유 자원을 보전할 수 있다고 주장한다(Garrett Hardin, "The Tragedy of the Commons", Science, vol.162, no.3859, December, 1968, pp.1243-1248;MICHAEL HELLER, The Gridlock Economy, Basic Books(2008)).

63) 이에 대해서 프루동은 소유권이 이러한 계약적인 관점(계약이나 동의라는 심리적 동인)에서 나온 것을 부정한다. 그는 "소유권은 원천적으로 의지의 발현에서 나오는 것이고, 땅의 비유동성으로 인해 소유권이 토지에 적용되었으며, 그리고 나서 보편적 동의에 의해서 이러한 적용이 財産이 되었다. 어떻든 간에 사람들은 그들 상호간의 동의에 의해서 소유를 정당화할 수 있겠는가? 나는 그렇지 않다고 생각한다. 그러나 계약은 설령 그로티우스. 몽테스키외, 루소 등에 의해 작성되었다고 할지라도, 그리고 전 인류의 날인을 받았다고 할지라도, 아무런 법적 효력이 없으며 거기에 명기된 규약은 모두 정당성이 없는 것이다. 인간은 이제 자유와 마찬가지로 노동도 포기할 수 없다. 그런데 토지의 소유권을 인정하는 것은 노동을 포기하는 것이다. 그것은 노동의 수단을 버리는 일이고 자연권에 관해 양보하고 인간의 품성을 박탈하는 일이니 말이다."라고 언급하면서 인간 상호간의 동의라는 심리적 논거가 소유를 정당화할 수는 없다고 반박한다. 결론적으로 암묵적이든 공식적이든 보편적 동의가 이루어진다는 것은 평등을 전제로 한다. 그런데 사람들은 보편적 동의 즉 평등에 의해서 소유권을 정당화한 후에, 소유권에 의해서 불평등을 정당화하지 않을 수 없게 된다. 따라서 소유가 평등을 조건으로 한다면, 이 평등이 존재할 수 없을 때 계약은 파기되고 모든 소유는 강탈에 불과할 것이다. 결국 계약이나 동의라는 심리적 동인은 결코 소유권의 토대가 될 수 없다는 것이다(피에르 조제프 프루동(이용재 옮김), 소유란 무엇인가?, 아카넷(2005년), 148면).

64) 근대적 소유권의 관념성과 절대성에 대해서는 川島武宜, 所有權法の理論, 岩波書店(1949), 102면 이하 참조.

65) 우리 헌법 제23조 1항은 "모든 국민의 재산권은 보장된다. 그 내용과 한계는 법률로 정한다"라고 규정되어 있다. 이에 따라 제정된 민법 제211조는 소유권의 개념이 아닌 소유권 내용 내지 권능을 규정하고 있다(소유권 개념과 그 제한에 대해서는 윤철홍, "소유권의 개념과 그 제한", 土地法學 第24-1號(2008年 6月), 1면 이하 참조).

66) Georg Simmel, Philosophie des Geldes, München ; Leipzig : Duncker & Humbolt, 1920. (안준섭, 장영배, 조희연 共譯, 돈의 哲學, 한길사(1983년))

67) 예컨대, 민법 제751조에 의하여 명예를 해하거나 기타 정신상 고통을 가한 것으로 위자료 성격의 손해배상을 받을 수 있다(「민법」제751조(재산 이외의 손해의 배상) ① 타인의 신체, 자유 또는 명예를 해하거나 기타 정신상 고통을 가한 자는 재산 이외의 손해에 대하여도 배상할 책임이 있다).

68) 외국 입법례나 하급심 판례에서는 이러한 권리를 퍼블리시티권(right of publicity)이라고 지칭하고 있으나, 이 새누리당 길정우 의원의「인격표지권 보호 및 이용에 관한 법률」제정안에서는 '인격표지권'이라는 용어를 사용하고 있다.

69) 인격권과 퍼블리시티권의 비교

구분		프라이버시권(인격권)	퍼블리시티권(인격표지권)
유사점	헌법적 근거	헌법 제17조	
	보호법익	특정인의 인격적 속성의 무단이용 보호	
차이점	법적성격	인격권	인격권+재산권
	기본시각	인격적 속성의 비공개	인격적 속성의 정당한 상업적 이용
	침해시 구제방안	정신적 고통에 대한 배상	재산적 손실에 대한 보상 · 배상

70) 이 법률은 2005년 1월 27일 공포되고 같은 해 7월 28일부터 시행되었다.

71) 헌법재판소 1991. 4. 1. 선고 89헌마160 결정

72) Yuba River Power Co. v. Nevada Irr. Dist., 207 Cal. 521, 279 P. 128 (1929)

73) 이 사건에서는 강에서 물을 끌어오는 권리가 쟁점이 되었는데, 이 판결은 Code of Civil § 738에서 규정한 재산에 관한 분쟁에 본 사안이 해당된다고 판단한 것이다.

74) Daubert v. Merrell Dow Pharmaceuticals, Inc., 509 U.S. 579 (1993).

75) Frye v. United States, 293 F. 1013 (D.C. Cir. 1923)

76) General Electric v. Joiner, 522 U.S. 136 (1997)

77) Kumho Tire Ltd. v. Carmichael, 526 U.S. 137 (1999)

78) Daubert v. Merrell Dow Pharmaceuticals, Inc., 509 U.S. 579, at 596.

79) 심희기 (2011), 「과학적 증거방법에 대한 대법원판결의 최근동향」, 『비교형사법연구』, 제13권 제2호, pp. 281-302.

80) 이정봉 (2011), 「과학적 증거의 증거법적 평가」, 『刑事判例硏究』, 제21권, pp. 563-616.

81) 2015년 5월 〈Nature〉에 게재된 '로봇공학: 인공지능의 윤리'는 LAWS(lethal autonomous weapon systems)를 우려하는 인공지능 선구자 스튜어트 러셀(Stuart Russell)의 주장을 담고 있다. UN 특정재래식 무기의 사용금지 및 제한에 관한 협약(CCW)은 LAWS를 회의 의제로 삼고 있다. 나아가 휴먼라이트워치(HRW) 등이 포함된 단체 '스톱킬러로봇'은 사전에 설정된 기준에 따라 목표물을 찾아내 공격하는 살상용 로봇의 개발과 배치 · 운용에 제동을 걸 수 있는 수단으로 국제 규제를 마련해야 한다고 주장한다.

82) "Cyborgs and Space," in Astronautics (September 1960), by Manfred E. Clynes and Nathan S. Kline.

83) 크리스 그레이, 이인식(해제) 지음, 사이보그 시티즌, 김영사(2016년).

84) 게르트 기거렌처 저, 황승식 · 전현구 옮김, 숫자에 속아 위험한 선택을 하는 사람들, 도서출판 살림(2013년)

85) 한국유방암학회는 2013년 11월 13일 전국 36개 대학병원 내 유방암센터에서 치료를 받고 있는 유전성 유방암 고위험군 유방암환자와 가족 3,060명을 대상으로 6년간 진행한 '한국인 유전성 유방암 연구' 결과를 발표했다. 연구결과 유방암 환자 2,526명 중 418명(16.5%)에서 유전성 유방암을 유발하는 BRCA1 혹은 BRCA2 변이 유전자가 발견됐다. 또 유방암이나 난소암 가족력이 있는 고위험군 1,168명 중 277명(23.7%)이 변이 유전자를 보유하고 있는 것으로 조사돼 가족력이 변이 유전자 보유 여부에 영향을 미치는 것으로 나타났다. 특히 가족 중 유방암 환자가 증가할수록 변이 유전자 보유율도 큰 폭으로 증가했다. 환자 본인을 포함한 유

방암 환자가 가족 중 1명 이상인 경우 18.7%, 2명 이상인 경우는 33.3%, 3명 이상인 경우 50.0%가 변이 유전자를 보유하고 있었다. 유방암과 더불어 난소암 가족력이 있는 경우 변이 유전자 보유율은 60%나 올라갔다. 변이 유전자가 유방암 발생 위험을 높이는 원인으로 작용하지만 무조건적인 유전자 검사와 무분별한 절제술은 지양해야 한다는 의견도 제기됐다. 순천향대병원 외과 이민혁 교수는 "유전자 검사에는 윤리적인 책임이 따르기 때문에 주치의와 충분한 유전상담을 통해 검사 여부를 결정하고 진단 후 정기적인 검진으로 유방암을 조기진단하고 예방적 절제는 신중히 결정해야 한다."고 강조했다(http://www.docdocdoc.co.kr/news/newsview.php?newscd=2013111300023. 최종방문 2013년 11월 15일)

86) Myriad Genetics는 1997년부터 2000년 사이에 미국 특허청으로부터 유방암 유전자인 BRCA1과 BRCA2에 대한 8개의 미국 특허를 취득하였다. 2000년과 2001년에는 캐나다특허청으로부터 3개의 BRCA1 특허와 1개의 BRCA2 특허를 부여받았으며, 또한 2001년과 2003년에는 각각 BRCA1에 대한 3개의 유럽 특허와 BRCA2에 대한 1개의 유럽 특허를 획득하였다. Myriad Genetics의 유방암 유전자 특허는 종래에 특허청이 부여해오던 넓은 보호범위를 갖는 유전자 특허의 전형이라고 할 수 있다. Myriad Genetics의 특허의 청구항은 BRCA1과 BRCA2를 이용하는 모든 진단방법, BRCA1과 BRCA2의 유전자 돌연변이(Mutations)와 이를 찾아내는 진단방법, 그리고 BRCA1과 BRCA2의 유전자 염기서열과 관련 단백질 및 이를 이용하는 모든 진단과 치료 등을 포함하고 있는데, 이 같은 특허를 통해 Myriad Genetics는 유방암 진단과 관련한 일체의 과정에 대한 독점적 · 배타적 권리를 보유하게 된다(김형건, "유방암 유전자 특허를 둘러싼 분쟁에 대한 소고", 한국재산법학회 학술대회 자료집(2009년), 123-137면 참고).

87) 원래 BRCA1를 처음 발견한 사람은 마리-클레어 킹(Mary-Claire King)박사인데, 1990년 버클리의 캘리포니아 주립대학(UC Berkeley)에 faculty로 있을 때 BRCA1 유전자를 처음 발견했다(프란시스 콜린스, 생명의 언어, 해나무(2012년), 152쪽).

88) 원고 Association for Molecular Pathology 등은 Myriad의 유전자 특허가 '자연의 산물(product of nature)'이므로 미국 특허법 제101조에 의거하여 특허의 대상이 아님을 주장하며 뉴욕남부지방법원에 특허무효소송을 제기하였다. 동 법원은 Myriad가 자연의 산물을 대상으로 특허를 받았다고 판단하여 특허무효 판결을 내렸으나, 2심 법원인 연방항소법원은 분리된 DNA와 cDNA가 모두 특허성을 지

닌다고 판단하였다. 원고 등은 미국연방대법원에 상고하였고 자연법칙은 특허의 대상이 아니라는 Mayo Collaborative Services v. Prometheus Laboratories, inc., 132 S. Ct. 1289(2012) 판시사항을 근거로 연방대법원은 2심 법원의 판결을 파기환송하였으나, 연방항소법원은 이번에도 분리된 DNA와 cDNA 모두 미국 특허법 제101조 하에서 특허성이 있다는 판결을 유지하였다. 이에 원고는 연방대법원에 재항고 하였고, 연방대법원은 합성된 cDNA는 특허의 대상이지만 분리된 인간 DNA는 특허의 대상이 아니라는 최종 판결을 내리게 된다.

89) KSR Intern v. Teleflex, 550 U.S. 398(2007); Bilski v. Kappos, 130 S. Ct. 3218 (2010) ;Festo Corp. v. Shoketsu Kinzoku Kogyo Kabushiki Co., 535 U.S. 722(2002).

90) Parke-Davis v. H.K. Mulford, 189 F.95(S.D.N.Y. 1911)

91) Utility Examination Guidlines, 66

92) (청구항 1) 선형적인 BRCA1 폴리펩티드(아미노산 다중 결합물)의 분리된 DNA코드
(청구항 2) 청구항의 1의 분리된 DNA 중, BRCA1 유전자의 cDNA 엑손만을 포함하는 염기서열을 갖는 DNA

93) 미국 특허청은 자연적으로 발생한 핵산(nucleic acids)은 단지 분리되었다는 사실만으로 특허의 대상에 한정되지 않음을 밝히며, 유전체로부터 핵산이 분리되었는지 여부와 상관없이 특허심사관들이 자연적으로 발생한 핵산이나 이들의 세그먼트에 대한 청구에 대하여 특허를 거절하도록 하였다(http://www.uspto.gov/patents/law/exam/myriad_20130613.pdf 2013년 10월 30일 최종방문)

94) Mayo v. Prometheus, 132 S. Ct. 1289(2012)

95) 유전자변형생물체(LMO)는 바이오안전성의정서와 이를 토대로 만든 국내 법률인 '유전자변형생물체의 국가간 이동 등에 관한 법률(보통 LMO법이라 불린다)에 의해 법적으로 확립된 용어이다. 일반적으로는 GMO(Genetically Modified Organism)라는 용어가 광범위하게 사용된다. 본 연구는 LMO라는 용어를 사용하기로 한다.

96) http://syntheticbiology.org

97) 김영창 외, 합성생물학, 개신(2008년)

98) 김영창 외, 2008; http://syntheticbiology.org 참고.

99) 대통령 직속 생명윤리자문위원회인 Presidential Commission for the Study of Bioethical Issues (PCSBI, http://www.bioehics.gov)

100) http://news.donga.com/3/all/20160325/77203099/1(2016. 6. 23. 최종방문)

101) 생명공학정책연구센터, BioINdustry(글로벌 합성생물학 시장 현황 및 전망), 2016.5.

102) 대표적인 사례는 GMO 표시제도의 시행이다. 현재 가공된 GMO의 경우 표시 의무가 없으며, 소비자단체에서는 가공식품에도 GMO 원재료 표시를 요구하고 있다.

103) (제3조 원칙) 국가는 국제연합헌장과 국제법의 원칙에 의거하여 자신의 환경정책에 따라 자신의 자원을 개발할 수 있는 주권적 권리를 가지며, 또한 자신의 관할 또는 통제지 역안에서의 활동으로 다른 국가의 환경 또는 자신의 관할권 이원 지역의 환경에 피해가 발생하지 아니하도록 보장할 책임을 진다.

104) 태어날 때부터 마우스를 쥐고 태어났기 때문에 디지털 네이티브(Digital Native) 라고 불리는 C세대는 현재 대학이나 직장 생활을 하고 있으며 연결 등을 통한 소비 생활을 영위하고 있는 특징을 지니고 있을 뿐만 아니라 연결의 핵심 수단인 모바일 기기를 활용하여 콘텐츠 중심의 소비가 일상화된 세대이다.

105) Internet of Everything (IoE): 사람과 사물에 이어 프로세스와 데이터가 상호 밀접하게 연결되어 있는 새로운 형태의 네트워크 환경

106) Internet of People (IoP): 유무선 기기 사용이 만들어낸 네트워크 중심 사회

107) Internet of Things (IoT): 인간의 개입이 없거나 최소인 상태에서 이루어 지는 기기 또는 사물 간의 통신이 만들어내는 새로운 모습의 네트워크 환경

108) 브루노 라투르 외, 『인간 · 사물 · 동맹』, 홍성욱 엮음, 이음, 서울, 2010, p.7

109) 브루노 라투르 외, 『인간 · 사물 · 동맹』, 홍성욱 엮음, 이음, 서울, 2010, pp.20~31 참조

110) 라투르는 ANT가 '사회적 맥락과 자연의 의미생산을 기호학적인 텍스트로 전환' (브루노 라투르, 『행위자네트워크 이론에 관하여』, in 『인간 · 사물 · 동맹』, 홍성욱 엮음, 이음, 서울, 2010 pp.108~110 참조)하는 데서 네트워크 개념에 관한 기존의 난제들을 해결했다고 진단한다.

111) 브루노 라투르 외 2010, 99. 라투르는 ANT의 네트워크란 통상적으로 이해된 네트워크의 기본개념과 다르다고 주장한다. 즉, ANT의 네트워크는 사회와 자연의 본질을 설명해줄 수 있는 사회이론을 재구축하는데 사용된 것으로 전화, 컴퓨터와 같은 기술네트워크, 제도, 조직 같은 사회네트워크의 의미는 부분적으로 포함되었을 뿐이다. 다시 말해, ANT의 네트워크는 물질과 영혼으로 나뉘지 않는 니드로(Didrot)의 "물체"의 '유물론적 존재론적 특징'을 강조한 것이다(브루노 라투르 외 2010, 98-99). 이처럼 ANT가 사회를 사회법칙으로서의 배경과 국소적 질서로서의 전경을 뒤집고 물질적인 네트워 크로 이해하기 때문에 환원적 상대주의라고 비판받지만 라투르는 오히려 이런 입장이 비환원적인 관계적 존재론으로 향한다고 주장한다.

112) 브루노 라투르 외(2010), 102 105 참조. 네트외 '멀고 가까움'이란 성질은 공간을 '근접성과 거리'로 정의하는 지리학의 '실제의 공간'이 아닌 "관계라는 관념"으로 보자는(브루노 라투르 외 2010, 103) 것이다. 네트워크의 '크고 작음'이란 성질은 사회를 거시/미시 관점 대신 "연결이란 하나의 시나리오" 로 내세한 것이다.

113) 브루노 라투르 외(2010), 106. 홍성욱은『인간과 기계에 대한 '발칙한' 생각: ANT의 기술론』에서 ANT가 기술에 행위능력을 부여한 이유가 기술이 인간 처럼 생명력을 지녀서가 아니라 인간의 행동을 바꿀 수 있다는 점에서라고 진단한다(브루노 라투르 외 2010, 142 참조).

114) 이중원 · 홍성욱 외,『필로 테크놀로지를 말한다』, 해나무(2005년), p.134

115) 2014년 6월 8일 경향신문.

116) 기술특례상장이란 기술력이 우수한 기업에 대해 외부 검증기관을 통해 심사한 뒤 수익성 요건을 충족하지 못하더라도 상장 기회를 주는 제도다. 주로 연구개발(R&D)에 투자를 많이 하는 바이오 · 헬스케어 업체가 대상이다. 2014년 12월 상장한 비행기 부품업체 아스트를 제외한 14곳이 모두 바이오 · 헬스케어 기업이다. 2015년 4월 거래소가 기술성 평가 절차를 단순화하고 평가 기간을 단축해 비용도 줄여주는 등 제도를 완화하자 신청이 크게 늘었다.

117) 특허심판원 1998. 7. 22. 1996당1069 심결

118) 특허법원 2000. 12. 15. 선고 98허8243판결

119) 대법원 2002. 9. 6. 선고 2001후171판결

120) 특허법원 2003. 7. 24. 선고 2002허7230판결

121) 대법원 2005. 9. 28. 선고 2003후2003판결

122) Roche는 Dalmane이라는 신약의 특허권자이고 Bolar는 제네릭 의약품 제조업체로서 최대한 빨리 시장에 진입하기 위하여 Roche의 특허존속기간이 만료되기 전 허가를 위한 시험을 하였는데 여기서 논란이 된 것이 정부의 허가를 받기 위한 특허발명을 실시한 시험행위가 특허침해를 구성하는지 여부이다. 미연방대법원은 Bolar의 시험적 실시는 과학적 호기심을 만족시키기 위한 것이 아니라 오직 상업적인 이유로 행하여진 것으로 특허침해에 해당한다고 판시하였고 이 판결은 특허의 존속기간을 연장하는 효과를 발생시킨다는 비판을 받았다.

123) 적극적 권리 범위 확인 심판이란 오리지널약 개발사가 '복제약이 오리지널약의 특허를 침해했다'는 내용의 심사를 청구하는 것이다.

124) 신약개발자는 의약용 신규 화합물에 대한 물질특허를 등록한 후, 이 화합물을 개량한 형태의 광학 이성질체, 신규염, 결정다형, 제형, 복합제제, 새로운 제조방법, 대사체, 신규용도 등의 후속 특허를 지속적으로 출원하여 특허에 의한 시장 독점적 범위 및 기간을 확대함으로써 수익을 극대화하는 경영 전략을 취하게 된다. 이를 일컬어 특허권이 늘 푸른 나무처럼 살아 있게 하는 전략이라 하여 '에버그리닝 전략(evergreening strategy)'이라고 부른다.

125) Copeland, T. E. and Weston, J. F., Financial Theory and Corporate Theory 3rd ed.(Massachusetts : Addison-Wesley Publishing Company, 1988), p. 331.

126) Fama, Eugene F., "Banking in the Theory of Finance", Journal of Monetary Economics 6, pp. 39-57

127) Bernanke, B., "Nonmonetary Effects of the Financial Crisis in the Propagation of the Great Depression", American Economic Review(1983, 6), p. 263.

128) Campbell, T. and Kracaw, W., "Information Production, Market Signalling and the Theory of Financial Intermediation", Journal of Finance 35(1980), p. 864.

129) Leland, H. E. and Pyle, D. H., "Information Asymmetries, Financial Structure and Financial Intermediation", Journal of Finance 32-2(1977. 5), p. 382.

130) Akerlof, G. "The Market for 'Lemons' : Qualitative Uncertainty and the Market Mech-

anism", Quaterly Journal of Economics 89(1970. 8) 등.

131) Jensen, Micheal C. and Meckling, William H., "Theory of the Firm : Managerial Behavior, Agency Costs and Ownership Structure", Journal of Financial Economics, 1976

132) Darrough, Masako and Stoughton, Neil M., "Moral Hazard and Adverse Selection : The Question of Financial Structure", Journal of Finance(1986. 6), pp. 501-13.

133) 이는 본래 금융기관의 존립 근거를 설명하기 위한 것이다.

134) Benston, George J. and Smith, Clifford W. Jr., "A Transaction Cost Approach to the Theory of Financial Intermediation", Journal of Finance(1976. 5), pp. 222-224.

135) 정보비대칭성과 규모의 경제를 연결하여 금융기관을 설명하는 이론으로 Diamond(1984), Ramakrishnan and Thakor(1984), 그리고 Millon and Thakor(1985) 등이 있다. 앞의 두 논문은 분산효과(diversification effect)를 통해, 뒤의 논문은 금융기관 구성원 사이의 정보공유효과(information sharing effect)에 의해 금융기관의 존립근거를 설명하고 있다.

136) Kareken, J. H. and Wallace, N., "Deposit Insurance and Bank Regulation : A Partial Equilibrium Exposition", Journal of Business 51(3)(1978), pp. 413-38.

137) Darby, M.R. and Karni, M., "Free Competition and the Optimal Amount of Fraud", Journal of Law Economics 16(1)(1973, 4)

138) Goodhart, C. A. E., Money, Information and Uncertainty 2nd ed. (Chapter 5, 8, 9), Massachusetts : The MIT press, 1989, p. 208.

139) Campbell, T. and Kracaw, W., "Information Production, Market Signalling and the Theory of Financial Intermediation", Journal of Finance 35(1980), p. 370-85.

140) 소비자가 계약 체결시 합리적 선택을 하지 못하는 이유를 소비자와 생산자간 효과적인 구매결정을 위한 합리적인 선택이 결여된 경우와, 시장 내 생산자들 사이에서 합리적인 경쟁이 결여된 경우로 나눈다. Lary Lawrence, "Toward a More Efficient and Just Economy: Argument for Limited Enforcement of Consumer Promises", 48 Ohio St. L. J. 815(1987).

141) Richard A. Posner, Economic Analysis of Law 36.n (6th. ed. 2007).

142) "거래비용"이란 제품 또는 서비스 계약을 체결하기 위한 비용을 일컫는데 궁극적으로 제품 또는 서비스에 대한 "정보비용(information costs)"이 주된 내용이 된다는 것이다(Neil K. Komesar, Imperfect Alternatives, 1984).

143) Lary Lawrence, "Toward a More Efficient and Just Economy: Argument for Limited Enforcement of Consumer Promises", 48 Ohio St. L. J. 815(1987), pp. 821-22.

144) 원승연, "금융투자상품 시장에서의 소비자보호-제한된 합리성 개념을 중심으로-", 「소비자학연구」 제22권 제1호(2011.3), 36면.

145) 양석완, "금융기관의 금융상품설명의무와 및 투자권유의 적합성에 관한 연구", 「비교법학연구」 제1집(2002.12), 16면.

146) 금융상품의 판매에 있어 거래의 위험과 비용을 감축하기 위한 수단으로는 금융거래당사자간의 책임의 명확성 확보, 분쟁해결절차의 효율성 확보, 제재수단 및 절차의 적정성 확보의 세 가지가 논의된다(정순섭, "일본의 금융기관 설명의무 입법에 대한 연구",「홍익법학」제8권 제1호, 2007, 199면).

147) 한국증권법학회, 『자본시장법 주석서(Ⅰ)』, 박영사, 2009, 253면.

148) 정순섭, "금융규제개혁과 금융소비자 보호", 「상사판례연구」제22집 제4권, 2009, 20면.

149) 박재홍, "자본시장법상 적합성원칙과 설명의무 규제에 대한 검토 : 투자자보호와 자본시장의 자율성 제고를 중심으로", 「경성법학」 제18집 제2호, 2009, 208면.

150) 성희활, "금융투자상품의 투자권유규제에서 적합성원칙과 설명의무", 「인권과 정의」, 제389호, 2009, 59면.

151) Hurwicz, L., On Informationally Decentralized Systems. In Radner and McGuire, (ed). Decision and Organization. Amsterdam: North-Holland, 1972

152) Roger B. Myerson and Mark A. Satterthwaite, "Efficient mechnism for bilateral trading, Journal of Economic Theory", Vol 29(1983), pp. 265-281.

153) Furubotn, Eirik G., and Rudolf Richter, The New institutional economics : a collection of articles from the Journal of institutional and theoretical economics / introduced and edited by Eirik G. Furubotn and Rudolf Richter, Texas A & M Press, 1991

154) 유인합치성은 모든 참여자가 제도(mechanism)가 요구하는 그 어떠한 사적인 정보(private information)라도 진실하게 밝혔을 때, 모든 참여자가 최선의 결과를 얻게 되는 상황을 말한다. 따라서 설계한 메커니즘은 자신들의 인센티브와 일치해야한다.

155) 로크의 통치론(Two Treaties of Government)은 두 편의 논문으로 구성되어 있다. 첫 번째 논문을 제1론(The First Treaties of Government)으로 두 번째 논문을 제2론(The Second Treaties)으로 부르는 것이 관행이다(강정인, "로크사상의 현대적 재조명 : 로크의 재산권 이론에 대한 유럽중심주의적 해석을 중심으로", 한국정치학회보, 제32집 제3호(1998.12), 54면 주1) 참조).

156) C. B. Macpherson, Locke on Capitalist Appropriation, Western Political Quarterly 4:4, 1951과 C. B. Macpherson, The Social Bearing of Locke's Political Theory, Western Political Quaterly 7:1, 1954를 말하며 이 논문은 이후 C. B. Macpherson, The Political Theory of Possessive Individualism, Oxford : Oxford University Press, 1962에 수록됨.

157) 충분한계는 사람은 최소한 타인을 위하여 충분하고 좋은 공유물이 남아 있는 한에서만 자신의 노동을 투하하여 재산권을 가질 수 있으며, 부패한계란 사람이 노동을 통해 획득한 재산권의 범위는 재산의 소유자가 그 재산을 부패시키지 않고 유용하게 이용할 수 있는 한도까지로 한정되며. 노동한계는 사람은 자신의 노동력을 투하한 대상에서 대해서만 재산권을 갖는 것을 의미한다(John Locke(강정인 · 문지영 옮김), 통치론, 까치글방, 1996, 34-38면 참고).

158) 이와 관련된 대표적인 권리가 현재 활발히 논의되는 퍼블리시티권(Right of Publicity)이다. 인격권은 주체와 분리될 수 없는 일신전속적 성질로 인해 양도가 불가능하다는 원칙과 별개로, 실제로는 광고 등에서 성명, 초상 등에 대한 권리가 양도되어 상업적으로 이용되고 있다. 이처럼 인격권에 관한 기본원칙이 점차 파괴됨에 따라 미국 판례는 이에 대한 반응으로 지식재산권으로서 제한 없이 양도될 수 있고 정신적 이익의 보호를 목적으로 하는 프라이버시권과는 별개의 권리로 퍼블리시티권을 창설한다. 퍼블리시티권은 개인의 명성, 사회적 평가, 지명도 등으로부터 생기는 경제적 이익 또는 가치로서 인격권을 바탕으로 하는 재산권이라 볼 수 있다.

159) Ryder, M., "Scientism", Encyclopedia of Science Technology and Ethics(3rd ed. Detroit: Mac Millan Reference Books, 2005). 뿐만 아니라 옥스퍼드 철학사전(The Ox-

ford Dictionary of Philosophy)에서는 과학주의를 '자연과학의 방법, 또는 범주들 그리고 자연과학에서 인식되는 모든 것들이 철학 또는 여타의 연구에 유일한 고유의 요소들을 형성한다는 신념에 대한 경멸적 용어(Pejorative term)'라고 적고 있다. 그러면서 유명한 영국 물리학자의 러더퍼드 (E. Rutherford)의 다음의 말을 과학주의의 고전적 진술로 인용하고 있다. "과학에는 물리학만 이 존재하고 …… 그 밖의 것들은 우표수집에 불과하다."

160) Haack, S., Defending Science: Within Reason Between Scientism and Cynicism(Amherst:Prometheus Books, 2007), 17-18쪽.

161) 머튼이 1945년에 발표한 논문 "지식사회의 패러다임(Paradigms for the Sociology of Knowledge)에서는 지식사회학적 접근은 지식과 사회구조 간의 관계를 밝히는데 실패했다고 주장한다. 그리고 이른바 지식이 사회구조를 반영한다는 주장의 의미가 명확히 밝혀질 때까지 지식사회학의 발전을 기대하기는 어렵다고 결론짓는다. 따라서 사회학이 지식의 내용을 다룰 수 없다면, 이제 사회학이 다룰 수 있는 것은 사회제도로서의 과학일 수밖에 없었다.